공부 200% 업그레이드하기

|이윤주 저|

학지사

머리말

저자가 고등학생이던 시절, 공부하는 시간에 비해 성적이 잘 나오면 친구들은 "윤주, 너는 도대체 언제 공부하길래 성적이 그렇게 잘 나오니?"라는 질문을 하던 때가 많았다. 사실 그 시절의 나는 오로지 하기 싫은 공부를 어떻게 하면 조금만 하고 좋은 성적을 받을 수 있을까 궁리하면서 나만의 공부방법을 만들어서 그것을 실천에 옮기는 데 바빴다. 그래서 그것이 어떤 원리를 가지는지에 대해서는 관심을 가질 여유가 없었다. 그리고 그러한 공부방법의 노하우가 오랫동안 내 삶에 영향을 주었으며, 이렇게 책으로 정리할 날이 올 줄은 생각지 못했다.

서울대학교 교육학과에서 석사과정을 수료하면서 시작한 학습방법에 대한 강의와 상담 경험이 어느새 16년이 되었다. 학습방법 프로그램이 선풍적인 인기를 끌고 각종 방송에 출연하면서 책을 써 달라는 출판사의 요청이 빗발쳤지만, 이제 석사를 수료한 내가 무슨 책을 쓰나 박사과정까지 마치고 난 다음에야 책을 쓰는 게 맞지 하는 생각에 모두 거절하였다. 그러고 나서 대학원에서 공부하고, 박사학위를 받고, 대학교 강단에 서기 위해 힘을 기울이느라 긴 시간이 흘렀다. 대학교수가 된 다음에도 대학교수로서 정착하고 그 삶에 적응하기 위해 학생들을 가르치며, 틈틈이 연구하고 상담하는 일에 하루 24시간을 매달리면서 학습방법에 대한 책을 쓰는 일은 거의 잊었다.

그런데 대학교수가 되고 나서도 학습방법에 대한 교육과 상담을 계속하게 되었고, 3~4회의 짧은 상담만으로 100등, 150등씩 성적이 오른 학생들과 그들의 부모들이 행복해 하는 모습을 보고 나도 함께 기뻐하였고, 이 책을 쓰는 일에 대해 다시 생각해 보게 되었다. 저자는 먼저 내 아이를 생각해 보았다. 엄마가 공부방법 전문가인데 다른 집의 자녀들을 상담하고 도와주느라 정작 내 아이는 엄마와 함께 보낼 시간도 없이 학습에 대한 도움을 전혀 받지 못하고 있다는 쓸쓸함과 안타까움이 일었다. 뒤이어 든 생각은 나의 노하우를 글로 적어 내 아이에게 보여 주고 싶다는 것, 나에게 직접 상담을 받지 못하는 보다 많은 학생과 나누면 좋겠다는 것이었다. 그래서 학습상담과 교육을 시작한 지 16년이 흘러서야 공부에 관한 책을 쓰게 되었다.

저자는 초·중·고등학생들과의 상담을 통해 진로, 인터넷중독, 불안, 강박적 사고, 비행, 가출, 자살 등 표면적인 주제가 무엇이건 그 이면에는 공부와 성적이 관련되어 있다는 것을 알게 되었다. 그래서 청소년의 문제 해결을 도와주는 상담자라면 누구나 학습상담자로서 준비가 되어 있어야 한다는 생각을 하게 되었다. 공부와 성적은 학생과 학부모에게 가장 중요한 관심사이자 고민거리다. 많은 학생에게 공부와 성적문제에 따른 스트레스는 상당한 수준이며, 이러한 스트레스는 다시 공부 집중을 방해하는 요소로 작용한다. 학생과 학부모의 스트레스를 줄이기 위해서는 학생이 자신을 실현하는 데 도움이 될 진로를 성공적으로 선택하고, 자신이 원하는 진로로 입문하기 위해 필요한 공부를 효율적으로 해 나가도록 돕는 것이 매우 중요하다. 학습상담을 효율적으로 해 나가고 싶은 상담자에게 이 책은 저자의 중·고등학교 시절부터 지금까지의 노하우를 보여 주는 것이라 할 수 있다.

이 책은 학습전략의 정의와 중요 요인, 저자가 개발한 개인 학습상담의 절차(틀)와 예, 단기 학습전략증진 집단상담프로그램(구조화)을 소개하였다. 또 '공부 200% 업그레이드' 프로그램의 워크북으로 사용할 수 있는 내용과 활동지를 함께 제시하였다. 먼저 공부방법에 대한 노하우를 제시하고, 주의집중과 시간관리에 대한 노하우를 정리하였다. 그리고 저자의 수많은 학습상담 경험을 통해 알게 된 학습 스타일 성형에 대한 노하우도 포함하였다. 또한 각 부분에 학생들이 실천해 보고 점검하며 기록할 수 있는 부분도 제시하였다. 부록에는 예습과 복습방법 요약표와 과목별 공부방법 요약표, 워크숍 활동지 등을 실었는데, 이것들은 코팅하여 가지고 다니면서 실천하기에 용이하도록 정리하였다. 또한 별도로 『공부 200% 업그레이드하기-Life Planner-』를 구성하여 저자가 중·고등학교 시절부터 지금까지 살면서 시간을 관리해 온 노하우를 제시하고, 학생 스스로 자기 시간을 관리할 수 있도록 하였다.

저자는 이 책을 쓰면서 중·고등학생은 물론 초등학교 상급생들이 읽고도 쉽게 이해할 수 있도록, 바로 옆에서 이야기를 직접 듣는 것처럼 편안하게 설명하고자 노력했다. '공부 200% 업그레이드' 프로그램의 내용이 담긴 이 책을 통해 많은 학생이 공부에 재미를 느끼고 성적도 올리는 자기주도적 학습의 기쁨과 성과를 누리기를 바란다. 저자는 더 많은 학생들이 성적이 오르는 작은 성공에서부터 시작하여, 스스로 자신의 삶을 성공적으로 계획하고 관리하는 연습을 통해 개인의 삶 전체에서 진정한 주인이 될 수 있도록 도움받을 수 있기를 바란다. 그래서 우리 아이들이 지금보다 훨씬 더 행복해질 수 있기를 바란다.

2012년 10월

이윤주

차 례

 제2부 **행복을 가져오는 학습관리**
행복해지고 싶다면 이렇게 공부하라

제3부 삶의 주인이 되는 마음 · 시간 관리

제1장

학습상담의 원리

1. 인간의 학습에 대한 이해

일반적으로 학습은 경험에 의한 행동의 변화로 정의된다. 먼저 '경험'에 대해 살펴보자. 학습에서는 경험 없이 변화된 행동, 즉 질병이나 사고로 인한 뇌손상으로 갑작스럽게 변화된 행동은 학습으로 보지 않는다. 즉, 경험이나 연습이 없이 나타난 행동 변화는 학습에 의한 변화로 보지 않는다는 것이다. 또한 행동의 습득이 아니라 행동의 변화를 학습이라 보는데, 그 이유는 학습은 새로운 행동의 습득이 아닌 이전에 하던 행동이 없어지거나 이전의 어떤 행동을 하지 않기로 하는 변화도 포함하기 때문이다.

학습의 정의로서 '행동의 변화'는 눈에 보이는 행동만을 의미하는 것이 아니다. 오히려 이것은 눈에 보이지 않는 내적 행동의 변화를 의미하는 경우가 더 많다. 학습이론에 따르면 행동은 법칙들에 의해 지배된다. 이러한 행동의 규칙들을 파악하게 될 경우 행동은 통제될 수 있다. 따라서 학습상담은 행동에 영향을 주는 규칙들과 법칙들을 파악하고 이를 조정함으로써, 학습에 좀 더 도움이 되는 효율적 행동으로 변화시킬 수 있다.

다음으로, 경험보다 좀 더 복잡한 '변화'에 대해 살펴보자. 학습의 정의에서 이야기하는 변화는 실제적 변화라기보다는 행동의 잠재력에 있어서의 변화를 의미하기도 한다. 예를 들어, 세 자리 수 덧셈을 학습했다는 것은 향후에 세 자리 수 덧셈을 할 수 있는 잠재력을 가지게 된 것이고, 실제 행동 변화는 처음으로 그 수행능력을 평가하는 시험에서 행동의 변화로 보일 수 있다. 이처럼 학습은 대부분 당장의 가시적인 행동 변화보다는 행동의 잠재력의 변화를 의미한다.

2. 학습전략의 이해

학습전략은 학습을 하는 데에 적용되는 제반 방법들을 포괄하는 개념이다. 학습전략이란, 학습자가 학습해야 할 내용을 효과적으로 이해하여 획득하고 기억체계 속에 저장하였다가 필요할 때 적절하게 활용할 수 있게 하는 학습방법이라고 할 수 있다(박성익, 1988). 학습전략은 인간의 정보처리 과정에 초점을 두고 있으며, 능동적인 학습활동과 보조전략을 포함한다. 학습전략은 학습자가 학습력을 증진시키기 위해서 사용하는 인지전략으로, 부호화과정, 획득과정 그리고 재생과정에 영향을 미치는 인지와 행동을 의미한다. 주된 학습전략으로는 심상전략, 인지적 정교화 전략 그리고 조직화 전략이 있다(Weiner & Mayer, 1986).

최근에는 학습과정에서 학습자의 능동적인 참여의 중요성을 인식하고, 학습자 스스로가 자신의 학습전략을 조절해 나가는 과정에 관심을 기울이는 연구들이 많아지고 있다. 학자들은 이를 '자기조절 학습전략'이라고 부른다. 자기조절 학습전략으로는 자기평가, 조직화 및 변형화, 목표 및 계획

설정, 정보 추구, 기록 유지 및 점검, 시연과 기억, 환경의 구조화, 자기강화, 동료·교사·어른에게 도움 요청, 공책·시험지·교과서 복습이 있다.

학습전략의 종류는 학자에 따라 조금씩 다른 분류로 제시되고 있다. Weinstein 등(1987)은 학습전략을 가장 상세히 분류하였는데, 이들이 분류한 세부 영역들은 상담에서 다루어야 할 학습상담의 목표로서 매우 적절하다(〈표 1-1〉 참조).

'*' 표시가 되어 있는 전략 범주는 저자의 경험상 학습전략을 주로 다루는 개인상담 혹은 집단상담과 더 직접적으로 관련되는 것이다. 따라서 상담에서 공부방법과 전략에 대해 다룰 때 이 표시가 되어 있는 전략은 반드시 다루어야 할 필요가 있다. '*' 표시가 없는 전략 범주는 일반 심리상담

〈표 1-1〉 학습전략의 범주와 정의

전략 범주	정 의
중심주제*	심화학습을 위해 중요한 정보를 찾아내고 중요한 정보에 집중할 수 있음, 교과서의 중요한 부분에 밑줄을 그을 수 있음
학습태도*	자신의 학습목표가 명확한가, 학습이 자신에게 정말로 중요한가를 인식하고 있음
학업동기*	근면성, 자기훈련, 열심히 하겠다는 의지를 인식하고 있음
정보처리*	심상, 언어적 정교화, 추론 등을 통해서 정보를 처리함
시간관리*	학업을 위해서 시간을 어떻게 관리하고 조절하는가를 인식하고 있음
학업불안	학업 수행과 관련하여 얼마나 걱정하고 있는가 혹은 결과에 대해서 쉽게 실망하는가의 정도
주의집중	학습과제에 깊이 집중할 수 있는 능력이 있는가 혹은 쉽게 주의력이 분산되는가의 정도
학업보조*	새로운 정보를 배우거나 기억하기 위해서 도움이 되는 기술이나 자료의 적절한 이용 기술
시험전략*	퀴즈나 시험을 준비하거나 응시하는 방법, 다양한 유형의 질문에 적절하게 대응하는 방법
자기점검*	수업과 시험을 위한 준비 및 검토, 자신의 학습에 대해 이해를 하고 있는지 점검하기, 정기적으로 배운 내용을 점검하기

이 주가 되어야 하는 영역이라 할 수 있다.

3. 학습상담의 행동주의 기반 원리

행동주의를 비롯한 다양한 이론들은 학습상담에 도움을 준다. 학습상담은 학습만을 다루는 것이 아니기 때문에 인간의 행동을 이해하는 다양한 이론들로부터 도움을 받을 수 있다. 특히 학습전략과 관련된 부분에 대해서는 행동수정의 이론과 방법에서 도움을 많이 받을 수 있다. 이 절에서는 행동수정의 주요 원리에 대해 간략히 살펴보기로 한다. 더 자세한 내용은 행동수정에 관한 다른 연구들을 참조하기 바란다.

학습은 마음의 연합을 의미한다. 즉, 얼마나 깊이, 강하게 학습이 되느냐 하는 것은 그 경험과 함께 일어나는 사건들, 그 사건들이 일어나는 빈도, 마음에 느껴지는 감정의 강도(쾌, 불쾌)에 따라 복합적인 영향을 받는다는 것이다. 바람직한 행동의 학습은 보다 더 강력한 쾌 감정과 연합되며, 이러한 연합의 체험을 자주 하는 것은 연합학습이 더 잘 이루어지도록 이끈다.

연합학습의 기본 개념은 크게 고전적 조건형성, 도구적 혹은 조작적 조건형성으로 살펴볼 수 있다.

첫째, Pavlov가 개념화한 고전적 조건형성은 바람직한 행동의 학습을 위해 기분 좋은 분위기를 유발하는 자극을 행동의 앞에 제시하는 것이다. 예를 들면, 공부를 시작하기 직전에 좋아하는 음식을 먹거나 좋아하는 음악을 한 곡 듣는 것이다. 이렇듯 선행자극은 환경이 될 수도 있고, 물질이나 활동이 될 수도 있으며, 심지어 인지(사고)가 될 수도 있다. 공부를 시작할 때마다 "나는 할 수 있어. 난 괜찮은 사람이거든!"이라고 자신에게 말해 주는 것이 공부에 집중하기에 좋다면, 그것 역시 선행자극으로서 훌륭하게 기능하는 것이다.

다음의 질문을 던지고 그 답을 찾아보기 바란다. 이것이 잘된다면 공부가 더 효율적일 수 있을 것이다.

바람직한 행동을 하기 전에 나에게 (선행자극으로서) 무엇을 주어 학습이 더 잘 이루어지게 할 것인가?

- 환경: _____
  _____

- 물질: _____
  _____

- 활동: _____
  _____

- 인지: _____
  _____

둘째, Thorndike에서 Skinner로 이어오면서 발전된 개념인 조작적 혹은 도구적 조건형성은 바람직한 행동의 학습을 위해 바람직한 행동 다음에 긍정적인 정서를 가져오는 자극을 제공하는 것이다. 이것은 학습자가 바람직한 행동을 능동적으로 함으로써 긍정적인 자극을 가져오는 것이므로 학습자의 입장에서 볼 때 조작적이다. 무엇을 자극으로 줄 것인가 하는 면에서는 고전적 조건형성과 동일하다. 다만, 바람직한 행동을 한 후에 주어진다는 차이가 있다. 조작적 조건형성은 무엇인가 성취하고 나서 자동적으로 갖게 되는 성취감과 만족감, 기쁨이 있다는 점에서 고전적 조건형성보다 좀 더 자연스럽고 더 효과적이다.

바람직한 행동을 하고 난 다음에 효율적인 학습이 강화될 수 있도록 나에게 무엇을 줄 것인지 생각해 보자.

바람직한 행동을 한 다음에 나에게 (후속 자극으로서) 무엇을 줄 것인가?

- 환경: _____
  _____

- 물질: _____
  _____

- 활동: _____
  _____

- 인지: _____
  _____

선행자극이든 후속자극이든 사람에 따라 무엇이 효과적인 자극이 되는지는 다르다. 어떤 학생은 맛있는 간식을 먹고 나서 열심히 공부하고, 또 어떤 학생은 정한 분량의 공부를 마치고 나서 맛있는 간식을 먹을 것을 생각한다.

바람직하지 않은 행동을 감소시키거나 없애는 것도 효과적인 학습을 위해 필수적이다. 이를 행동수정이론에서는 '소거'라 말한다. '너를 보면 나는 잠이 와~~~'라는 가사의 노래가 있는데, 너를 보면 잠이 오는 것은 너와 잠이 연합되어 학습이 이루어졌기 때문이다. 이럴 때 너와 잠의 연합을 어떻게 없앨 수 있을까? 너와 함께 있을 때 잠이 올 만한 강화자극을 없애면 소거된다. 즉, 너와 함께 있을 때 재미있는 활동을 하면 잠이 오지 않는다. 공부할 때 가까이에 만지작거릴 물건이 있어 공부보다 그 물건에 주의를 빼앗기고 공부가 되지 않는다면, 그 물건을 치워 버려야 할 것이다. Milton H. Erickson은 애연가에게 담배를 피우는 일에 대한 불쾌한 생각과 정서를 연합시켜 담배를 끊게 만들곤 했다. 이 역시 역조건형성의 예가 될 것이다.

어느 정도 효과적인 연합학습을 만들었다면 이를 보다 정교하게 만들어 나가기 위해서 일반화와 변별이라는 자극통제의 방법을 사용할 필요가 있다. 또한 일단 형성된 행동을 더 단단히 하기 위해서는 간헐강화 계획이 필요하다. 행동의 종류와 성격에 따라 비율계획 혹은 간격계획을 고정 혹은 변동으로 사용할 수 있을 것이다. 영어단어 10개를 외울 때마다 잠시 쉬기, 1시간 공부하고 나서 10분 쉬기 등이 간헐강화의 예가 된다.

행동수정에서는 이러한 행동과 강화를 기록하는 방법에 대해서도 상세히 설명하고 있다. 기초선을 측정하고 목표를 정하며 어떠한 방법을 사용해서 실행할 것인가에 대해 자세히 공부하기 위해서는 행동수정의 사례집이나 이론서를 참조하기 바란다.[1]

4. 학습상담의 인지이론 기반 원리

인지이론은 학습을 정보처리 과정으로 이해한다. 인지이론에서는 학습자를 능동적이고 적극적인 존재로 보기 때문에 학습자가 정보를 처리할 때 취사선택을 하게 된다는 점과 유의미한 정보가 더 효율적으로 처리된다는 점을 강조한다.

우리는 보고 들은 모든 것을 다 알아차리지는 않으며, 그중에서도 극히 일부분만을 기억하고 학습한다. 어떠한 정보가 우리에게 들어온 것을 자각한 다음에도 여러번 반복학습하고 의미 있게 부호화해야 그 정보는 오랫동안 기억에 남아 있을 수 있게 된다. 인지이론에 따르면, 우리가 주의를 특별히 기울이지 않으면 보고 들은 것은 2~4초 정도만 우리에게 머물렀다가

---

[1] 행동수정의 원리를 학습하고 학습에 적용해 보는 연습을 할 수 있는 행동수정 프로그램이 개발되어 강사교육의 일환으로 진행되고 있다. 교육 정보는 한국학업트레이너협회 카페나 홈페이지를 통해 안내받을 수 있다.

사라진다고 한다. 특별히 주의를 기울여서 알아차리게 된 정보에 반복해서 주의를 기울이고 의미 있게 부호화해서 처리할 수 있는 개수는 한 번에 7개 정도다. 개수를 늘려서 더 많은 정보를 효율적으로 처리하려면 개별 정보를 더 크고 의미 있는 단위로 묶어서 기억하는 청킹과 시각과 청각을 동시에 사용해서 처리하는 이중처리가 도움이 된다. 예를 들면, 청킹은 국어, 산수, 사회, 자연을 '국산사자'로 기억하는 것이며, 이중처리는 시의 내용을 그림으로 시각화해 보는 것이다.

이렇게 처리한 것을 오래 기억하기 위해서는 정교화, 조직화, 심상 등의 암기전략이 도움이 된다. '정교화'는 새로운 정보를 사전에 기억해서 갖고 있는 정보와 지식에 연결시키는 것으로서, 'mind'라는 영어단어를 전에 보았다면 〈뷰티플 마인드 Beautiful Mind〉라는 영화 내용과 연결시켜서 기억하는 것이 그 예다. '조직화'는 정보들 간의 연결성을 만들어 기억하는 것으로서, 정교화, 조직화, 심상의 암기전략의 의미와 예를 표로 만들어서 정리해 두는 것이 그 예다. '심상'은 머릿속으로 이미지를 만들어 두는 것으로서, 시의 내용을 그림이나 동영상으로 만들어서 기억하는 것이 그 예다. 이외에도 정보의 형태를 바꾸지 않고 소리내어 읽거나 마음속으로 계속 반복해서 되뇌이는 과정으로서 전화번호를 외우기 위해 입속으로 몇 번이고 반복해서 되뇌이는 것을 예로 들 수 있다. 이것은 학습자들이 가장 먼저 시도하는 암기전략으로 기존의 지식과 정보, 새로운 정보 사이를 연결시켜 주지 못하기 때문에 그 효과성이 가장 낮은 전략이지만, 현실적으로 가장 많은 학습자들이 사용하는 전략이기도 하다.

이미 알고 있는 지식과 정보, 새로이 학습해야 할 지식과 정보 사이를 연결짓는 것은 효율적인 학습을 위해 매우 중요한데, 이것을 '유의미학습'이라고 한다. 유의미학습이 일어나기 위해서는 사전지식을 많이 갖고 있어야 하며, 사전지식과 새로운 지식이 서로 관련되어 있다는 것을 학습자가 분명히 인식해야 한다.

인지이론에서 설명하는 학습에서 중요한 또 하나의 개념은 지식인출이다. 기억해 둔 지식은 필요할 때 다시 꺼내어 쓸 수 있어야 하며, 이것이 수월할 때 잘 기억이 되었다 혹은 잘 학습이 되었다고 말할 수 있다. 이러한 지식인출이 잘되기 위해서는 사전지식과의 복합적 연계, 완전학습, 반복적 연습, 인출단서의 명확성 등이 필요하다. mind를 잘 기억하기 위해 영화 〈뷰티풀 마인드〉의 내용 외에 이미 알고 있는 마인드맵, 마인드컨트롤 등을 마음속으로 연결해 둔다면, mind의 뜻과 철자가 잘 기억되어 필요할 때 정확하게 인출될 것이다.

그리고 유의미학습과 반복학습을 통해 완전학습이 되어서 거의 자동화 수준에 이르게 된다면 큰 노력을 들이지 않고서도 필요할 때 그 지식을 성공적으로 인출할 수 있다. 또한 암기방법을 적절히 사용하여 새로운 지식을 친숙한 정보에 잘 연결시켜 인출단서를 만들어 두면 인출이 더 잘될 수 있다.

학습이 효율적으로 되기 위해서 중요한 또 다른 개념으로는 메타인지(상위인지)가 있다. 메타인지는 자신의 인지과정에 대한 자각과 통제를 말한다. 예를 들어, 학습에서 메타인지를 사용한다는 것은 공부할 때 공부와 관련하여 많은 생각을 하고 그 생각의 안내와 지휘를 받으면서 공부하는 과정을 스스로 주도하고 통제한다는 의미다. 메타인지는 자기주도적 학습을 하는 학습자들에게서 나타나는 가장 중요한 특징 중 하나다. 메타인지를 사용하면 유의미한 부호화를 할 수 있으므로 정확하고 효율적인 암기에 도움이 된다.

그 밖에 인지이론의 한 분야인 뇌기반학습이론은 효율적인 학습전략에 중요한 정보를 제공한다. 뇌기반학습에서 제시하는 다양한 학습전략과 방법은 이 책의 곳곳에 녹아나고 묻어나 있으므로 따로 설명하지 않기로 한다.

제2장

개인 학습상담

저자의 개인 학습상담은 관계 형성 및 동기와 준비도 탐색, 문제 탐색, 목표 설정, 해결책 모색, 연습 및 과제 제시 그리고 축복 및 격려의 총 여섯 가지의 절차로 이루어진다.

1. 관계 형성 및 동기와 준비도 탐색

효율적인 상담관계를 맺고 유지하는 것은 상담을 성공으로 이끄는 핵심이다(Kadushin, 1990; Rogers, 1980; Shilling, 1984; Shulman, 1992). 연구자들은 상담을 하는 데에는 "구체적인 절차와 기법보다 상담자와 내담자 간의 동맹이 더 중요하다."라고 결론을 내리기도 한다(Capuzza & Gross, 2001).

모든 상담과 마찬가지로 학습상담에서도 상담자와 내담자가 바람직하게 관계를 맺는 첫 번째 단계가 가장 중요하다. 이 단계가 철저히 준비될수록 그다음 단계부터 생산성과 효율성이 높아지기 때문이다. 상담자와 내담자의 관계가 잘 형성되어 내담자가 상담자에 대해 친밀한 마음과 신뢰감을 갖게 되고 학습상담자로서의 전문성을 믿게 되면, 내담자는 상담자와의 작업에 온 마음을 열고 방어와 저항 없이 협력작업을 하게 된다. 그러면 상담자는 내담자와의 상담을 보다 효율적으로 해 나갈 수 있는 것이다.

저자는 초ㆍ중ㆍ고등학생 내담자에게 다음과 같은 말로 상담의 첫 단계를 시작하곤 한다.

"밥은 먹었니?"

"뭐 마실 것 좀 줄까?"

"여기는 어떻게 왔어?"

"여기 오면 무엇이 나아질 수 있을지 생각해 본 것이 있니?"

〈표 2-1〉은 이에 대한 구체적인 대화와 해설이다.

〈표 2-1〉 관계 형성 및 동기와 준비도 탐색을 위한 상담 대화

대 화	분석 및 설명
상담자: 어서 와! 이리 와서 앉아. 시간이 좀 애매해서 밥은 어떻게 했는지 모르겠다. 밥은 먹었니? 내담자: 네. 상담자: 아, 그렇구나. 밥은 어디서 먹고 왔니? 내담자: 엄마하고 오면서 차 안에서 대충.	• 학생들은 대체로 학교 수업을 마치고 학원까지 갔다 오거나, 학원 수업 도중에 오기 때문에 상담을 받으러 올 때는 식사시간이 걸리는 경우가 많아서 이런 질문을 자주 하게 된다. • 상담 경험으로 볼 때 음식은 사랑과 관심의 상징이다. 밥을 먹었는지 살피는 것은 내담자에게 상담자의 사랑과 관심을 상징적으로 표현하고 전달하는 것이다.

대 화	분석 및 설명
상담자: 아이고, 저녁이 그래서 어떻게 하니. 뭐 마실래? 그 뒤에 냉장고 열어 봐. 몇 가지 없긴 한데 그중에서라도 마음껏 골라 봐. 냉장고 다 털어서 먹어도 돼. 내담자: (미소)	• 학습상담을 아동 혹은 청소년과 주로 하게 된다는 점에서 유머는 라포 형성의 강력한 도구다. 또한 성인 내담자라 하더라도 첫 상담을 시작하는 상황에서는 긴장과 불안을 느끼는데, 이때 유머는 이러한 긴장과 불안을 해소하는 데 유효하다. • 상담은 내담자의 주도하에 내담자가 삶의 주인으로서 살아가도록 돕는 작업이다. 그러므로 냉장고에서 원하는 것을 골라 먹게 하고 원한다면 다 먹어도 된다는 허용은 상담에서 내담자가 해야 할 바람직한 역할을 암시한다.
상담자: 그래, 여기는 어떻게 왔니? 내담자: 엄마가 오자고 해서. 상담자: 아, 엄마가? 엄마가 뭐라고 이야기하셔서 네가 오기로 한 거야? 내담자: 공부 더 잘하는 방법을 상담해 준다고……. 상담자: 공부 더 잘할 수 있는 방법을 알고 싶어서 오기로 한 거니? 아, ○○는 공부를 더 잘하고 싶구나! 무작정 공부해야 하니까 하는 학생들도 있는데 공부를 잘하고 싶은 마음이 분명히 있고, 또 필요하다면 도움을 받을 생각도 있구나. 자기 주관이 뚜렷하고 자기 삶을 소중히 여기는 모습이 멋지게 보인다. 내담자: (미소)	• 내담자의 자발적 의지를 확인하는 것, 더욱이 내담자 스스로 자신의 자발적 의지를 확인하게 되는 것은 중요하다. 말을 물가로 데려가도 물을 먹지 않으려 하면 억지로 먹일 방법은 없는 것이다. • 학생은 공부를 열심히 하든 안 하든, 공부를 잘하든 못하든 대부분 공부를 잘하고 싶어 한다. 따라서 부모나 학교선생님 등 성인의 의지에 의해 할 수 없이 왔다 하더라도 이 과정을 통해 자신의 자발적 의지를 발견하고 스스로 확인할 수 있게 한다.
상담자: 그래, 그렇다면 정말로 최선의 도움이 되었으면 좋겠는데, 그래서 조금 더 분명히 알고 싶은데…….(내담자가 고개를 끄덕인다.) 여기 오면 공부하는 것 중에서도 특별히 무엇이 나아질 수 있을지 생각해 본 것이 있니? 혹은 무엇이 나아졌으면 좋겠다고 생각해? 내담자: …… 집중이 좀 더 잘되면 공부가 더 잘될 것 같아요.	• 동기와 준비도를 구체적으로 탐색하기 시작하는 질문이다. 이 질문에서는 상담에 오기 전까지 구체적으로 자신이 원하는 것에 대해 생각해 본 적이 없어도 이 질문을 통해 상담을 할 준비가 될 수 있다. 대부분의 학생들이 초등학교 혹은 그 이전부터 공부를 해 왔기 때문에 자신의 공부에 대한 메타인지는 모두 가지고 있다. • 이 질문을 통해 문제 탐색으로 진입하기 시작하려는 의도가 있다. 이 질문에 내담자는 '집중'이라는 보다 초점이 있는 목표를 제시하고 있다.

관계 형성을 위한 지침

1. 내담자에 대한 긍정적 기대로 내담자를 탐구하라

늘 내게 좋은 것만 주는 사람에게서 여러 겹으로 잘 포장된 선물상자를 받고 그 선물포장을 풀어 보는 기분으로 내담자와 대화하라. 그 포장을 풀 때 '와, 도대체 이 안에는 어떤 좋은 것이 있을까?'라는 기쁜 호기심으로 가득하듯이, 이 내담자를 알면 알수록 내담자의 어떤 강점과 자원, 잠재력을 발견하게 될까 하는 호기심으로 내담자와 대화하라.

2. 내담자를 수용하고 인정하라

내담자가 무엇을 말하고 행동하든 그 안에 담겨 있는 내담자의 마음을 보고 그것을 수용하고 인정하라. 내담자가 하는 겉으로 드러난 말이나 행동은 부정적일지라도 그 안에 담겨 있는 깊은 소망은 언제나 긍정적이다. 또한 그 소망이 간절할수록 나타나는 말이나 행동은 더 강렬하다.

3. 내담자의 강점에 초점을 두어라

선물의 포장을 풀다 보면 투명테이프나 포장 리본도 보게 된다. 그러나 내가 초점을 둘 것은 그 안에 있는 귀한 선물이다. 내담자의 취약한 부분이나 약점보다는 내담자가 가진 능력, 자원, 동기 및 가치에 초점을 두라. 상담자가 바라보는 내담자에 대한 긍정적인 관점은 내담자 자신도 가지고 싶었던 바로 그 관점이므로 상담자가 꾸준히 긍정적인 초점을 유지하다 보면 내담자 자신도 같은 시선으로 자신을 바라보고 결국 스스로에게 가치를 부여하게 된다.

4. 지금 여기에서 강점을 보여 주어라

"예전에 어려운 문제를 해결하였을 때 어떻게 그렇게 할 수 있었어?"

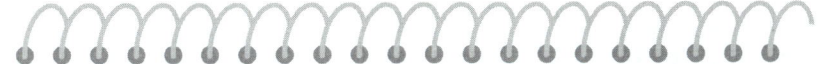

"그렇게 어려운 상황에서 그 정도를 할 수 있었다는 건 놀라운데. 무엇이 네가 그렇게 할 수 있게 했을까? 그 힘은 어디서 나온 걸까?" 상담자는 이런 질문을 포함하여 해결중심적 접근에서 사용하는 질문을 통해 내담자 과거의 성공 경험을 찾아서 확인시켜 주는 것이 필요하고 이것은 상담에 매우 도움이 된다. 지금 여기의 상담 장면에서 보이는 모습처럼 내담자의 강점을 바로 보여 주는 것은 과거와는 비교할 수 없는 강력한 힘을 발휘한다. 저자는 상담교육을 할 때 이를 "현행범은 꼼짝할 수 없이 자신이 한 일을 인정한다."라고 비유적으로 표현한다.

5. 함께 먹고 마시고 공유하라

나누고 주고받는 데서 서로에 대한 정이 자라는 것은 인간의 삶 곳곳에서 확인되는 진리다. 내담자와 함께 무언가를 먹고 마셔라. 이는 사랑을 나누는 일이다. 저자는 아동이나 청소년에게서 음식은 곧 사랑의 표현임을 상담을 통해 늘 확인한다. 또한 동서고금의 연인들이 정표를 주고받듯이 무엇인가를 주고받아라. 아주 작은 것이라도 서로의 손때가 묻어 있거나 애정이 담겨 있는 물건이면 된다. 혹은 물건이 아닌 함께 활동을 하거나 조언을 건네는 것도 좋다.

6. 내담자의 변화능력을 믿어라

경험이 많은 상담자들은 내담자의 변화능력을 이미 알고 있고 그것을 확실히 믿는다. 상담을 통해 극적으로 변화하는 수많은 내담자들을 떠올려 보면 내가 지금 만나고 있는 내담자 역시 자신의 삶을 향상시키기 위해 힘들지만 의연하게 헤쳐나가고 자신과 환경을 변화시킬 의지와 힘을 갖추고 있을 것이다. 상담자는 내담자의 거울이다. 상담자가 비춰 주는 모습을 내담자도 본다.

2. 문제 탐색

내담자와 의뢰인이 다르다면 문제의 탐색은 의뢰인인 부모나 교사가 생각하는 것과 학생이 생각하는 것을 모두 탐색하는 것이 좋다. 서로 생각하는 것이 일치할 때와 불일치할 때 상담 접근이 다를 수 있기 때문이다. 따라서 구체적으로 탐색해서 진짜 문제가 무엇인지 규명해야 하며, 부모와 학생의 문제 인식이 다를 때 이를 깊이 탐색하여 진정한 문제, 즉 정말로 도와야 할 핵심적인 문제를 파악하는 것이 필요하다. 이런 경우에는 주로 다음과 같은 질문으로 시작한다.

"뭐가 제일 문제니?"

"공부에서 뭐가 잘 안 되니?"

"뭐가 달라지면 공부하는 데 가장 도움이 될 것 같아?"

〈표 2-2〉는 학습과 관련된 주요 호소문제의 유형과 그 예를 보여 주고 있다. 내담자가 주로 호소하는 문제가 무엇인지 미리 숙지하고 있는 것은 상담에 많은 도움이 된다.

공부가 잘 안 되는 요인으로는 학습전략적 요인과 심리내적 요인들 외에 〈표 2-2〉에서 제시한 학습과 직접적인 관련은 없는 대인관계 요인도 있을 수 있다. 아동이나 청소년에게 관계의 어려움은 공부에 집중하는 것을 어렵게 하는 요인이기 쉽다. 이러한 대인관계 요인은 크게 가족과의 갈등, 이성 혹은 동성 친구와의 갈등, 교사와의 갈등으로 나눌 수 있다.

〈표 2-2〉 학습관련 주요 호소문제의 유형과 예

유 형	예
시험불안(시험에 대한 불안감과 압박감, 스트레스 등)	대학입시가 무섭다, 떨어지면 이 세상이 끝날 것 같다, 시험에 대한 압박감에 싸여 있다, 시험시간에 문제를 다 못 풀까 봐 중압감을 많이 느낀다, 너무 긴장하여 아는 문제도 잘 풀리지가 않는다(청소년). 시험 때만 되면 너무 경쟁적이고 예민해진다, 시험이 걱정되어 잠을 못 잔다, 시험 볼 때마다 아플 때가 많다, 시험 기간을 두려워한다(부모).
공부 자체에 대한 회의와 의문 (공부의 필요성에 대한 근본적인 회의와 의문)	공부를 왜 해야 하는지 몰라서 고민한다, 왜 공부하는지 잘 모르겠다(청소년). 공부를 책임감, 의무감으로 한다(부모).
집중력 부족(주의산만, 잡념 등으로 집중력이 부족해서 공부나 성적에 영향을 주는 경우)	공부를 하려 해도 집중이 되지 않는다, 정신이 산만해서 집중도가 떨어진다, 공부할 때 잡생각이 많이 나서 공부가 잘 안 된다, 금새 잡념이 들어 공부에 오래 집중할 수 없다(청소년).
성적 저하 및 저조에 따른 걱정과 스트레스(성적이 떨어지거나 오르지 않아서 걱정과 스트레스를 겪는 경우)	중학교와 비교해서 성적이 많이 떨어졌다, 성적이 떨어지면 내가 장래에 뭐가 될까 걱정하게 된다, 성적이 자꾸 떨어져 걱정이다(청소년). 성적이 떨어졌을 때 지나치게 자신감을 잃는다, 성적이 오르지 않아 불안해한다(부모).
공부방법 문제(효과적으로 공부하는 방법을 모르거나 부적절한 방법으로 공부함으로써 공부나 성적에 영향을 미치는 경우)	공부를 해야 하는데 어디서 어떻게 해야 하는지 모르겠다, 공부를 하겠다고 마음은 먹지만 무엇부터 해야 할지 모르겠다, 공부하는 방법을 몰라서 방황한다(청소년). 체계적으로 공부하지 않는다(부모).
공부에 대한 반감(공부에 대한 근본적인 의문은 별로 없이 공부하는 것 자체에 대한 반감과 반발심을 갖는 경우)	공부가 하기 싫다, 모든 일이 대학입시를 위해서만 이루어진다, 공부 생각만 해도 짜증이 난다(청소년). 수많은 시험을 치는 것을 지겨워한다(부모). 공부하라는 소리에 짜증을 많이 낸다(교사).
노력은 했는데 성적이 안 오름 (나름대로 공부를 하려고 하고 또 실제로 했음에도 불구하고 뚜렷한 원인을 알 수 없이 결과가 좋지 않아 고민하는 경우)	노력을 해도 성적이 오르지 않는다, 내가 노력한 만큼 성적이 안 나온다, 열심히 한다고 하는데 성적이 떨어진다(청소년).

유 형	예
능력 부족(실제 능력, 즉 지능이나 기억력이 좋지 않은 것이 공부나 성적에 영향을 받는 경우)	머리가 나쁜 것 같다, 성적이 떨어질 때면 내 머리를 의심하게 된다, 기억력이 나쁘다(청소년).
공부습관 미형성(공부를 하고자 하는 마음은 있는데 단지 그것이 체계적인 습관으로 형성되지 않은 경우)	공부하는 버릇이 안 들었다, 공부하는 것을 자꾸 미룬다, 계획을 짜 놓고 실천을 안 하게 된다, 공부 계획을 제대로 실천하지 못한다(청소년). 당일치기를 한다, 오랫동안 책상 앞에 앉아 있지를 못한다, 학교 외에는 집에서 공부하는 시간이 없다(부모).
공부에 대한 동기 부족(공부에 대한 반감이나 반발심과 같은 부정적인 감정은 없고 단지 공부하려는 마음이 형성되어 있지 않은 경우)	밤에 공부만 하면 잠이 온다, 해야 하지만 할 마음이 잘 안 생긴다(청소년). 건성으로 공부한다, 공부는 안 하고 놀기만 한다(부모).
성적에 대한 집착(공부의 질적인 면에 치중하기보다는 점수와 등수에 얽매여서 과도한 경쟁심을 느끼고 심지어는 죽고 싶다는 생각까지 하는 경우)	성적이나 등수가 자꾸 떨어지니까 열등감이 든다, 성적을 두고 다른 사람과 비교를 한다, 성적 때문에 어떤 때는 죽고 싶다는 생각이 든다(청소년). 자신에 대한 평가를 성적에 둔다(부모). 점수에 너무 얽매인다(교사).
성적에 의한 관계에서의 문제(공부나 성적에 대한 문제들 때문에 친구나 부모, 교사와의 관계에서 문제를 겪는 경우)	• 친구와의 관계: 성적에 치우쳐서 친구들을 잃어 항상 외톨이가 된다, 성적을 속여 친구와 갈등이 생긴다(청소년). 자기 외에 다른 아이들이 공부를 못하게 방해한다(부모). • 부모와의 관계: 어머니나 선생님이 다른 것을 못하게 하고 공부만 하라고 해서 고민이다, 성적이 올랐어도 부모님이 바라는 만큼 오르지 않아 자신 있게 못 보여 드린다, 성적이 안좋게 나와서 부모님께 혼날까 봐 고민이다, 학교 성적이 나빠서 부모님께 자꾸 꾸중을 들어 공부하기가 싫어진다(청소년). • 교사와의 관계: 성적이 떨어지면 선생님께 듣는 꾸중이나 체벌이 두렵다(청소년).

출처: 김창대, 이정윤, 이영선, 남상인(1994)을 기초로 수정·보완하였음.

다음은 교사와의 갈등이 아동이나 청소년의 공부에 영향을 미친 사례다.

중학생인 혜수(가명)는 어머니에 의해 의뢰되었는데, 담임교사가 "얘는 도저히 내가 어떻게 해 볼 수 없으니 부모님이 병원에 데리고 가든지 어쩌든지 제발 어떻게 좀 하세요. 모든 교과담당 선생님들이 너무 산만하여 수업 분위기를 해칠 정도여서 다른 학생들에게도 큰 피해를 준다고 이야기합니다." 라고 하였다고 한다. 혜수는 상담에서 자신이 산만한 것은 사실이라고 인정하였다. 산만하여 공부가 잘 안 되는 문제를 솔직히 인정하고 자신도 문제라고 여기며 해결하고 싶어 하는 심정을 공감하고 어느 정도로 산만한지 일단 자신을 스스로 관찰하여 표로 작성해 오게 하였다. 혜수의 산만한 행동으로 대표적인 것을 찾아보고 수업시간에 자리를 뜨는 것, 다른 친구들과 이야기를 나누거나 다른 곳을 쳐다보는 것, 혼잣말을 하는 것을 산만한 행동으로 정하여 이 행동에 대한 빈도를 수업시간 별로 '正'자로 표시해 오게 했다. 다음 주에 가지고 온 표를 보니, 한 차시 수업에서 가장 많은 빈도는 39번, 가장 적은 빈도도 10번이 넘어 스스로도 심각한 수준이라는 것을 더 실감하게 되었다. 상담시간 중에 약 5분 동안 상담자가 생소한 내용에 대한 강의를 하고 내담자가 그동안 집중하여 노트 정리를 해 보게 하여 강의가 끝난 다음 그 내용을 물어본 결과, 혜수의 행동관찰, 노트 정리, 퀴즈에서 그다지 산만하다고 볼 수 있는 근거가 되는 것은 없었다. 이러한 차이는 상담시간이 수업시간과 근본적으로 다르기 때문이라고 볼 수도 있지만, 학교 장면에서 뭔가 다른 갈등 요인이 있을 수 있음을 짐작하게 하였다.

후에 상담과정에서 학교 내 갈등 요인이 담임교사와의 갈등임이 밝혀졌다.

---

3. 목표 설정

문제를 정확하게 파악하면 목표로 다듬어서 함께 확인하고 합의하게 된다. 다음은 각 목표에 대해 어떻게 이야기를 나눌 수 있는지에 대한 예시를 보여 준다.

- 학습전략 증진: "그럼 너의 공부방법을 알아보고 잘되는 부분은 더 잘되게 다듬고, 잘 안 되는 부분 중에서 가장 중요한 부분을 선생님하고 잘되도록 한번 해 보자."
- 시험불안: "시험 볼 때 불안해서 잘 안 되니까 시험에서 덜 불안할 수 있게 되면 좋겠다. 그렇지?"
- 시간관리: "시간을 어떻게 사용해야 할지 모르겠는 부분을 너 스스로 시간을 잘 사용하도록 계획하고 관리할 수 있게 한번 해 보자."
- 학업동기 탐색: "네가 하고 싶은 일, 네 적성에 맞는 진로가 무엇인지 정확히 탐색해 보고 이것이 공부와 어떻게 관련되어 있는지 같이 알아 보자."

이렇게 대략적으로 목표가 확인되고 합의되면 해결책을 모색할 수 있도록 이 목표를 구체화하고 세분화해야 한다. 목표는 학생이 성취하기 쉽지는 않지만 한번 도전해 볼 만한 의욕이 일어날 정도의 난이도가 적당하며, 관찰 가능하도록 구체적이고 가시적인 것이어야 한다. 예를 들어, 학습전략 증진이라면 '영어 독해를 한 문제당 30초 단축하고 정답률을 10% 올린다.' '시간관리 방법을 몸에 익혀서 토막시간을 하루에 30분 이상 학습에 더 사용한다.'와 같은 식으로 목표를 설정하는 것이다.

내담자와 목표를 설정하는 탐색과정이 순조롭지 않고 목표를 확인하기 어려운 경우 이 책의 15쪽에 제시된 〈표 1-1〉의 학습전략 범주를 참고하여 한 가지 범주씩 점검하고, 내담자의 학업에서 각 범주별 기능과 수행이 어떤지 탐색하는 과정에서 내담자가 목표를 명료히 할 수 있다. 따라서 상담자는 학습전략 범주에 대해 분명히 이해하고 있어야 한다.

그리고 상담자는 이러한 구체적인 목표가 내담자의 학업 발달이라는 좀 더 넓은 범위의 목적, 나아가 내담자의 전인적인 발달과 적응적이고 만족한 삶이라는 궁극적이고 전체적인 목표와 어떻게 관련되는지에 관심을 가져야 하며, 이러한 크고 작은 목표들이 체계적이고 유기적으로 관련되도록 주의를 기울여야 한다. 또한 현재 학업상의 조력이 평생에 걸친 학습의 효율성을 돕는 데 기여해야 함을 유념한다. 내담자의 학업 발달이라는 중간 목표는 다음과 같이 제시될 수 있다(이윤주, 2007).

- 시간 관리와 학습계획 수립 및 실행, 조절 능력과 방법 함양
- 주의집중 및 동기 유지와 제고 방안 학습
- 효과적인 학습전략, 수험전략 학습
- 비판적인 사고기술 개발
- 집단 학습 활동에서 효율적인 역할 수행 방법 학습

이러한 목표는 하위 항목으로 내려갈수록 상위 학교급에서 더 강조될 필요가 있다. 초등학교 학생들을 대상으로 한 상담교육 활동에서는 시간 관리와 학습계획 수립 및 실행 그리고 주의집중과 학업동기에 관해 다루어 주는 것이 좋으며, 중·고등학생들에게는 구체적인 학습전략과 수험전략을 학습하고 발달시킬 수 있도록 돕는 것이 좋다.

4. 해결책 모색

구체적인 목표를 설정하면 이를 해결하기 위한 방법을 찾고 실행에 옮기는 일을 해야 한다. 이 단계에서는 내담자의 문제와 특성에 따라 학습전략에 대한 깊은 이해와 함께 일반적인 심리상담의 이론과 방법을 적절하게 활용할 수 있다. 대략적으로 각 범주별로 다음과 같은 일을 하게 되는데 두 개 이상의 영역이 혼재하여 서로 영향을 주는 경우가 많으므로 이에 대해 미리 생각해 보고 복합적인 접근을 할 수 있어야 한다.

- 학습전략 증진: 공부방법 진단검사 실시 및 해석, 강점 강화 및 약점 보완을 위한 교육과 연습, 과제 제시
- 시험불안: 불안의 소재와 원인 및 관련되는 인지와 환경 등을 탐색하여 수정, 긴장이완훈련 교육 및 연습, 관점 전환(인지적 접근)
- 시간관리: 시간관리 방법 교육(일주일 시간표를 계획하고 실천해 오도록 함께 작업)
- 대인 갈등: 전통적인 심리상담 접근
- 성격적 문제: 전통적인 심리상담 접근
- 진로 미결정에 따른 갈등: 진로상담 접근

해결책을 모색하는 과정에서 새로운 문제, 더 깊은 문제가 등장할 수 있다. 이때 처음에 나온 문제를 효율적으로 풀어 나감과 동시에 새로이 제기된 문제에 대해서도 같은 식으로 상담의 단계를 밟아 나가게 될 것이다. 앞서 제시했던 혜수와의 상담과정을 통해 이러한 점을 더 분명히 이해할 수 있다. 혜수와의 상담과정은 다음과 같다.

산만한 행동을 수정하기 위해 할 수 있는 일들에 대해 함께 브레인스토밍한 결과, 산만한 행동을 하고 싶어질 때 스스로에게 통제장치를 걸 수 있도록 자기말(self talk)을 개발하게 하고, 상담 장면에서 연습하고 학교에서 '正'자로 계속 기록하게 하면서 하루에 10회 이하로 첫 주의 행동목표를 설정하였다. 다음 주에 가져온 표를 살펴본 결과 혜수의 산만한 행동 빈도는 현저히 낮아져서 평균 5회 정도로 줄어들었다. 변화를 함께 기뻐하고 칭찬한 다음 산만한 행동이 현저히 줄어들 수 있었던 이유를 혜수 스스로 찾아보게 하여 그 노하우를 수첩에 적게 하였다. 그다음 주 목표는 평균 5회를 유지하는 것으로 잡았는데 다음 상담에서 혜수가 기록한 빈도는 평균 3회 정도로 더 줄어들었다. 학교에서의 진전 사항을 점검하고 확인하면서 진전을 함께 기뻐하고 혜수에게 힘 불어 넣기를 하였고, 다음 목표를 잡는 등의 시간이 지나면 그다음 남는 상담시간에는 보강할 학습전략 부분에 대한 교육과 연습을 조금씩 진행하였다.

산만한 행동이 어느 정도 통제되자, 혜수는 산만한 행동은 아니지만 문제를 일으키는 행동들로 자습시간에 담 너머로 음식을 배달시켜 먹다가 걸린 것, 자습시간에 매점에 갔다가 야단을 맞은 것 등을 이야기했다. 상담에서의 탐색을 통해 그런 행동을 하는 이유가 담임교사와의 갈등에서 비롯된 반항심임을 찾아낼 수 있었다.

수용 및 공감과 함께 새로이 등장한 이 문제를 더 구체적으로 탐색하였다. 담임교사의 바람과 기대로 여기기보다는 나만 찍힌 것 같다는 억울함과 분노, 어떻게든 그냥 당하지 않겠다는 보복심과 반항심이 커져 있는 상황이라 혜수가 가진 이러한 정서에 수반되는 에너지를 상담에 활용하는 것이 더 효율적일 것으로 판단되었다.

혜수가 가진 에너지와 성숙함, 담임교사를 이겨보겠다는 마음에 초점을 맞추고 더 효율적으로 진정한 승리를 가져올 수 있는 방안을 브레인스토밍하면서 혜수가 가진 강한 인정욕구를 혜수 스스로 인식하게 되었다. 따라서 담임교사에 대한 태도와 대응전략을 바꾸어 담임교사가 혜수에게 가진 고정관념이 잘못되었음을 담임교사가 분명히 알 수 있도록 하는 다음과 같은 방법들을 찾아보았다. 즉, 담임교사의 담당 교과목을 더 열심히 공부해서 수업시간에 과목과 관련된 질문을 한번 이상 하고, 그 교과의 숙제를 반드시 해 가도록 목표를 정하고, 담임교사가 감독하는 자습시간에 열심히 공부하는 태도를 보여서 혜수에 대해 담임교사가 가진 '말썽의 장본인'이라는 잘못된 인식을 바꿀 수 있도록 하였다.

이러한 노력이 성공적으로 실천되면서 혜수는 "담임선생님이 저를 칭찬하셨어요. 마음에도 없는 소리를 한다는 생각이 들어 아니꼬웠어요."라고 보고하였고, 좀 더 시간이 지났을 때는 "오늘은 두 번이나 칭찬을 받았어요. 한 번은 학교에서 애들 앞에서 했고, 한 번은 엄마한테 전화해서 내가 요즘 많이 변했다고 칭찬하셨어요."라고 보고하였다. 대응전략을 바꾼 지 3주가 지나자 혜수는 "내가 담임선생님을 좀 잘못 생각한 게 아닌가 헷갈려요. 담임선생님이 나를 미워하는 것이 아니라 나를 염려하고 좋아하기도 하는 것 같이 느껴져요."라고 보고하였다.

산만함과 담임교사와의 갈등이 어느 정도 정리되면서 학습전략에 대한 도움을 본격적으로 주기 시작하였고, 혜수는 다음 시험에서 반 석차가 10등 가까이 향상되었다.

5. 연습 및 과제 제시

연습 및 과제 제시는 해결책을 모색하면서 그 해결책이 좀 더 빠른 시간 내에 성공적으로 정착하고 효력을 발휘하는 데 필요한 것이다. 학생 내담자들은 대부분 학교 공부 외에도 다양한 사교육을 받고 있어서 일반 성인 내담자처럼 매주 상담을 하러 오기가 쉽지 않다. 따라서 과제 제시를 통해 진전을 촉진하면서 2~3주마다 만나는 데서 오는 간격을 줄일 수 있다.

과제는 목표에 따라 다양하게 사용할 수 있다. 주로 체크리스트나 점검 기록표를 작성해 오는 과제가 많지만, 상담에서 배우고 연습한 방식으로 노트 정리해 오기, 문제 풀어 오기, 시험지 정리해 오기, 교과서에 밑줄 긋고 요약해 오기, 매일 수첩에 동전 만다라 그리기 등의 다양한 과제가 사용된다.

상담자가 과제를 제시할 때 몇 가지 유의할 점이 있다.

첫째, 상담자는 상담에서 제시하는 과제가 학교 숙제가 아님을 스스로 분명히 인식해야 한다. 학생 내담자는 다년간 많은 숙제를 해 왔기 때문에 상담에서 제시되는 과제를 학교 숙제처럼 여기고 다루기가 쉽다. 상담자는 상담에서의 과제는 학교 숙제와 마찬가지로 학업을 촉진하고 보완하기 위한 목적으로 제시되긴 하지만, 반드시 해 오지 않으면 처벌이 주어질 수도 있는 강제 사항이 아니라는 점을 꼭 인식하고, 이러한 내용을 내담자에게 전달해야 한다.

둘째, 과제 수행이 되지 않았거나 잘못 수행된 것 혹은 덜 수행된 것은, 상담에서 내담자가 하는 모든 말과 태도, 행동이 상담을 효율적으로 하기 위해 수집되어야 할 소중한 정보인 것과 마찬가지로, 상담을 위한 정보 및 단서로 인식되고 다루어져야 한다.

6. 축복 및 격려

모든 상담회기의 말미에는 내담자의 발전과 과제 수행, 스스로 해낼 것
이라는 믿음과 이를 위해 필요한 내담자의 자원과 강점에 대한 인정이 축
복과 격려의 메시지로 전달되어야 한다. 상담은 기본적으로 내담자 자신의
힘으로 자신의 삶을 살아가도록 돕는 일이기도 하지만, 학습상담은 학습자
가 자신의 삶의 현장에서 자신이 공부하는 것이므로 상담자는 내담자의 자
원과 강점에 초점을 맞추고 이를 부각시키는 것이 바람직하다.

제3장
체험중심 통합적 학업증진 집단상담 프로그램

1. 개발의 목적과 목표

우리나라의 학생들에게 학업은 무엇보다 중요한 과업이다. 입신양명과 수신제가의 가장 중요한 수단으로서 학문이 중요시되어 온 역사는 현대에까지 이어져 왔다. 요즈음도 학업에서의 성공이 좋은 대학 진학을 가져오고 좋은 대학을 졸업하는 것이 사회적 성공을 가져온다는 신념이 사회에 만연해 있는 학력 중심의 사회라는 점에서 학업은 모든 학부모와 학생들에게 중차대한 과업이다.

따라서 많은 학생들이 학교 안에서의 시간은 물론 방과 후의 시간에도 각종 사교육에 참여하는 등 하루 대부분의 시간을 공부와 함께하고 있다. 이러한 현상은 초등학교 학생에게도 예외가 아니며 중학교, 고등학교로 올라오면서 점점 심화된다. 이 속에서 학업성취는 학생들에게 큰 스트레스가 되며 학부모들에게도 예외가 아니다.

학업에의 지나친 몰입과 이에 따른 스트레스가 개인은 물론 사회적으로도 여러가지 어려움과 문제를 일으킨다는 점은 우려할만 하지만, 평생교육의 관점에서 볼 때 승진시험이나 자격증 취득 등 성인기 이후의 삶에서도 학업은 삶을 개선 혹은 발전시키고 자아의 성장과 실현을 가져오는 순기능을 가진다. 이렇게 볼 때, 학생들이 보다 효율적으로 학업을 해 나가 학습역량과 기술이 증진되고 이를 통해 성취감과 자신감을 가지게 되며 성인기 이후에도 자신이 원하는 것을 성취하는 좋은 수단으로 기능할 수 있게 된다면 학업은 역기능보다는 순기능을 하게 될 것이다.

한편, 학업의 문제는 학업 단일의 문제로 보기 어렵다. 청소년기가 아동기에서 성인기로 이행하는 과도기라는 점에서 청소년기의 학업은 성인으로서 성공적이고 만족스러운 삶을 준비하는 수단으로 이해되어야 한다. 성인이 되었을 때 살고 싶은 삶을 준비하는 수단으로써, 그리고 성인기에 성공적인 문제해결이 가능하도록 학업을 통해 문제해결력을 기르는 과정에 대한 학습으로서, 성인기에 자신의 시간과 삶을 관리하고 주인으로 살아가도록 연습하는 주제로서 학업은 중요하다. 학업이 이러한 의미를 가지고 있을 때, 청소년기 학업증진을 위한 프로그램은 단순히 학습전략과 기술을 훈련하는 것을 넘어 인생의 비전을 세우고 이에 도달하기 위한 수단으로서 학업을 자리매김하고 인생의 목표를 달성하기 위해 자신의 시간을 관리하고 사용하는 훈련을 포함하여야 한다.

청소년기의 특성상 권위 있는 성인의 일방적인 가르침보다는 자신의 생각을 정리하고 발견하거나 또래의 경험과 의견을 통해 자신의 생각을 발전시켜 나가는 것은 교육의 효과를 더욱 높일 수 있음을 짐작할 수 있다. 따라서 이러한 교육은 강의 위주의 전달 방식보다는 또래와의 활동을 통해 체험학습의 형태로 이루어지는 것이 효과적이다.

현재 사회 곳곳에서 실시되고 있는 학업증진 프로그램은 엄정한 절차와 방법에 따라 개발되었다기보다는 여러 가지 학업증진 프로그램을 재구성하여 사용하는 경우가 대부분이다. 이러한 연구들은 대학생이나 학업중퇴 예방을 위해 만들어진 프로그램이나 자기성장 프로그램 가운데 일부를 가져와 재구성하여 실시하고 있다. 그러므로 학업동기를 높이기 위한 훈련 프로그램이나 그 외에 학습을 증진하기 위한 프로그램들은 대체로 학습방법을 효율적으로 증진하기 위한 프로그램으로서 충분히 적절하다고 보기 어렵다. 따라서 청소년의 발달특성을 고려하고 그들의 요구를 반영하면서 체계적인 절차와 방법에 따라 개발된 학업증진 프로그램이 필요하다.

학업증진을 위해 개발된 기존의 프로그램들은 대부분 사고, 이해, 주의 집중, 기억, 전이, 문제해결 등과 같이 학습을 할 수 있는 일련의 인지전략을 중심으로 학습기술에 대한 훈련 프로그램으로 구성되어 있다. 이러한 인지전략 및 행동전략 중심의 자기조절학습 프로그램에서 사례분석은 자기조절학습전략의 의미를 설명하며, 교과를 통해 전략 적용의 예를 제시한 다음, 학습자들이 직접 적용해 본 활동들을 자기조절학습 기록장에 작성하여 피드백을 받는 형태가 일반적인 경향이다.

기존의 학습전략 프로그램은 첫째 학업동기와 학습방법과 기술 증진에 초점을 맞춘 것, 둘째 자기주도적 학습방법과 기술의 증진과 연습에 초점을 둔 것으로 크게 구분할 수 있다. 기존의 프로그램에서 학업동기 부분은 기존의 집단상담 프로그램에 전형적인 방식과 내용으로 진행된다. 즉, 정서적 체험과 표현을 중심으로 진행하며, 집단역동과 집단원 간 상호작용을 중시한다. 한편, 학습방법 및 기술 부분은 인지중심의 방식과 내용으로 주로 일방적인 전달과 강의 방식으로 진행된다. 이러한 방식은 성인에게는 적절하고 효율적일 수 있으나 활동적이고 집중시간이 짧은 아동 및 청소년에게는 다소 부적절하다. 더욱이 바람직한 교육이 인지 · 정서 · 행동의 통합적인 교육이라는 점에서 기존의 방식들은 재고되어야 한다. 따라서 저자는 학업증진 프로그램을 개발함에 있어서 체험 중심으로, 인지 · 정서 · 행동이 통합되는 방식으로 진행하면서 집단 구성원 간 역동과 상호작용을 전체적으로 격려하고, 일방적 전달보다는 집단 구성원 간 나눔과 교류를 통한 통찰과 배움이 가능하도록 초점을 두었다. 또한 학업역량을 효율적으로 증진하기 위해서 학업동기 증진과 스트레스 대처, 주의집중 증진 전략 등의 심리정서적 전략, 예습과 복습, 수업관리와 시험관리 및 시간관리 전략 등을 포함하는 인지적 정보처리 전략이 통합적으로 다루어지도록 하였다.

이 책에서는 현재 실시되고 있는 '공부 200% 업그레이드' 학업증진 프로그램을 소개하고자 한다. 이 프로그램은 인생의 비전을 수립하고 이를 학업동기와 연결짓고 이러한 인생의 목표를 현재의 노력으로 달성할 수 있는 시간관리 활동을 포함하고 있다. 또한 학습전략을 일반적인 학습원리에 의거한 단계와 함께 예습과 수업, 복습, 시험 준비라는 실제적인 단계에 따른 내용으로 적용하여 교육하고 있다. 이러한 점에서 이 프로그램은 자기주도적인 학습원리에 부응한다. 또한 지도자에 의한 일방적인 전달 방식이 아니라 학생들이 팀별로 의논하고 발표하는 등의 협력 활동을 통한 체험학습을 강조한다는 점에서 그 교육 효과가 높다.

이 프로그램을 개발하는 데에 중점을 둔 사항을 요약하면 다음과 같다.

- 인지 · 정서 · 행동 영역의 통합적 학업증진 프로그램 개발
- 체험과 활동, 집단역동 중심의 학업증진 프로그램 개발
- 심리적 전략과 인지적 전략의 통합적 프로그램 개발

이에 따라 프로그램의 성과로서 기대되는 목표는 다음과 같다.

- 아동 및 청소년의 학업 스트레스 감소
- 아동 및 청소년의 학업동기 증진
- 아동 및 청소년의 학업효능감과 자아개념 제고
- 아동 및 청소년의 학업에 대한 자기결정권과 자기통제 강화

2. 개발 절차

'공부 200% 업그레이드' 프로그램의 개발 모형은 변창진(1994), 박인우 (1996), Sussman(2001), 김창대(2002)의 모형을 참고하여 프로그램 개발 에 적합한 절차에 따라 구성하였다. 이 중 김창대(2002)의 모형은 집단상담 프로그램 개발 모형으로 널리 적용되고 있다. 이 모형은 변창진(1994), 박 인우(1996)의 모형이 교수학습 프로그램 개발 모형을 기초로 만들어져 집 단상담 프로그램에 적합한 태도 및 정의적 목표를 세우는 방법에 대한 대 안을 제시하지 못했다는 점, 그리고 Sussman(2001)의 모형이 건강행동을 촉진하는 프로그램의 개발을 목적으로 하며, 개발과정에 투입되는 비용, 시간, 인력 등이 상당하여 상담현장에서 활용되기에는 부담스럽다는 측면 을 감안하여 이들의 모형을 통합하고 문제점을 개선하였다는 점에 큰 이점 이 있다.

이 프로그램은 김창대의 모형을 적극적으로 참조하되 개발의 효율성과 실제에 따라 절차의 순서를 수정·정돈하고 있다. 프로그램의 현장 적용성 을 높이기 위한 2차례의 예비 프로그램 실시와 이를 통한 수정·보완 절차 를 거쳤다. 이 프로그램 개발의 세부 절차는 〈표 3-1〉과 같다.

〈표 3-1〉 체험중심 통합적 학업증진 집단상담 프로그램의 개발 절차

단 계	세부 단계	개발 절차
목표 수립	기획	이 프로그램의 개발 목적은 아동 및 청소년이 학업의 어려움을 덜고 학업 영역에서 주인의식과 효능감을 갖고 실질적인 학업성취가 증진되도록 돕기 위한 것이다.
	요구사정	아동 및 청소년의 학업상의 고민에 대한 선행연구물과 아동 및 청소년을 대상으로 한 100여 회의 개인상담을 통한 고민과 요구하는 도움에 대한 내용을 수집, 정리하였다. 학생들은 매우 다양한 고민

단계	세부 단계	개발 절차
목표 수립		을 가지고 있었는데, 주로 제기되는 어려움으로는 장래의 목표가 뚜렷하지 않은 상태에서 공부를 열심히 하기 어려운 점, 잘하고 싶기는 하나 열심히 하고 싶지는 않은 점, 열심히 해도 성취가 뒤따르지 않음으로써 발생하는 학습된 무기력감, 주의집중의 곤란으로 학업이 효율적으로 되기 어려운 점, 시험에 대한 스트레스와 불안 등이었다.
	수정계획안 수립	요구사정을 통해 개략적인 학업증진 프로그램의 구성 요소를 정리하였다. 프로그램 구성 요소는 크게 인생 비전과 목표 명료화를 통한 학업동기 증진, 시간관리 전략, 공부방법의 핵심에 해당되는 주 전략, 효율적인 예습과 복습방법, 수업 및 노트 전략, 시험 준비를 포함한 시험관리 전략, 주의집중 증진과 시험 스트레스 감소 전략 등으로 정리되었다.
	프로그램 목표 정립	프로그램 목적은 학생 개인이 자신의 삶에서 주도권을 인식하고 주도적으로 관리할 수 있다는 효능감을 증진하며, 이를 통해 자아정체감과 자아존중감을 증진하는 것으로 설정하였다. 이에 따른 프로그램의 개발 목표를 세부적으로 제시하면 다음과 같다. • 학업동기 증진 • 시간 통제력 및 관리능력 향상 • 공부방법 학습 • 주의집중 증진과 시험 스트레스 감소
프로그램 구성	목적 및 내용에 대한 이론적 검토	아동 및 청소년의 특성과 발달과업, 기존 학습전략 프로그램의 내용을 검토하여 프로그램의 개발 목표와 구성 요소를 재검토하였다.
	활동의 수집	구성 요소를 다루기 위한 세부 활동은 저자가 기존에 진행해 왔던 학습전략 프로그램과 기존의 학습전략 프로그램, 체험 중심의 활동적인 프로그램 중 이 프로그램의 목적에 부합하는 것을 추려 정리하였다.
	지각된 효율성 평가	정리된 회기별 목표와 활동 내용은 아동 및 청소년 담당 현장교사와 집단상담 전문가들의 자문을 거쳐 수정·보완되었다.

단 계	세부 단계	개발 절차
프 로 그 램 구 성	활동, 내용, 전략의 선정	총 8회기 약 16시간의 프로그램이 구성되었다. 프로그램은 크게 삶의 비전과 희망을 공부와 연결지어 학업동기를 증진하는 부분, 시간관리 부분, 주 전략과 보조 전략을 포함한 인지적 학습전략 부분, 주의집중과 스트레스 대처를 위한 심리적 전략 부분으로 나누어진다.
	요소 연구 (경험적 확인)	각 회기 활동은 세 가지 경로를 통해 각 요소의 효과성을 확인하였다. 첫째 10여 회의 개인 학업상담을 통해 부분적으로 적용되어 그 효과를 확인하고, 둘째 중·고등학생을 대상으로 2~4회기 정도의 분량으로 시험적으로 실시되어 그 효과성을 확인하였으며, 셋째 교사 및 상담자들을 대상으로 한 교육을 통해 그 효과성을 검증하였다.
	프로그램 구성	이러한 과정을 거쳐 프로그램이 구성되었다. 이 과정에서 회기수에는 변함이 없으나 전체 진행시간을 14시간 정도로 단축할 수 있었다. 따라서 이 프로그램은 2일 14시간의 집중적 프로그램 혹은 8회기 총 16시간의 주별 프로그램으로 사용할 수 있게 구성되었다.
예 비 연 구	예비 수행	18명, 19명의 중·고등학생을 대상으로 2회 예비 프로그램을 수행하였다. 예비 프로그램에는 집단상담 전문가 2인이 함께 참여하여 관찰하였고 프로그램에 대한 평가를 하였다.
	다양한 평가	프로그램에 참여한 중·고등학생들은 프로그램이 재미있으면서도 공부하려는 마음을 잡게 해 주었고, 시간관리의 중요성과 공부방법의 부족한 면을 보충할 수 있게 해 주었다고 평가하였다. 한편, 처음 만난 학생들이 빨리 친밀감과 응집성을 형성하기 어려워 프로그램의 초반 4~6시간 정도에는 프로그램에 적극적으로 참여하기 어렵다는 평가를 하였다. 전문가들은 프로그램에서 학업동기를 조성하는 부분 외에 학습전략 부분이 좀 더 보강될 필요가 있다고 평가하였다.
	모형의 재검토	평가내용을 반영하여 프로그램에서 능동적 읽기, 예습과 복습 부분의 활동을 보강하였으며, 초반 친밀성과 응집성을 높이기 위해 팀별로 경쟁하는 부분을 보강하였다. 삶의 주도권과 학습에서의 자기결정력을 프로그램 전반의 분위기 속에 담기 위해 프로그램 전반부에 세부 목차별로 더 잘 공부하고 싶은 부분을 각자 투표하게 하여 이 부분을 더 상세히 다루는 것으로 하기 위한 목차 투표 활동을 삽입하였다.

단계	세부 단계	개발 절차
예비 연구	기존 연구 분석	기존 연구 분석을 통해 예비 프로그램 구성 요소의 타당성을 확인하였으며, 프로그램을 통한 자존감 증진과 성취 경험의 중요성을 확인하였으며, 이론적 근거 역시 재확인하였다.
	수정된 모형 확인 분석	이러한 절차를 거쳐 프로그램은 초반 응집성 및 참여동기 강화 부분에 팀별 경쟁활동을 통한 소속감과 응집성 증진으로 절약한 시간을 예습과 복습, 능동적 읽기, 암기법 부분의 활동시간으로 보강하였다.
프로그램 실시와 개선	프로그램 실시	프로그램은 20명의 중·고등학생(고등학생 2명, 중학생 18명)에게 실시되었다. 저자의 홈페이지 회원을 대상으로 모집하였고, 학생 전원이 부모에 의해 의뢰되었다. 이들 중 5명은 학습의욕 부족, 10명은 학습전략 보강, 5명은 주의집중 부족과 시간관리의 어려움을 이유로 프로그램 참여를 신청하였다. 프로그램은 1박 2일, 총 14시간에 걸쳐 집중적으로 진행되었다.
	다양한 평가	참여 학생들에게 프로그램에서 가장 도움 받은 부분을 복수로 응답하게 했을 때 효과적 암기(8명), 시간관리와 학습계획(7명), 예습과 복습 방법(7명), 시험 스트레스 대처(3명), 노트 필기(2명), 공부목표 세우기(2명), 효과적으로 공부 시작하기(1명)로 응답하였다. 따라서 프로그램의 모든 부분에서 고르게 만족을 나타냈지만 효과적 암기, 예습과 복습방법, 시간관리와 학습계획 부분에서 가장 많은 참가자들이 만족했음을 알 수 있었다.
	매개변인의 계속적 수정	프로그램 참가자들의 소감에서 프로그램을 통해 자존감과 학업에 대한 효능감이 증진되었으며, 시간관리와 목표 설정 등 자기관리 및 통제 부분에서도 효과가 있었음을 확인할 수 있었다. 따라서 이 프로그램은 자존감과 자기효능감, 자기통제감의 증진에 특별히 효과적임을 알 수 있다.
	활동 내용, 전략의 수정	프로그램의 이러한 효과를 강화하기 위해 프로그램의 전 과정에서 자존감과 자기효능감, 자기통제감을 증진할 수 있는 피드백 활동을 강화하는 방향으로 활동 세부 계획을 보강하였다. 모든 발표나 수행에 대해 긍정적 피드백을 제공하고, 학생들이 선택하고 실행할 수 있는 활동을 증가시켰다.

3. 프로그램의 개요[1]

프로그램은 아이스 브레이킹(ice breaking)과 자기소개, 오리엔테이션 등에 한 회기가 소요된다. 이 부분은 일반적인 집단상담에서 공통적인 부분이므로 생략한다. 이하 프로그램의 내용은 경우에 따라 회기 수를 조절할 수 있으므로 회기별이 아닌 주제별로 제시하기로 한다.

① 진로와 공부의 연결: 나의 미래와 공부 사이
• 목표: 희망 진로와 공부의 의미 연결짓기, 학습에 대한 의욕과 동기 고취
• 활동
 − 내가 생각하는 공부
 − 공부의 득과 실(행동수정 원리 연습 포함)
 − 내가 꿈꾸는 미래(진로탐색 활동 포함)
 − 강의
• 소요 회기: 오리엔테이션 포함 1~2회기

② 학습전략 진단 및 해석
• 목표: 학습전략의 장단점 파악 및 보완계획 수립
• 활동
 − 학습전략진단검사 실시 및 채점
 − 학습전략의 장단점 파악

---

1) 이 프로그램은 한국학업트레이너협회 강사(academic trainer)들에 의해 '공부 200% 업그레이드' 프로그램으로 실시되고 있다. 강사 양성에 대한 안내는 협회 홈페이지와 카페를 통해 알 수 있으며, 프로그램의 자세한 내용은 '공부 200% 업그레이드' 워크북을 참고하기 바란다.

– 보완을 위한 활동 계획 수립

　　– 강의

・소요 회기: 1회기

③ 시간관리, 생애설계

・목표: 학습계획을 실현 가능하게 작고 구체적이며 단계적인 것으로 세우는 방법 학습, 중학교 3년/중·고등학교 6년 등 장기계획 수립 방법 학습

・활동

　　– 삶의 주인되기

　　– 학습계획 수립하기: 좋은 학습계획의 기준, 계획 수립 및 시간관리 방법 소개

　　– 비전에 맞는 장기 계획 수립

・소요 회기: 1～2회기

④ 학습의 주 전략

・목표: 학습의 주 전략(SQ3R)을 단계별로 학습

・활동

　　– 학습의 준비: 심리적 시동 걸기와 실질적 준비 방법 점검 및 소개

　　– 공부할 내용에 익숙해지기: 핵심 파악하기, 핵심에 접근하기

　　– 능동적 읽기: 목적이 있는 읽기의 장점과 방법

　　– 암기하고 소화시키기: 연구를 통해 밝혀져 있는 효율적 암기법 소개, 각자가 가진 방법을 서로 나누고 연습하기

　　– 강의

・소요 회기: 2～4회기

⑤ 학습의 보조전략

• 목표: 예습, 수업, 노트 필기, 복습, 참고서 선택, 문제집 3배 활용법, 시험준비 및 응시 요령 등 학습 보조 전략 학습

• 활동

  – 예습과 복습: 예습과 복습의 노하우를 서로 나누고 예습·복습의 원리를 익힘

  – 노트 필기, 참고서 활용, 시험 준비의 효율적인 방법을 익히고 연습

• 소요 회기: 1회기. 연습과 점검이 포함될 경우 2~3회기

⑥ 집중, 그 이상

• 목표: 주의집중을 돕고 흐트러진 마음을 모으는 다양한 생활명상과 호흡법, 그 외 주의집중 방법 학습

• 활동

  – 시험 스트레스 관리법: 호흡, 심상화, 마음 챙기기

  – 주의집중 증진 방법: 보행명상, 자기자각명상, 만다라 등

• 소요 회기: 1회기. 연습을 더 꼼꼼히 할 경우 2~3회기

제2부

행복을 가져오는 학습관리

행복해지고 싶다면 이렇게 공부하라

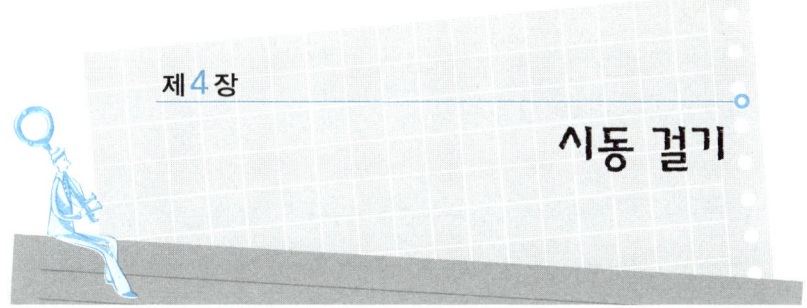

제4장

시동 걸기

1. 공부방법을 잘 익히면 이렇게 된다

지금 여러분이 이 책을 어떻게 해서 읽게 되었는지 모르겠다. 정말 효과적으로 공부하고 싶은 마음에 서점에 나가서 '뭐 좋은 책 없을까?' 하고 찾다가 이 책이 갑자기 눈에 확 들어와 '그래! 바로 이거야! 이걸 잘 읽어 보고 나서 이제 정말 공부를 좀 잘해 봐야지! 와, 신난다!!' 하고 책을 사 가지고 신나게 집으로 돌아와서 만사 제치고 이 책을 펴들고 앉아 저자의 글을 읽고 있는 사람은 아마 거의 없을 것이다. 모르긴 해도 부모님이나 누군가 다른 사람이 이 책 한번 보라고 해서 손에 들고 있는 사람이 대부분일 것이다. 그래서 보기는 싫은데 안 볼 수는 없고 '에이, 씨이.' 등의 소리를 내면서 앉아 있는 모습이 눈에 보이는 것 같다.

가엾다. 안타깝다. 그리고 정말 이해가 된다. 나도 그랬기 때문이다. 중·고등학교 때, '정말 너무너무 공부하기 싫어서 미치겠다!' 하고 생각할 때도 있었고, 그렇게 죽도록 싫지는 않지만 '어쨌든 빨리 이 고난의 시기가 끝나고 신나는 대학생이 되고 싶다.'는 생각도 자주 했었다.

그러다가 이런 생각을 하게 되었다.

> 그래, 솔직히 말해서 중·고등학생이 공부를 안 할 수는 없어. 하기 싫어도 해야 할 팔자야. 하긴 해야 해. 성적을 잘 못 받으면 부모님이 실망하시고 나도 아주 우습게 되고. 게다가 우리 부모님이나 선생님이 나를 아주 괜찮은 사람으로 생각하고 기대하고 계시잖아? 실망시켜 드리기도 괴롭고 공부를 열심히 해서 좋은 대학에 들어가야만 내가 원하는 삶을 살 수 있겠고…….

그래서 '어떻게 하면 조금만 공부하고도 많은 효과를 거둘 수 있을까?' '어떤 식으로 공부하면 안 잊어버릴까?' '시험 문제로는 어떤 게 나올까?' '이번 수행평가 점수는 어떤 기준들을 만족시키면 높게 나올까?' 이런 것들을 많이 생각하면서 공부를 했고, 결국에는 다른 친구들보다 적은 시간 공부했지만 원하는 대학에 무사히 입학할 수 있었다.

나는 지금 성적을 올리는 방법에 대한 이야기만을 하는 것이 아니다. 내가 바라는 삶을 살기 위해서, 그래서 정말로 행복해지기 위해서, 필요한 만큼의 성적을 만들고 원하는 대학을 가고 싶은데 비인간적으로 피도 눈물도 없이, 잠도 휴식도 없이 공부하는 것이 아니라 조금은 인간답게 공부하면서도 하는 만큼 효율과 성과가 나오도록 생활하는 방법에 대해서 이야기하는 것이다. 여러분도 자신의 삶이 소중하고 자신의 미래의 삶에서 행복하게 살고 싶다고 생각한다면 어떨까?

부럽지 않은가? 어떻게 하면 나처럼 할 수 있을까, 될 수 있을까, 무척이나 부럽지 않은가? 그런 사람은 앞으로 나와 함께, 내가 하는 말을 열심히 듣고 연습해 보고 실제 공부에 하나씩 적용시켜 보자. 그러면 나처럼, 아니나 이상으로 성공적으로 공부할 수 있을 것이다. 단, 약속을 해야 한다. 정말 열심히, 여기서 해 보라는 대로 해 볼 것을. 어려운 것은 안 시킬 테니까 믿고 실행해 보라. 약속했는가? 좋다! 출발!

지금부터는 앞으로 나와 함께 공부하게 될 '학습관리 방법'의 효과를 전부 모아서 자랑을 좀 하려고 한다. 이렇게 엄청나게 달라질 수 있는 효과가 있다는 것을 듣고 나면 여러분 스스로가 정말 열심히 내 이야기를 믿고 따라올 것 같다.

여기에 나오는 내용을 배우고 하나씩 하나씩 실천해 나가다 보면 여러분은 다음과 같이 달라질 수 있다.

- 짧은 시간에 많이 공부할 수 있다.
- 자신감이 생긴다.
- 생활에 여유가 생긴다.
- 알아서 공부하고, 알아서 놀고, 알아서 생활할 수 있다.

첫째, 짧은 시간에 많이 공부할 수 있다.

예를 들면, 내가 사회 과목의 큰 단원 하나를 공부할 때 10시간이 걸려야 90점을 받을 수 있다고 하면 그 정도의 성과가 5시간 만에 가능해진다는 얘기다. 거짓말 같은가? 이건 정말이다. 또 다른 말로 하면 같은 5시간을 공부해도 더 많은 것이 머릿속에 들어간다는 것이다. 왜냐고? 어떻게 그렇게 되는 거냐고? 원리가 뭐냐고?

이제 내 이야기를 들으면서 실행해 나가다 보면 똑똑한 친구들은 간파할 것이다. 여기에서 소개하는 학습관리 방법은 한 단계 한 단계 밟아 나가면서 공부할 내용, 외워야 할 내용을 줄여 가는 것이기 때문이다. 그리고 중요한 것들을 반복하게 되고, 그것들을 눈여겨보면서 지나가는 방법을 배우기 때문이다. 그렇게 점점 핵심으로 가까이 들어가는 공부가 바로 원리다.

시시하다고? 달걀을 세울 줄 아는 사람이라면 그 방법이 너무 시시하게 여겨지겠지만, 그걸 모르다가 알게 되면 매우 놀라운 법이다.

둘째, 자신감이 생긴다.

어떻게 공부를 해야 할지 모르고 뭐가 중요한지도 모르고 허둥거리며 공부하면 당연히 자신이 없다. 하지만 핵심을 파악할 줄 알고 핵심만 추려서 공부를 할 수 있게 되면 공부에 좀 더 자신이 붙을 것이다. 게다가 이렇게 몇 달 연습하고 실천해서 성적까지 오른다면 정말 자신감이 팍팍 생길 것이다. 상상해 보라. 기쁘지 않은가? 게다가 마음이 잘 다스려져서 필요할 때 다시 안정과 집중을 되찾을 수 있고, 계획이 실천 가능하게 세워지고, 계획을 실천하다 보니 삶이 더 반짝거리는 느낌이 들기 시작한다면 여러분의 자신감은 정말 빠른 속도로 치솟기 시작할 것이다. 자신감이 커지는 것은 성적이 오르는 것보다 훨씬 깊고 큰 즐거움과 기쁨을 줄 것이다. 이 책의 효험으로 여러분이 나중에 직접 체험해 보면 '아, 그때 그 말이 이거구나!' 하고 알게 될 것이다.

셋째, 생활에 여유가 생긴다.

능률적으로 공부하게 되면 5시간 공부해도 10시간 공부한 셈이 되니 똑같은 하루 24시간이라도 훨씬 길게 사용하는 여유가 생긴다. 전에는 하루에 5시간 공부하고도 영 자신이 없고 초조했는데 이제 한 시간쯤은 쉬거나 놀면서 4시간 정도 공부하고서 8시간 정도를 공부한 셈이니, 공부도 더 많이 하고 놀거나 쉴 수 있는 여유 시간도 1시간이 생기는 것이다. 얼마나 신나는가! 이렇게 되면 마음에 여유가 생겨서 하루하루가 즐거워진다. 그러면 이런 구호를 책상 앞에 써 붙여 두고 집중적으로 공부해 보는 것이 어떨지? '공부도 편안히, 노는 것도 편안히!'

집중력 관리와 시간 관리는 여러분이 순간순간 시간에 끌려가는 것이 아니라 매 시간과 삶 전체를 꼭 틀어쥐고 나아간다는 느낌을 주게 되는데, 이렇게 되면 생활은 알차면서도 진정으로 여유로워질 것이다. 집중해서 시간

가는 줄 모르고 공부하다가 계획한 양을 마치고 시계를 보니 계획한 시간보다 30분 일찍 끝나 있는 것을 발견하는 그 기분은 겪어 본 사람만이 안다. 그런데 이 책대로 해 나가다 보면 여러분도 그런 희열을 한 달 안에 경험하게 된다는 사실!

넷째, 알아서 공부하고, 알아서 놀고, 알아서 생활할 수 있다.

공부하는 방법을 모르면 효과적으로 공부할 수 없다. 그러다 보면 늘 자신의 공부하는 방법이나 공부 분량 같은 것을 정하는 일에서 자신이 없고 학교 선생님, 학원 선생님 혹은 과외 선생님이 시키는 대로만 공부하기 바쁘다. 그러나 공부하는 방법을 배우고 자신의 공부 방법과 분량을 스스로 조절해서 공부해 나가게 되면, 다시 말해서 자신의 학습을 스스로 관리하게 되면 자신의 생활을 스스로 조절할 수 있게 된다. 이 정도면 이젠 여러분도 어른이 되어 가는 것이다. 무슨 소리냐고? 어른이 된다는 것은 특히 아주 건강한 어른다운 어른이 되어 간다는 것은 자신의 삶과 생활에서 스스로 생각하고 판단하고 결정하고 행동한다는 것이다. 물론 이미 어른인 나도 어떨 때는 그렇게 하고 있고 어떤 때는 그렇지 못하지만 이상적인, 건강한, 훌륭한 어른은 그렇다는 것이다. 그리고 여러분은 어른이 되어 가는 준비 단계에 있다. 행복한 어른이 되기 위해서는 노력하고 준비해야 하는데 자신의 공부와 생활을 스스로 계획하고 조절할 수 있게 된다면 아주 훌륭한 어른이 될 수 있고, 벌써 어른이 된 거나 마찬가지라는 말이다. 생각해 보라. 얼마나 신나는 일인가!

자, 이렇게 효과적인 공부방법을 배우는 일의 좋은 점을 힘주어 말했는데 좀 구미가 당기는가? 그러나 이게 전부가 아니다. 좀 더 있다. 앞에서도 이야기했지만 마음을 다스리고 시간을 관리하면서 효율적인 방법으로 공부하면 자신의 삶에서 진정한 주인이 된다. 그리고 행복하고 충만한 순간이 더 많아진다. 이런 사람을 상담이나 철학 분야에서는 성숙하고 행복한 사람이라고 한다. 여러분이 바로 이런 사람으로 변신하게 되는 것이다. 이것은 쉽게 도달할 수 있는 경지가 아니다. 평생 가도 도달하기 어려운 사람들이 아주 많다. 그러나 이 책의 내용대로 하면 아주 빠른 진도로 이 멋진 궤도에 진입하게 될 것이다. 이렇게만 되면 여러분의 인생은 반드시 성공하고 행복해진다. 장담할 수 있다.

　이제 〈표 4-1〉의 나의 활동계획 용지에 자주자주 기록하자. 이 책을 읽으면서 이런 것을 한번 실천해 봐야겠다 하는 생각이 드는 것이 있으면 그때마다 이 페이지를 펼쳐서 기록하기로 하자. 멋진 아이디어를 많이 챙기게 되길 진심으로 바란다. 파이팅!!!!

〈표 4-1〉 나의 활동계획

2주 이내 시작할 일	2달 이내 시작할 일	4달 이후 시작할 일
집(+학원)에서		
학교에서		

2. 내 공부방법 진단해 보기

이 검사는 저자가 학업상담을 할 때나 교육을 할 때 사용하는 것이다. 여러분이 어떤 공부방법에는 더 강하고 어떤 방법에는 상대적으로 약한지 자신의 공부방법의 현주소를 한번 알아보자. "지피지기면 백전백승", 즉 상대를 알고 나를 알면 싸움에서 반드시 이긴다지 않는가! 또 이렇게 자신의 공부방법의 강약점을 파악하면 이 책에서 어느 부분은 좀 더 열심히 보고 실천해야 할지, 또 어떤 부분은 '아, 내가 잘하고 있구나. 내가 하는 방법이 여기에도 적혀 있네?' 하고 확인하는 즐거움으로 들여다볼지를 선택할 수 있을 것이다. 이렇게 '계속 열심히'가 아니라 '때로 더 열심히, 때로 조금 편하게'는 우리가 공부를 지속적으로 해 나가기 위해 꼭 익혀야 할 노하우다. 우리는 기계가 아니라 사람이기 때문에 항상 같은 컨디션으로 오래 집중할 수는 없다. 〈표 4-2〉의 내용을 살펴보면서 체크해 보자.

〈표 4-2〉 나의 공부방법 진단검사와 채점표

나의 공부방법 진단검사

*다음 내용을 잘 읽고 해당하는 곳에 ∨표 하세요.

번호	내용	전혀 그렇지 않다 1	거의 그렇지 않다 2	그렇다 3	종종 그렇다 4	거의 항상 그렇다 5
1	학습계획(공부 시간표)을 미리 세운다.					
2	공부하다가 집중이 떨어질 때 다시 집중할 수 있는 방법이 있다.					
3	이해할 수 있는 범위 안에서 책을 되도록 빨리 읽는다.					
4	책을 읽고 나면 그 즉시 읽은 내용을 속으로 정리한다.					

5	외울 낱말(단어)이 있을 때 같은 뜻 혹은 다른 뜻을 가진 낱말을 찾거나 생각해 본다.				
6	한 과목에서 배운 내용을 다른 과목에도 관련시켜 이용하려고 한다.				
7	시험이 끝난 다음에 과목별로 시험지를 잘 정리해서 보관해 둔다.				
8	학습계획을 세울 때 일주일 동안 해야 할 학습 내용과 여기에 필요한 시간을 생각하거나 계산해서 너무 헐겁거나 빡빡하지 않게 한다.				
9	일정한 장소나 시간대를 정해 놓고 공부한다.				
10	학습 내용을 하나하나 자세하게 공부하기 전에 먼저 전반적인 뼈대를 훑어본다.				
11	외울 때 무작정 외우기보다는 그 뜻을 확실히 이해하면서 외운다.				
12	공부한 내용 중 중요 부분이나 이해가 잘 안 되는 부분은 교과서나 참고서 등에서 다른 방식으로 좀 더 자세하게 설명한 것이 있는지 찾아본다.				
13	수업을 듣고 이해하는 데 필요한 만큼을 미리 공부해 둔다.				
14	시험이 끝난 다음에 정답을 확인하여 틀린 문제는 다시 풀어 본다.				
15	계획한 공부의 양은 정한 시간이 지나더라도 하루, 이틀 안으로 반드시 다 한다.				
16	내 책상 위에는 책, 노트, 참고서 등 공부에 관계되는 것만 있다.				
17	책을 읽을 때 내용의 어려운 정도나 중요한 정도에 따라 읽는 속도를 다르게 한다.				
18	단어나 책 내용을 외울 때 서로 연관시켜서 체계적으로 외운다.				
19	책을 읽고 나면 내가 이해한 것을 요약하고 정리해 본다.				
20	문제집을 풀고 나서 틀린 문제와 관련된 내용을 책이나 참고서로 돌아가서 다시 공부한다.				

21	시험이 끝난 다음에 틀린 문제는 틀린 원인이 무엇인지를 스스로 분석해 본다.					
22	학습계획을 세우면 그대로 실천한다.					
23	공부할 분량을 미리 정하고 공부를 시작한다.					
24	언제나 전체 내용과 관련시켜 보면서 책을 읽는다.					
25	내 나름대로 잘 기억할 수 있는 방법을 사용하여 공부한다.					
26	어렵거나 몰라서 지나간 부분을 나중에라도 알아내어 정리해 둔다.					
27	수업 시간에 들은 내용은 그날이 지나기 전에 정리, 복습해 둔다.					
28	시험이 끝난 다음에 잘 몰랐던 문제와 관계되는 교과서나 노트를 찾아서 다시 읽어 본다.					
29	학습계획을 세울 때 다른 사람이 한 것을 그대로 따라하기보다는 나에게 가장 알맞은 방식으로 한다.					
30	공부하는 것과 쉬는 것을 확실히 구별한다.					
31	책을 읽을 때 의문이 나는 것에 대한 질문 내용을 속으로 생각하며 읽는다.					
32	책을 읽을 때 그 내용을 충분히 파악하면서 읽는다.					
33	모르는 단어가 있을 때 무조건 사전부터 찾기보다는 문맥 속에서 그 뜻을 짐작해 본 뒤에 사전을 찾아 그 뜻을 확인한다.					
34	내 나름대로의 노트 정리법이 있다.					
35	시험공부를 할 때 예상문제를 만들거나 표시해 두고 이것의 답을 생각한다.					
36	학습계획을 세울 때 어느 정도의 속도로 정해진 분량을 공부할지를 고려한다.					
37	공부할 때는 집중해서 공부한다.					
38	책에서 중요한 부분이 무엇인지 늘 염두에 두고 읽는다.					
39	중요한 내용과 원리는 철저하게 알아 둔다.					
40	읽은 내용과 관련되는 다른 참고서나 자료를 찾아 비교해 본다.					

41	잘 이해되지 않거나 모르는 내용은 친구나 선생님에게 질문한다.				
42	기출 문제를 분석해서 교과서의 중요한 부분이 무엇인지를 짐작해 본다.				
43	과목에 따라 공부시간을 융통성 있게 나누어서 공부한다.				
44	엎드리거나 누워서 하지 않고 바른 자세로 앉아서 공부한다.				
45	학습목표를 해결하거나 내게 떠오른 질문의 답을 찾는 마음으로 책을 읽는다.				
46	공부를 끝낸 직후에 공부한 내용을 회상해 보고 부족하다고 느껴지는 부분은 즉시 다시 읽어 본다.				
47	잘 모르는 부분, 핵심적인 부분은 반드시 이해하고 넘어간다.				
48	책을 읽으면서 시험에 나올 만한 부분을 찾고 그 부분에 집중한다.				
49	시험 문제지나 문제집을 풀어 보고 그 결과를 분석하여 학습방법을 개선한다.				
50	학습계획이 지켜지지 않은 경우에는 학습방법과 학습목표를 잘 검토해서 적절히 다시 조정한다.				
51	공부할 때 텔레비전이나 컴퓨터를 켜 놓지 않는다.				
52	책을 읽을 때 책에 나오는 표, 그래프, 그림 등이 본문 내용과 어떻게 관련되는지 이해하려고 노력한다.				
53	한 번 외웠다고 그치지 않고 후에 여러 번 반복해서 외운다.				
54	학교 수업시간에 배운 내용을 공부한 내용과 비교하여 다시 요약하거나 정리해 둔다.				
55	이해가 완전히 되지 않은 부분은 되풀이해 읽으면서 이해하려고 애쓴다.				
56	시험이 끝난 다음에 잘 몰랐던 문제나 틀린 문제는 친구나 선생님에게 질문하여 분명히 알아 둔다.				

나의 공부방법 진단검사 채점표

＊해당 칸 안에 ○ 혹은 ∨ 표 하세요.

문항번호	전혀아님	거의아님	그렇다	종종그럼	항상그럼	문항번호	전혀아님	거의아님	그렇다	종종그럼	항상그럼	문항번호	전혀아님	거의아님	그렇다	종종그럼	항상그럼	문항번호	전혀아님	거의아님	그렇다	종종그럼	항상그럼	문항번호	전혀아님	거의아님	그렇다	종종그럼	항상그럼	문항번호	전혀아님	거의아님	그렇다	종종그럼	항상그럼	문항번호	전혀아님	거의아님	그렇다	종종그럼	항상그럼
1						2						3						4						5						6						7					
8						9						10						11						12						13						14					
15						16						17						18						19						20						21					
22						23						24						25						26						27						28					
29						30						31						32						33						34						35					
36						37						38						39						40						41						42					
43						44						45						46						47						48						49					
50						51						52						53						54						55						56					
A																																									
B																																									
C																																									
ㅎ						ㅈ						ㄴ						ㅇ						ㄷ						ㅂ						ㅅ					

채점 예

	전혀아님	거의아님	그렇다	종종그럼	항상그럼		전혀아님	거의아님	그렇다	종종그럼	항상그럼		전혀아님	거의아님	그렇다	종종그럼	항상그럼		전혀아님	거의아님	그렇다	종종그럼	항상그럼		전혀아님	거의아님	그렇다	종종그럼	항상그럼		전혀아님	거의아님	그렇다	종종그럼	항상그럼		전혀아님	거의아님	그렇다	종종그럼	항상그럼
A	2	3	1	1	1		2	2	1	1	2		1	1	1	2	3		0	1	3	2	2		1	4	0	1	2		1	0	0	3	4		3	3	1	1	0
B	5				2		4				3		2				5		1				4		5				3		1				7		6				1
C		6(위)						4(위)						2(위)						3(위)						4(위)						1(위)						7(위)			
ㅎ		약				ㅈ						ㄴ		강				ㅇ						ㄷ						ㅂ		최강				ㅅ		최약			

채점방법은 다음과 같다. 각각의 문항에 체크된 개수를 A에 각각 더해서 적어 둔다. B에는 '전혀 아님'과 '거의 아님'에 체크된 개수를 더하고 '종종 그럼'에 체크된 개수를 더해서 적는다. 7개의 영역에서 B의 오른쪽 칸에 적힌 숫자가 가장 높은 것은 나의 강점, 가장 숫자가 낮은 것은 나의 약점이 된다. 공동 1위나 공동 2위 같이 동점인 것이 있을 수 있기 때문에 강점이나 약점 영역이 몇 개가 될지는 사람마다 다르다. C에는 강점 순서대로 각 영역이 상위 몇 위인지 서열을 매겨서 적는다.

이제 결과를 해석해 보자. 자신의 강점 1~3위에 해당되는 영역 정도를 찾아보기로 하자. 답지의 가장 아래에 있는 ㅎ, ㅈ, ㄴ, ㅇ, ㄷ, ㅂ, ㅅ이라는 약자는 왼쪽부터 각각 '학습계획법' '주의집중법' '능동적으로 읽는 방법' '효과적인 암기법' '공부한 것을 나의 것으로 만들고 다지기' '여러 가지 보조전략' '효율적인 시험관리법'을 의미하는 약자다. 다음에 제시한 요소별 해석에서 자신의 강점에 해당되는 부분을 잘 읽어 보기 바란다. 약점은 뒤집어서 생각하면 되므로 해석을 생략한다.

학습계획법

당신은 학습계획을 짤 때 지나치게 무리한 계획을 세우거나 실천하기 어려운 방식으로 계획하고 있지는 않은 것 같군요. 아무리 열심히 해도 결코 이루기 힘든 계획을 짜고 있다면 공부에 대한 성취감을 느끼기가 어려울 것입니다. 그러나 당신은 다른 공부방법에 비해 자신에게 적당한 공부계획을 세우고 실천하는 요령은 잘 익혀서 사용하고 있는 것 같습니다. 실천 가능하고 꾸준히 공부하도록 지도 역할을 해 주는 훌륭한 계획을 세울 줄 아는 것은 공부하는 학생에게는 정말 큰 재산입니다. 그리고 이런 생활습관은 어른이 된 다음에도 큰 힘이 되어 줄 것입니다.

확인 질문: 1년, 한 학기, 일주일, 일일 계획에 모두 자신이 있나요?

주의집중법

당신은 공부할 때의 습관이나 자세가 훌륭하거나 '주의집중력'이 뛰어난 편입니다. 집중이 흩어질 때 어떻게 기분을 돌리고 다시 집중할지, 잠이 오기라도 하면 어떻게 잠을 깨우고 다시 공부할지 그 작전을 나름대로 가지고 있을 가능성이 큽니다. 또한 당신은 공부를 하는 중간에 적절한 휴식을 취할 수 있는 사람일 것 같습니다. 주의집중이 흩어질 때의 작전을 갖추고 있고 공부하는 동안 주의집중이 가능하므로 당신의 출발은 아주 좋습니다. 다른 공부방법이 잘 받쳐 준다면 더 이상 좋을 수 없겠지요!

확인 질문: 스트레스를 받는 일이 있을 때도 주의집중이 잘 유지되나요?

능동적으로 읽는 방법

당신은 새로운 내용을 학습할 때 학습내용에 먼저 익숙해지는 단계를 비교적 잘하고 있습니다. 또 새로운 내용을 접했을 때 전체적인 윤곽을 파악하고 요령 있게 읽어 나가는 방법을 다른 사람보다는 잘 사용하고 있을 가능성이 있습니다. 새로운 학습내용을 접해도 두려워하지 않고, 어디서부터 어떻게 공부를 해 갈지 공부의 방향과 계획을 잘 세울 수 있을 듯합니다. 모든 공부의 기초는 읽고 이해하기! 공부방법의 기초 공사가 되어 있는 당신은 분명히 노력에 비해 성과가 클 것입니다. 읽어서 이해하고 내것으로 만드는 부분이 많으니 외울 것도 다른 사람보다 적게 남을 것 같네요. 당신은 '준비된' 유능한 학생입니다!

확인 질문: 빨리, 정확히 잘 읽고 이해하고 있나요? 빠르고 정확하게 읽는 것은 당신의 강점을 더욱 강하게 업그레이드시켜 준답니다.

효과적인 암기법

당신은 효과적인 암기법이 뭔지 잘 아는 사람입니다. 효과적 암기는 마음먹고 외우는 단계에서도 중요하지만 읽고 이해하고 선생님의 설명을 듣는 순간에도 역시 중요하답니다. 암기는 무조건 여러 번 읽는다거나 큰소리로 떠든다고 해서 되는 것이 아니며, 각 과목에 맞는 암기법이 서로 다르지요. 따라서 암기를 잘하는 당신은 다른 공부방법에도 강할 듯 하네요. 당신은 공부방법의 귀재가 되어 능률적으로 공부할 잠재성을 충분히 가진 사람입니다.

잠재된 능력을 찾아내어 갈고 닦는다면 당신은 큰 인물이 될 수 있습니다!!!

확인 질문: 몇 가지 종류의 암기방법을 레퍼토리로 가지고 있나요? 암기법 레퍼토리는 다양할수록 좋답니다. 이 책에서 확인해 보세요.

공부한 것을 나의 것으로 만들고 다지기

이 부분은 공부한 내용을 암기하고 그것에서 끝내는 것이 아니라 그 지식이 완전히 나의 것이 되도록 기억에 오래도록 남기는 방법입니다. 당신은 공부가 덜 된 채로 새어나가는 일이 별로 없도록 체계적이고 꼼꼼하게 공부하는 사람이네요. 따라서 각 과목별로 균형 있게, 충분한 시간만 투자한다면 공부를 하긴 했는데 시험 문제로 나오면 정작 정확히 생각이 나지 않는 그런 안타까운 불상사는 없겠습니다. 당신은 효과적이고 체계적으로 복습하므로 기초를 다지거나 다져진 기초를 기반으로 더 상위권으로 진입하기도 쉬울 것입니다.

확인 질문: 혹시 모든 학습내용에 대해서 이런 꼼꼼함을 발휘하고 있지는 않은지요? 그렇다면 조심 또 조심! 공부할 것은 많은데 꼭 정리해야 할 부분, 이해하기 어려운 내용, 중요한 부분에 대해서만 그렇게 공부 해야 한답니다. 그렇지 않으면 더 높은 성적권으로 진입하는 데 오히려 장애가 될 수도 있답니다.

여러 가지 보조전략

이해와 암기를 돕기 위해 여러 가지 효과적인 보조전략을 사용하면 노력에 비해 큰 성과를 가져다줍니다. 보조전략에서 높은 점수를 얻은 당신은 공부의 보조수단으로서 필기된 노트, 친구들, 선생님을 잘 활용하고 있을 것 같은데요? 또 당신은 지겨운 공부, 집중하기 어려운 공부를 자신만의 전략으로 덜 지겹게 공부하고, 집중해서 할 수 있으며 공부한 것들을 당신이 알고 있는 전체 틀 속에 적절히 녹여 넣을 수 있는 놀라운 재능을 가진 사람 같습니다. 공부를 하고 나서 최종적으로 시험에 나올 문제를 예상해 보고 그 대비책을 세우는 단계는 무척 중요합니다. 선생님이 가르쳐 주신 것 그리고 자신이 공부한 것들을 총 복습하면서 시험의 출제 방향을 예상해 보는 과정을 거친다면 시험지를 받아 보고 공부한 방향과는 전혀 다른 문제가 나왔기 때문에 당황해서 시험을 망치는 일은 없을 것입니다. 또한 알 듯 말 듯, 기억이 날 듯 말 듯 안타깝게 시험에서 틀리거나 알고 있는데도 실수로 틀리는 일이 줄어들 것입니다.

확인 질문: 특별히 보완할 필요가 있는 보조전략이 있지는 않은가요? 진단검사의 해당 문항인 6, 13, 20, 27, 34, 41, 48, 55번 문항에서 자신의 응답이 '거의 아님'이나 '전혀 아님'에 체크된 것을 찾아보세요!

효율적인 시험관리법

당신은 시험의 주도권을 잡을 만한 재능을 갖추고 있습니다. 시험을 보고 나서 이번 시험에서 틀린 것들과 요행으로 맞춘 것들을 잘 정리하여 공부하고, 자신의 약점을 보완하여 다음의 더 큰 시험의 대비를 위해 가장 중요한 무기로 활용하고 있는 당신의 야무지고 대견스러운 모습! 뜨거운 박수를 보냅니다! 시험을 본 후 그 내용을 분석하고 틀린 것을 정리하는 태도와 습관, 많이 틀리는 영역이나 비교적 잘 맞추는 영역을 확인하고 시험 준비에 적용하는 태도는 당신을 모의고사나 수능과 같은 큰 시험에 강한 사람이 되게 해 줄 것입니다.

확인 질문: 특별히 끌어올리고 싶은 과목의 경우 시험지를 분석해서 자신의 강약점을 분석해 보나요? 이것만으로도 다음 시험에서 20% 이상 향상을 가져올 수 있답니다.

이제부터 여러분은 자신의 강점 부분에 대해 '어, 내가 해 오던 방법이 맞나? 여기에도 그렇게 적혀 있나?' 하고 확인하고 즐기는 마음으로 읽어 보기 바란다. 몸을 뒤로 약간 젖히고 입가에 가벼운 미소를 담아서 소설 보듯이 즐기며 슬슬 읽어 보는 것이다. 상상만 해도 즐겁지 않은가? 그러다가 '어라! 이런 방법도 있을 수 있군! 이것은 내 방법과 합해서 실천해 보기로 할까? 내 강점이 더욱 보강되겠군!' 이런 마음이 드는 부분은 체크해 두었다가 실천해 보기 바란다.

　자신의 약점으로 밝혀진 공부방법의 부분은 어떤 마음으로 읽으면 좋을까? 말 안 해도 다 알겠지만 그래도 한번 당부해 두자면, 허리를 곧추 세우고 심호흡을 한번 하면서 눈에 힘을 주기 바란다. '열심히 읽어 보자. 약점을 끌어올리면 같은 시간 공부해도 분명히 더 효율적으로 될 테니까! 아자 아자!!!' 이런 마음으로 눈에 불을 켜고 보았으면 좋겠다. 여러분이 정말로 이런 마음으로 이 부분을 읽고 실천한다면 반드시 석 달 후에는 여러분의 마음과 성적에 좋은 일이 생길 것이다(나의 명예를 걸고 약속하겠다).

　〈표 4-3〉은 앞서 제시한 56개의 문항, 즉 공부방법들 중에서 자신의 강점 부분과 약점 부분을 기록하는 난이다. '최강'과 '개선 필수'는 두 개를 넘지 않도록, '강점'과 '보완 필요'는 3~5개 정도 기록해 보자. 잘 기록하고 강점 부분은 자신 있게 밀고 나가고, 약점 부분은 보완해서 공부방법을 업그레이드 시키자.

〈표 4-3〉 나의 공부방법에 대한 기록난

부 문	문항(공부방법)
최강	
강점	
개선 필수	
보완 필요	

3. 공부방법 맛보기

자, 이제부터는 효과적인 공부방법에 대해서 하나하나 설명을 하겠다.

효과적인 공부방법의 7단계

첫째, 공부할 내용에 익숙해지기

둘째, 공부할 알맹이 찾기

셋째, 능동적으로 읽기

넷째, 효과적으로 외우기

- - - - - - - - - - - - - - - - - - -

다섯째, 배운 내용 나의 것 만들기

여섯째, 나도 선생님!

일곱째, 시험 대비(심화학습)

'효과적인 공부방법의 7단계'를 보고 어떤 생각이, 느낌이, 기분이 들었는가? 한 줄 한 줄 읽으면서 자신의 속에 일어나는 그런 생각, 느낌 그리고 기분을 음미해 보라. 그러면 공부하고 싶은 마음도 좀 더 들 수 있고 머릿속에 기억도 좀 더 잘된다. 이것은 학교 공부에도 마찬가지로 적용된다.

이제부터는 본격적으로 효과적인 공부방법의 7단계에 대해서 배울 것이다. 이 방법이 어떻게 해서 만들어지게 되었는지에 대해 안다면 이 방법을 듣고 받아들이는 데 도움이 될 것 같아서 그 이야기를 먼저 하겠다. 이 7단계의 효과적인 공부방법은 공부를 아주 잘해서 서울대학교에 들어간 선배들의 경험, 효과적인 공부방법은 어떤 단계로 되어 있는가에 대해 자고 나면 연구하고, 밥을 먹고 나면 연구하고, 화장실 다녀와서 또 연구하고, 어쨌든 아주 열심히 연구한 학자님들의 연구 결과, 그리고 나의 중·고등학교 시절의 경험들, 이 세 가지를 하나로 모은 것이다.[1)]

이것은 직접 사용해 본 사람들이 많이 있고 나를 포함한 그 선배들이 사용해서 효과를 본 방법들이므로 여러분도 이 방법대로 공부하면 지금보다 공부를 훨씬 더 잘하게 될 것이다. 분명히 말하겠는데, 이 방법을 적어도 3개월 정도 열심히 연습해서 자신의 방법으로 만들면 놀라운 일이 생길 것이다.

앞서 소개한 공부방법의 단계를 다시 한번 보기 바란다. 관찰력이 예리한 친구들은 넷째와 다섯째 단계 사이에 선을 하나 그어 놓았다는 것을 발견했을 것이다. 왜 선을 그어서 크게 두 단계로 구분해 놓았는가 하면, 네 번째 단계까지는 순서대로, 즉 익숙해지기를 하고 난 다음에 공부할 알맹이를 찾아내고, 능동적으로 읽고, 효과적으로 외우기의 순서로 공부를 해야 하는 것이고, 다섯, 여섯, 일곱 번째는 이전 넷째까지의 단계를 밟고 나서 하는 것이긴 하지만 각각의 순서대로 할 필요가 없는 것이다. 즉, 넷째 다음에 여섯째, 다섯째, 일곱째의 순서로 해도 된다. 모두다 마무리하는 마지막 단계에 해당되는 공통점이 있다. 그러나 그 각각의 내용이 다르기 때문에 번호를 따로 붙여 놓은 것이다. 이 선의 깊은(?) 뜻을 이제 알겠는가?

지금부터 제목을 간단히 설명하고 나서 하나하나 자세히 보기로 하자. 간단한 설명을 들으면서 각각의 단계가 어떤 것들일까 상상해 보기 바란다. 그리고 지금 현재 내가 하고 있는 것들은 어떤 것들인지 자신을 돌아보면 더욱 효과적일 것이다.

---

1) 앞으로 나올 구체적인 방법들은 순수하게 저자 개인적으로 사용해 왔던 방법만을 소개했다. 내가 직접 사용해 보지 않은 것들은 자신 있게 소개할 수가 없었기 때문이다. 물론 대학교에 들어와서 알게 되어 사용하게 된 방법도 있지만, 내가 해 보지 않았던 방법은 없다는 것을 알아줬으면 좋겠다.

첫째, '공부할 내용에 익숙해지기'는 공부를 본격적으로 시작하기 전에 공부할 내용을 대충 훑어보는 것이다. 보통 공부 잘하는 학생들은 대부분 이렇게 하고 있을 것이다.

둘째, '공부할 알맹이 찾기'는 본문을 한 번 쓱 훑으면서 혹은 한 번 더 읽으면서 내가 이미 알고 있는 부분은 어떤 것인지, 내가 여기서 뭘 모르는지, 여기서 뭐가 중요한지 등을 파악해 내는 것이다. 이미 알고 있는 것은 열심히 공부할 필요가 없다. 예습하면서 모르는 부분을 발견했으면 수업시간에 선생님의 설명을 열심히 들어서 알아내야 할 것이고, 복습인데 모르겠으면 본격적인 공부를 할 때에 스스로 알아내야 한다. '이건 중요한 것 같다!'는 생각이 드는 부분은 역시 표시를 해 놓았다가 열심히 해야 하는 부분이다.

셋째, '능동적으로 읽기'란 본격적으로 공부를 하기 위해서 책을 읽는데 그냥 읽는 것이 아니라 '공부할 알맹이 찾기' 단계에서 생긴 의문을 해결한다는 자세로 읽어야 하므로 '능동적'으로 읽는다고 이름을 붙여 놓았다.

넷째, '효과적으로 외우기', 이것은 참 중요하다. 여러분 중에서 공부할 때 외우기를 전혀 안 하는 사람은 없을 것이다. 모두 다 중요한 것이지만 잘 이해가 안 되는 것은 외우고 있을 것이다. 하지만 외워야 되는데 잘 안 외워져서 고민이다.[2] 이 외우기 단계에서는 가능하면 효과적으로 외울 수 있는 방법을 알아볼 것이다.

다섯째, '배운 내용 나의 것 만들기'는 네 번째까지의 공부를 마쳤지만 아직도 이해되지 않은 부분, 잘 안 외워지는 부분을 다시 한번 검토하고 참

---

2) 물론 "난 잘 외워요. 외우기 때문에 고민한 적 없어요. 별 게 다 고민이네?" 하는 외우기에 도통한 친구들도 있을 것이다. 정말 부러운 일이다. 이런 친구들은 자신만이 가진 그 묘법을 내게 알려 주기 바란다. 외우기 때문에 고민하는 많은 다른 친구들과 나눌 수 있도록 말이다. 내게 신통방통한 방법을 알려 주는 사람에게는 내가 맛있는 떡볶이를 사 주도록 하겠다. 떡볶이보다 피자가 좋다고? 좋다, 뭐든지 먹고 싶은 것을 사 주겠다. 꼭 연락하기 바란다!

고 자료를 찾아 이해하고 소화해서 완전히 나의 것으로 만들려고 노력하는 것이다.

여섯째, '나도 선생님!'은 학교에서 선생님이 우리에게 하시는 일들을 나도 선생님처럼 해 보면서 공부에 도움을 받는 것으로서, 특히 달라진 대학 입시 준비를 위해서 평소에 해 두어야 할 활동들이 많이 들어 있다.

일곱째, '시험 대비(심화학습)'는 시험을 보기 전에 하는 깔끔한 마무리와 심화학습 방법을 설명한 것이다.

자, 다시 한번 앞에서 한 이야기를 머릿속으로 생각해 보는 것이 여러분의 정리를 도와 줄 것이다. 머릿 속으로 요약, 정리해 보고나서 잘 되었는지 확인하는 마음으로 다음의 요약 내용을 보기 바란다. 꼼꼼히 볼 필요는 없다. 슬쩍 보라.

배우고 나면 이렇게 달라진다

1. 짧은 시간에 많이 공부할 수 있다.

2. 자신감이 생긴다.

3. 생활에 여유가 생긴다.

4. 알아서 공부하고, 알아서 놀고, 알아서 생활할 수 있다.

5. 자기 삶의 진정한 주인이 된다.

6. 행복하고 충만한 순간이 많아진다.

7. 행복하고 성숙한 사람으로 변한다.

8. 행복한 인생을 살게 된다.

효과적인 공부방법의 7단계

첫째, 공부할 내용에 익숙해지기

둘째, 공부할 알맹이 찾기

셋째, 능동적으로 읽기

넷째, 효과적으로 외우기

- - - - - - - - - - - - - - - -

다섯째, 배운 내용 나의 것 만들기

여섯째, 나도 선생님!

일곱째, 시험 대비(심화학습)

다음의 제 5, 6, 7장에서 각각의 단계에 대해 자세히 알아보자.

제5장
공부와 인사하기

1. 공부 준비

100미터 달리기를 하기 위해 출발선에 서 있다고 생각해 보자. 출발선에 서자마자 바로 달리지는 않는다. 출발선에서 몸을 숙이고 '땅' 하고 총소리가 나자마자 재빨리 출발하기 위해 팔과 다리를 준비하고 마음의 준비를 한다. '준비, 땅'을 잘하면 다른 사람보다 빨리 출발할 수 있고, 빨리 달릴 수 있고, 그래서 도착점에 빨리 들어올 가능성이 높아진다. 공부에도 마찬가지의 단계가 있다. 그것이 바로 '공부 준비'다.

'공부해야지!' 하고 생각하자마자 바로 집중해서 공부로 돌입할 수 있는 사람은 축복받은 사람이다. 사실 대부분의 사람은 이것이 잘 안 된다. 저자도 중·고등학생 시절에 이것이 잘 안 되었다. 그래서 내 나름대로 '공부 준비'에 해당하는 절차를 만들어서 그것이 공부 시작할 때마다 습관이 되도록 했더니 집중이 더 잘 되었고 몰입이 더 잘 되었다. 내 경험을 들어보고 여러분 나름의 '공부 준비' 절차를 만들어서 실천하기를 바란다.

나는 먼저 공부하는 데 필요 없는 것은 책상 위에서 깨끗이 치운다. 코 푼 휴지, 만화책, 각종 취미용품 등. 다음으로 공부하기로 계획되어 있는 책, 참고서, 문제집 등과 필기도구들을 순서대로 가지런히 정리해 둔다. 정리할 때 책들을 모아 쥐고 책상 위에 탕탕 소리가 나도록 내려치면서 '그래 잘해 보자. 오늘 나 애 먹이지 말고 협조적으로 우리 한번 잘해 보자. 부탁 해.' 이런 마음으로 책을 가지런히 모아 쥐고 나서 책상 위에 내려 놓는다. 그리고는 깊은 숨을 한 번 내 쉰다. 마지막으로 나는 펜을 손에 쥐고 책을 펼치기 직전에 짧은 기도를 하고 시작했다. '오늘 제가 할 이 공부들과 함 께해 주세요.'

이 모든 것은 1~2분밖에 걸리지 않는다. 여러분도 1~2분 정도 걸리는 짧지만 효율적인 '공부 준비'의 방법을 만들어 보자. 먼저 책상 위를 정리 해 두는 방법 강추! 휴대폰을 진동으로 바꾸어 두는 것은 강강추!! 혹시 여 러분이 정말 독한 마음을 먹고 공부하겠다면 휴대폰을 꺼 두는 것은 깡깡 추!!!!!! 지금부터 1시간 동안 영어 공부를 할 계획이라면 휴대폰의 알람 기 능을 이용해서 한 시간 뒤에 울리도록 맞춰 두는 것도 좋은 방법이다. 의자 에 앉아 크게 기지개를 켜는 방법, 팔을 앞으로 쭈욱 펼쳤다가 위로 올려서 높이 좌우로 흔드는 체조를 하고 시작하는 것도 아주 좋은 방법일 수 있다.

여러분이 결정한 '공부 준비' 방법을 이제 순서대로 적어 보자.

나의 공부 준비

좋다. 이제 잊지 말고 매번 공부를 시작할 때마다 실행에 옮기자.

2. 공부할 내용에 익숙해지기

1) 무 엇

오늘 혹은 지금 이 시간에 내가 공부하기로 한 그 과목의 계획된 분량의 내용들을 자세하게, 꼼꼼하게 살펴보기 전에 전반적인 짜임새와 중요한 낱말(중심 개념/중요 개념)을 대충 살펴보는 단계다. 본문을 다 읽는 것이 아니라 그 안에 들어 있는 뼈대만 파악해 보는 것이다. 대충 보는 것이니 다른 말로 하면 '훑어보기'라고도 할 수 있다. 또 다른 말로 공부할 내용과 '인사하기'라고도 할 수 있겠다.

실제로 나는 공부를 시작할 때 책을 펼쳐서 앞으로 내가 공부할 내용들과 인사를 나눈다는 심정으로 계속 훑어본다. 마음속으로 이런 생각을 하면서 본다. 평소에 좀 좋아하는 과목이나 자신이 있는 과목은 '아하, 너희가 나랑 앞으로 한 시간 동안 공부할 놈들이구나. 반갑다! 잘해 보자. 나 너무 애 먹이지 말고, 응? 반가워!' 이렇게 다정하게 인사하고, 싫어하는 과목, 평소에 잘 안 되는 과목은 '좋다. 한번 붙어 보자! 네가 이기나 내가 이기나 해 보자고! 오늘 꼭 박살내 주겠다!!' 하고 마음을 다지면서 전투적(?)으로 무시무시하게 인사한다.

이렇게 인사한다고 해서 그 과목이 생각이 있어서 내게 협조적으로 나온다거나, 나의 위협에 겁을 먹고서 얌전하게 내 말을 잘 듣는다거나 하는 일은 결코 안 생기겠지만 이렇게 하는 이유는 결국 나 자신의 정신 무장을 돕자는 것이라는 사실! 다들 눈치챘겠지?

소개팅이나 미팅을 해 본 사람? 미팅을 하면 서로 간단히 인사를 나누고 인적 사항을 물어보고 그런 가벼운 대화를 좀 나눈 다음에 좀 더 깊이 있는 대화로 들어가게 된다. 권투시합을 보면 어떤가? 치고 박고 본격적으로 싸우기 전에 약간의 시간 동안 서로 탐색전을 벌인다. '공부할 내용에 익숙해지기'도 바로 그런 것이다.

시간이 많이 걸리지는 않는다. 많이 걸려서도 안 된다. 인사, 탐색전을 오래 하면 처음부터 지치기 때문이다. 30~50쪽 정도의 내용이라면 약 3~7분 정도의 시간이 적당하다. "30쪽을 3분에 어떻게 해요? 말도 안 돼요!" 하는 사람들도 있을 것이다. 하지만 어떻게 하는 것이 '익숙해지기'인지 방법을 잘 이해하고 나면 어째서 시간이 그 정도밖에 안 걸리는지 이해하고 고개를 끄덕이게 될 것이다. 단, 이것은 몇 년 동안 '익숙해지기'를 해 와서 '공부할 내용에 익숙해지기'에 숙달되고 익숙해진 사람을 기준으로 한 시간이므로 처음 연습기간 동안에는 시간이 더 걸리거나 덜 걸릴 수도 있으니 그 점을 감안하기 바란다.

2) 어떻게 하는 것인가 (방법)

방법을 설명해 보겠다. 내가 오늘 7시부터 8시까지 사회를 70~95쪽을 공부하기로 했다고 하자. 그러면 사회책을 펼쳐서 70쪽부터 95쪽까지 한 장씩 넘기면서 큰 제목과 거기에 딸려 있는 작은 제목들을 하나씩 살펴본다. 이렇게 제목 및 제목들의 순서를 살펴보면 전체적인 내용과 뼈대(구성)를 대충 짐작할 수 있다. 지금 현재 예습을 위해서 책을 보고 있다면 제목을 보면서 '아, 이런 것들이 나오겠구나.' 하고 내용을 미리 짐작해 보고 소제목들을 서로 연결해 보면서 '이 제목과 다음 제목은 어떤 관계가 있을까?' 추측해 본다. '송의 건국과 발전'이라는 큰 제목 바로 다음에 '문치주의와 황제권 강화'라는 소제목이 나왔다면 '송나라 초기에 문치주의라는 것을 했나 보군.' 하고 생각해 본다거나, '문치주의가 뭐길래 황제권 강화와 같은 제목으로 묶여 나왔을까?' '송의 건국과 발전하고 문치주의, 황제권 강화는 무슨 관계가 있는 것일까?' 하고 의문을 떠올려 본다거나, 머릿속으로 내가 송나라에 대해서 이미 알고 있는 사실들을 떠올려 보는 것이다. 의문과 이미 알고 있는 사실을 많이 떠올릴수록 나중에 본격적인 공부가 더 잘 된다.

또 제목들을 보면서 중간중간에 나오는 그림, 표, 도표, 사진, 지도 등을 슬쩍 살펴본다. 교과서에 들어 있는 그림이나 도표 등은 책의 내용을 압축하고 요약해 놓은 것이기 때문에 이해하려는 노력을 해 보아야 한다. 주로 큰 시험일수록 지도, 도표가 문제로 잘 만들어지는 법이다. 큰 시험에서는 한 번 출제되었던 것과 똑같은 문제는 출제되지 않도록 엄격하게 관리하여 문제를 만든다. 그러나 교과서의 본문 내용은 너무 한정되어 있고 이미 문제 만들기에 사용된 내용이 대부분이다. 지금까지 만들지 않은 새로운 문제로 만들기가 어렵다. 그래서 본문 내용에 비해서 응용의 여지가 많은 지도나 도표가 문제로 잘 만들어진다. 다시 말해, 지도나 도표가 출제 빈도가 훨씬 높다.

시험에 잘 나온다는 것을 뻔히 알고도 공부를 안 하면 그만큼 손해다!(더 심하게 말해서 멍청이다!) 한 번이라도 더 훑어보면 그만큼 더 익숙해지므로 여러 번 눈을 맞추는 것이 좋다. 그런데 대부분의 학생들이 본문은 보지만 지도나 도표 등은 잘 안 보는 경향이 있다. 처음에는 도표나 지도를 보기가 좀 어렵게 생각될지도 모르지만 자꾸 보다 보면 조금씩 쉬워진다. 지도나 도표 보기가 힘든 사람들일수록 더 열심히 눈을 맞추자.

그리고 그 다음으로는 그 장의 도입 부분이 되는 '이 단원의 공부를 위하여'와 같은 머리말 부분을 읽는다. '왜 읽어야 하나?' 하는 의문이 생기는 사람도 있을 것이다. 어떤가? 여러분의 교과서, 참 재미없는 책이라고 생각하는 사람도 있을 것이다. 순 쓸데없는 것만 가득 담아 놓은 것같이 생각될 수도 있다. 옛날에 내 친구 중에 하나는 심지어 '교과서만 보면 재수 없다.' 고 극언을 하기도 했으니까. 여러분 중에서도 밥맛 없고 재수 없는 책이라고 생각하는 사람이 분명히 있을 것이다. 그러나 이 재수 없는 교과서가 어떻게 해서 만들어지는가 하면, 정부에서 각 과목별로 그 분야에서는 내로라 하는 대학교수와 학자들만 모아서 돈을 엄청나게 주고, 처음 만들 때는 몇 년이라는 기한을 주고 "이 과목에서 중학생 혹은 고등학생들이 꼭 알아야 하는 것만 뽑아서 책을 만들어 주쇼." 하고 부탁해서 만든다. 그리고 지금도 몇 년에 한 번씩 교과서를 개정하기 위해서 여러 학자들이 쉴 새 없이 매달리고 있다. 이렇게 엄청난 돈과 시간과 노력을 들여서 만들었으니 여러분 보기에는 내용이 참 한심하고 지루하게 보일지도 모르지만 정말 필요한 것만 넣어 놓았을 뿐, 글자 한 자라도, 사진 한 장이라도 쓸데없는 것은 없다. '이 단원의 공부를 위하여'는 그것대로, '학습 정리'는 또 그것대로 꼭 그 자리에 필요해서 있는 것이다.

그리고 한 단원이 끝나면 '학습 정리'와 같은 단원 요약을 읽어 본다. 그 단원의 핵심만 뽑아 놓은 것이므로 꼭 읽어야 한다. 교과서 자체가 핵심만 뽑아 놓은 것인데 그중에서도 핵심만 뽑아 놓은 핵심 정리, 학습 정리를 그냥 넘어갈 수 없겠지? 단, 그냥 생각 없이 읽으면 소용이 없다. 의문을 떠올리고 이미 잘 알고 있는 부분은 무엇인지 생각하면서 읽어야 한다.

3) 예습이라면, 복습이라면

'익숙해지기'의 방법은 지금 현재 공부가 예습이냐, 복습이냐에 따라 좀 의미가 다를 것이다.

예습이라면? 예습이란 수업을 염두에 두고 하는 것이다. 수업시간에 좀 더 잘 알아듣고 많이 이해하기 위해서 필요한 만큼 하는 것이다. 따라서 이런 생각을 하면서 책을 훑어보는 것이 좋다. '이 부분은 선생님 설명을 열심히 들어야지, 나중에⋯⋯.' '이것을 수업시간에 꼭 물어봐야지.' 다시 말해, 중요하게 보이는 부분을 표시해 두었다가 수업시간에 반드시 해결하겠다는 마음, 모르는 부분을 표시해 두었다가 수업시간에 선생님의 설명을 통해서 그래도 안 되면 질문을 해서라도 해결하겠다는 마음으로 익숙해지기를 하라는 것이다.

복습이라면? 복습이란 수업이 다 끝났고 선생님에게서 배운 내용을 다시 한번 공부하는 것이다. 따라서 수업시간에 선생님이 한 설명이나 밑줄 친 것, 필기한 내용을 다시 떠올리면서 중요한 것들에 다시 집중하고 해결하지 못한 부분을 체크해 두었다가 본격적인 공부를 할 때 해결해야겠다는 마음으로 책을 보는 것이 필요하다. 예를 들어, 이런 생각을 하면서 책을 보는 것이 좋다. '여기 부분 배울 때 내가 뭘 배웠더라?' '어떤 중요한 것들이 있었더라?' '내가 아직 이해 못한 부분이 있나?'

4) 훑어보면서 꼭 확인하면 좋은 것

나는 원래 '공부할 내용에 익숙해지기'에 대한 공부계획을 잘 짜기 위해서 시작했다. 1시간 동안 얼마나 많은 분량을 공부할 수 있을지, 어떤 방법으로 공부를 하는 것이 좋을지 이런 것들을 미리 알아보느라고 책을 대충 살펴보다 보니 그냥 바로 본격적인 공부를 시작하는 것보다 더 효과적이라는 것을 발견하게 되었다. 다시 말해, '익숙해지기'를 하면서 여러분도 30쪽 안에 정말로 열심히 공부를 해야 하고 시간이 많이 걸릴 중요한 부분은 어디 어디인지, 그 중요 부분의 분량은 얼마나 되는지, 따라서 공부하는 데 시간이 얼마나 걸릴지 등을 파악할 수 있어야 한다. 이런 생각을 하면서 책을 보라. '공부해야 할 분량이 ○○정도일 것 같은데.' '따라서 공부하는 데 시간이 ○○정도 걸릴 것 같은데.' '아아, 여기, 여기는 중요한 부분인 것 같아!'

중요한 부분을 찾기가 쉽냐고? 그걸 알면 시험 못 볼 사람이 누가 있냐고? 중요한 것을 찾는 것은 아주 쉽다. 책에 힌트가 다 있다. 그럼 어떤 것들이 중요 부분이라는 힌트가 되는지 알려 주겠다. 진한 글씨, 글자체가 다른 글씨, 여백에 따로 빼 놓은 글씨 등이다. 보통 제목은 중요 개념이기 때문에 진하고 큰 글씨로 되어 있다. 제목 이외에 진한 글씨로 되어 있는 것은 분명히 중요한 내용이다. 그리고 본문 전체 글자모양들 사이에 글자체가 다른 것이 있다면 그것은 '얘들아! 나는 중요 개념이야! 나한테 신경 좀 써 줘, 잉!' 하고 호소하는 것이니 한 번 더 눈길을 주어야 한다. 그 다음 너무나도 중요해서 도저히 다른 보통 것들과는 같이 못 있겠다고 본문을 박차고 여백으로 뛰쳐나온 놈들이 있는데 이 역시 '난 중요 개념!'임을 주장하는 친구들이니 한 번 더 애정 어린 눈길을 주어야 한다.

5) 어떤 효과가 있길래

자, 이렇게 '익숙해지기'를 하면 어떤 효과가 있을까? 할 일 많은 이 바쁜 세상에 시간이 많이 걸리고 효과는 조금밖에 없다면 할 필요가 없다. 그러나 안심하라! 큰 효과가 있다. 이렇게 3~5분 정도의 시간을 투자하여 대충 훑어보는 것은 투자한 시간에 비해 아주 큰 효과를 거둘 수 있다.

앞에서 이야기했지만 한 번 대충 살펴보면, 첫째 지금 공부해야 할 내용의 분량을 대충 짐작할 수 있고, 둘째 '이걸 다 공부하는 데 얼마나 시간이 걸리겠구나.' 하고 소요 시간을 파악할 수 있다. 셋째, 학습 계획표를 세우는 데 도움이 된다. 넷째, 한 번 훑어보아 두면, 다음에 상세히 공부할 때 훨씬 이해하기가 쉽다. 또 중요한 부분에 주의를 집중할 수도 있어서 이후의 본격적인 공부가 능률적으로 된다. 다섯째, 대충 훑어본 것이지만 안 본 것보다 공부에 자신감이 생긴다.

자신감! 좋은 말이다. 자신감이 얼마나 중요한 것인지 아는가? 만약 여러분이 아주 운이 좋게 산신령님을 만나게 되어서 그 산신령님이 여러분에게 "너는 지금까지 착한 일을 많이 했으므로 선물을 하나 좋은 것으로 주겠노라. 지금부터 네게 충만한 자신감을 주겠노라. 수리수리. 옛다! 펴엉!!" 해서 여러분이 자신감으로 가득 차게 될 수 있다면 그것은 이 책 한 권을 다 읽는 것보다 훨씬 더 가치 있는 것이고 실제로 성적에도 더 큰 영향을 줄 것이다. 자신감이 뭐가 그렇게 중요하냐고? 자신감을 갖게 된다고 정말 성적이 오르겠냐고? 그 증거로 어떤 학자가 한 연구를 하나 소개하겠다.

어떤 학자가 한 도시에서 학급 학생들의 지능지수와 성적 평균이 가장 비슷한 두 반을 찾아서 자신감이 얼마나 성적에 영향을 주는지 알아보기 위해 연구를 했다. 우선 각각 두 반에서 지능검사를 실시했다. 결과는 어떻게 나왔겠는가? 물론 비슷하게 나왔다. 그런데 연구자는 두 반 중 한 반에는 들어가서 거짓말을 했다. '가' 반에는 학생들의 진짜 지능지수 평균을 알려 주었다. 그런데 '나'반에 들어가서는 "놀라지 마세요. 여러분 학급의 지능지수 평균이 무려 140 가까이 나왔어요! 여러분은 모두 천재입니다. 천재! 정말 놀라운 일이에요. 이런 여러분은 공부를 못 할래야 못 할 수가 없겠네요. 기대하겠습니다!!!" 하면서 얼굴표정까지 아주 진지하게 지어 가면서 학생들을 띄워 주고 나왔다. 약 한 달 후에 정기적인 시험이 있었는데 그 결과는 어떻게 달라졌을까? '가'반은, 당연한 결과이겠지만, 원래의 성적만큼 나왔다. '나'반은 어떻게 되었을까? 정말 IQ 140 정도의 학생들이 받는 것에 가까운 높은 성적을 받았다. 두 반 학생들이 달라진 것이 무엇인가? '나'반 학생들은 '아! 나는 머리가 엄청 좋아! 공부를 못 할래야 못 할 수가 없어! 나는 할 수 있어!' 하고 자신감을 갖게 된 것 말고는 달라진 것이 아무것도 없다. 즉, 자신감이 바로 성적을 올린 것이다.

어떤가? 여러분도 자신감을 가져 보면? 자신감이 그렇게 쉽게 생기느냐고? 물론 쉽게 생기는 것은 아니다. 시장이나 슈퍼에서 살 수 있는 그런 것은 더더욱 아니다. 하지만 노력하면 조금씩 자신감이 생길 수 있다. 어떤 노력을 하면 되는가? 자기 자신에게 자꾸 말해 주는 것이다. '하면 된다! 잘할 수 있다, 나는!' 하고 매일 자신에게 말해 주는 것이다. 처음에는 '하면 된다! 잘할 수 있다, 나는!' 하고 자신에게 말하면 마음속에서 '아냐, 거짓말이야. 어떻게?' 하고 받아치겠지만, 그것을 무시하고 자꾸만 말해 주면 언젠가는 자기 자신도 '하면 된다! 잘할 수 있다, 나는!'을 믿게 된다. 매일 잠들기 직전에 혹은 아침에 눈 뜨자마자 나 자신에게 들려주면 가장 효과적이다. 그 때는 반(半)의식 상태이기 때문에 더 잘 믿게 된다. 밑져야 본전 아닌가? 한 달 동안만 해 보라! 분명히 변화가 있을 것이다. 다시 한번 말하지만 자기 자신이 믿게 되어야 효과가 있다.

공부를 잘하는 학생들은 어떤 형태로든 '공부할 내용에 익숙해지기' 단계를 꼭 밟게 된다. 자, 공부 잘하고 싶은 사람은 눈 딱 감고 3개월만 열심히 해 보라. 습관으로 굳어지고 나면 이 훑어보기의 놀라운 효과를 몸소 느끼게 될 것이다.

자, 앞으로 3개월 동안 눈 딱 감고 해 볼 '공부할 내용에 익숙해지기' 방법을 순서대로 한번 적어 보자. 9개의 칸을 모두 채우지 않아도 된다. '이것은 꼭 하겠다.' 하는 것을 기록하면 된다.

공부할 내용에 익숙해지기

어떤 과목이든 2~3쪽 정도의 가장 작은 단위의 단원에 대해서 '공부할 내용에 익숙해지기'를 해 보라. 이왕이면 시간을 재면서 해 보는 것이 좋다. 예습 차원으로도 한 번 해 보고 복습 차원으로도 한 번 해 보라. 그리고 점검표에 경험한 것을 적어 보자.

공부할 내용에 익숙해지기 점검

	소요 시간	만족도(%)	실천할 과목들
예습	_____	_____	_____
	_____	_____	_____
	_____	_____	_____
복습	_____	_____	_____
	_____	_____	_____
	_____	_____	_____

한번 해 보고 이렇게 적어 보니 어떤가? 이제 잊지 말고 각 과목별로 꼭
실천하자.

제6장
능동적으로 핵심 챙기기

능동적으로 핵심 챙기기는 공부할 알맹이를 찾고 그 알맹이를 내 것으로 이해해 두겠다는 마음으로 책을 읽는 것이다. 내가 떠올린 질문의 답을 찾겠다는 마음으로 읽으면 능동적으로 읽게 된다. 능동적으로 읽다 보면 상당 부분 이해하게 되기도 하고 자연스럽게 외워지기도 한다. 다음으로는 챙겨둔 핵심을 효과적인 방법으로 외워둔다. 이 세 가지는 능동적인 자세로 핵심을 찾아내고 핵심을 챙겨두는 것이라는 공통점이 있다. 상세한 내용을 보자.

1. 공부할 알맹이 찾기

1) 무 엇

능동적으로 핵심을 챙기는 첫 단계는 책이나 참고서와 같은 교재를 읽으면서 처음 보는 내용이나 이해하기 어려운 부분, 중요한 것, 시험에 나올 만한 부분, 즉 공부할 알맹이를 찾아내고 학습해 두는 단계다.

2) 어떻게 하는 것인가(방법)

사실 공부할 알맹이를 찾는 첫 번째 단계는 앞에서 이미 나온 '공부할 내용에 익숙해지기'다. 그리고 공부할 알맹이를 찾는 두 번째 단계는 능동적 읽기를 공부할 본문 전체를 대상으로 하는 것이다. 책을 읽으라고 하면 대부분의 학생들은 옆에다 연습장을 펼쳐 놓고 곧바로 외우기로 들어간다. 처음부터 외우기를 시작하는 것과 '익숙해지기' '공부할 알맹이 찾기' 등을 통해서 중요한 것, 잘 모르는 것을 찾아서 그것만 외우는 것 중 어느 쪽이 더 쉽게 외우겠는가? 어느 쪽이 시간이 적게 걸리겠는가?

어떤 재미있는 만화에서 시험공부를 하는 데 외울 내용을 식빵으로 눌러 찍어서 그 식빵을 먹으면 그냥 외워지는 장면을 본 적이 있다. 그렇게 외울 수만 있다면 얼마나 좋은 일인가? 그러나 그런 식빵은 세상 어디에도 없고 인간의 머리는 한계가 있어서 내가 나름 외운다고 외워도 머릿속에 다 들어가는 것이 아니다. 따라서 가능하면 여러 번 읽으면서 확실히 이해되는 내용을 챙겨 두고 남은 부분도 가능한 적은 분량으로 만들어 놓아야 그것을 다 외울 가능성이 커지는 법이다.

'익숙해지기'를 하면서 또 수업을 들으면서 핵심으로 줄여 놓은 다음에

'능동적인 읽기'에서 그 부분을 중심으로 공부하고, 외우지 않고도 이해가 된 부분을 제외하고, 그 나머지 부분만 외운다면 외울 분량이 엄청나게 많이 줄게 되므로 마음먹은 것의 대부분을 성공적으로 외울 수 있게 될 것이다. 핵심으로 줄여 들어가자. 이 두 번째 단계, 즉 능동적 읽기는 핵심으로 들어가는 본격적인 입구다.

알맹이를 찾기 위해 처음 읽을 때에 본문을 다 읽기는 하되 꼼꼼하게 읽는 것이 아니라 공부할 내용을 가볍게 읽으면서 의문을 떠올리고 의문가는 부분을 체크(∨)나 괄호로 표시해 둔다. 읽으면서 내가 잘 아는 것은 무엇이며 어떤 부분을 잘 모르겠는지 집중하면서 읽는다. 모르는 부분을 찾아서 표시를 해 두면서 동시에 해야 할 또 하나의 일은 모르는 부분에 대한 문제해결을 위해 다른 어떤 참고 교재(자습서, 학습백과사전, 공책 등등)를 참고할 것인지 미리 생각해 두는 것이다. 생각만으로 잊어버릴 것 같으면 표시해 둔 옆에다 약호로 그 참고 교재의 종류를 기록해 두면 좋다.[1] 모르는 것을 표시해 두고 그다음에는 중요한 것과 시험에 나올 만한 부분을 찾아서 표시해 둔다. 예습이라면 중요한 부분을 찾아서 표시한 것보다는 모르는 것과 이해가 잘 안 되는 부분을 찾아서 표시한 것이 훨씬 많을 것이다.

예습하면서 표시해 둔 것을 해결할 처음이자 가장 중요한 기회는 수업시간이 될 것이다. 수업을 통해 해결되지 않은 부분을 해결할 두 번째 기회는 복습시간이며 마지막 기회는 시험 공부하는 기간이 된다. 복습이라면? 모르는 부분과 이해 안 되는 부분은 이미 수업시간에 많이 해결되었을 것이고, 수업시간에 주로 표시해 둔 것들, 즉 중요한 부분, 시험에 꼭 나올 것 같은 부분을 확실히 이해하거나 외워야 될 것이다. '해결'의 초점은 예습이

---

[1] 각자 자신만의 약호를 미리 정해 두면 편리하다. 계획표를 만들 때도 간략하게 표시해 둘 수 있고, 책에도 표시할 수 있고, 문제를 풀고 나서 문제집에다 표시할 때 쓰일 수도 있다. 자습서라면 약호를 '자' 혹은 'ㅈ'으로 표시하면 어떨까? 학습 백과사전이라면 어떻게 약호를 정해 두겠는가? 나라면 '백'이나 'ㅂ'으로 표시하겠다. 공책은? '공'이나 'ㄱ'으로 표시해 두겠다.

라면 '이해한다, 이제 알 수 있다.'는 쪽이 될 것이고, 복습이라면 이해한다는 물론 '외웠다.'에 두어지게 될 것이다.

잠깐! 그런데 문제가 하나 있다. 이 단계를 통해서 '이건 모르겠는데?'와 '이건 중요할 것 같은데? 시험에 나올 것 같은데?' 하는 두 가지 종류의 의문을 떠올려서 표시를 해 두라고는 했는데 의문이 안 떠오른다면 문제 아닌가! 공부를 잘하는 학생과 그렇지 못한 학생들의 차이점은 많지만, 그중에 중요한 한 가지가 바로 이 '의문 떠올리기' 능력이다. 그럼 의문이 안 떠오르면 두 번째 단계를 하지 말 것인가? 아니다. 안 떠오르면 떠오르도록 연습을 해서 떠오르게 하면 된다. 의문을 떠올릴 수 있게 되면 반드시 성적이 오른다. 공부 잘하는 학생이 가진 특성 하나를 챙겼으니까 당연히 그렇다. 이제 의문 떠올리기 연습을 하자.

연습할 수 있는 방법으로, 첫째 중요한 개념을 의문문으로 만들어 본다.

책에서 어떤 것이 중요한 말인지를 찾는 힌트를 앞에서 몇 가지 보여 주었다. 그 힌트를 참고로 해서 중요 개념을 찾아 그것을 의문문으로 만들어 본다. 예를 들어, '송의 건국과 발전'이라는 큰 제목 다음에 '문치주의와 황제권 강화'라는 소제목이 있다. 제목은 보통 중요한 말을 뽑아서 만드니까 이 제목은 분명히 중요 개념이다. 그러면 '문치주의와 황제권 강화'라는 소제목에서 생각나는 대로 다양하게 의문을 떠올려 본다.

'문치주의가 대체 뭐지? 황제권 강화라는 건 무슨 말인지 알겠는데, 문치주의와 황제권 강화는 서로 무슨 관계가 있길래 같은 제목 안에 있는 거야? 문치주의라는 놈은 왜 하필 송 건국 초기에 나왔어?'

또 '문치주의와 황제권 강화'라는 제목의 소단원에는 여백에 '문치주의'와 '사대부'라는 글자가 적혀 있다. 그러면 또 이런 의문도 떠올릴 수 있을 것 같다.

'문치주의'와 '사대부', 너희 둘은 무슨 관계가 있어서 같은 단원에 들
어 있지? '사대부', 이거 어디서 많이 들어본 건데 우리나라에도 있었잖
아? 중국에서 뭐 생기면 조금 있다가 우리나라로 곧잘 넘어 오던데 그럼
송나라 시대에서 조금 더 있으면 조선으로 넘어가는 걸까? 시대 순이 그
렇게 되나?'

많은 질문을 떠올리다 보면 저절로 그 내용이 파악되고 이해되는 경우도
드물지 않다. 질문을 많이 떠올렸다는 것은 공부하는 내용에 대해 많이 생
각하면서 읽었다는 것이다. 그러므로 그 내용이 이해되는 것이다. 생각의
힘은 보기보다 무척 강력하다.

둘째, 참고서나 문제집, 교과서에 나와 있는 학습목표를 참고로 한다.

학습목표가 무엇인지는 다 알고 있을 것이다. 교과서 저자들이 '이 과목
의 이 단원을 다 배우고 나면 대부분의 학생들이 적어도 이것만은 알고 있
어야 한다.' 하고 정해 둔 것들이 바로 학습목표다. 선생님들은 적어도 학
습목표만은 그 수업시간에 다 설명해 주려 한다. 따라서 여러분도 한 단원
을 공부할 때에 학습목표만은 반드시 달성하겠다는 마음을 먹어야 한다.
다시 말해, 학습목표는 기본적으로 중요한 것들만 묶어 놓은 것이므로 학
습목표를 의문문으로 만들어 본다는 것은 중요한 것 중에서도 가장 기본이
되는 것을 의문으로 떠올린 셈이 되는 것이다.

초등학교 때는 네모 상자 안에 색깔도 다르게, 눈에 잘 띄게 나와 있어
서 '내가 이 글을 공부하면 이것을 알게 되거나 이렇게 되어야 하는 거구
나.' '이 부분에서는 이런 것을 염두에 두고 공부해야 하는구나.' 하고 잘
알 수 있지만, 중학교 교과서에서는 천연색이 많이 사라지고 글자 크기는
작아지고 글자 수는 많아진다. 그리고 보통 과목에 따라 학습목표라는 말
이 아닌 다른 말로 표현되어 있기도 한다. 예를 들면, 중학교 사회에서는
각 단원의 도입글 다음 페이지에 '생각해 볼 문제'라는 이름으로 학습목표

가 나와 있다. 또 어떤 과목은 '연구문제'라는 제목으로 되어 있기도 하다. 이렇듯 다양하지만 학습목표의 다른 이름들을 여러분이 찾을 수 있을 것이라고 믿는다.

잊지 말라!! 학습목표는 정말 중요하다. 학습목표에 들어 있는 내용들은 반드시 시험 문제로 만들어지게 되어 있다. 여러분 중에서 어떤 한 과목이 다른 과목보다 성적이 현저히 낮은 사람이 있다면 무엇보다도 먼저 학습목표를 달성하려고 노력하라. 일단 그것을 이루게 되면 그 과목에서 그전과 동일한 시간만큼만 공부해도 적어도 70~80점은 받을 수 있다.

셋째, 육하원칙을 적용하여 중심 개념을 정리한다. 이것은 의문을 체계적으로 떠올리는 연습으로 아주 좋은 방법이다. 육하가 무엇인가 말해 보자. 누가? 언제? 어디서? 무엇을? 어떻게? 왜? 이 여섯 가지다.

그럼 육하원칙을 적용해보기 위해 앞서 제시한 예를 다시 보자. '문치주의와 황제권 강화'라는 중심 개념이 있다. 그러면 본문을 읽으면서 육하원칙에 따라 질문을 떠올리고 그 답을 본문에서 찾아보는 것이다.

'누가' 문치주의를 했지? 아하, 이 사람이야, 송 태조? 좋았어! '언제' 했지? 송 건국 초기에 했군. 좋아, 통과! '어디서?' 하하, 송나라에서 했겠지, 뭐. '무엇'은 무엇이야. 바로 문치주의 정책이지. '왜' 했느냐? 음……. 이것은 어느 부분이 답이 될 수 있을까? 잘 모르겠군. 좋아, 그럼 옆에다가 '실시 목적?'이라고 표시해 두자. 나중에 수업시간에 열심히 들어서 해결해야지! '어떻게?' 어떻게 되었냐고? 황제권이 강화되었겠지, 뭐. 그리고 또? 사대부가 생겼다고? 좋다, 이것을 '어떻게'에 포함시키기로 하자.

이런 식으로 하면 한 단원에 대해 의문을 체계적으로 떠올리면서 동시에 본문 내용이 요약 정리되므로 일석이조, 꿩 먹고 알 먹기다. 여기서 유의해야 할 것은 육하원칙도 과목에 따라 다르다는 것, 이제는 다시 이야기하지 않아도 될 것이다.

의문 떠올리기를 연습하는 것이 필요하다는 말과 함께 꼭 하고 싶은 말이 있다. 무엇보다 '스스로' 던져 보는 질문이 중요하다는 것이다. 아기는 아기다운 특성을 보인다. 나이가 많이 들면 갱년기의 여러 가지 특성을 갖게 된다. 여러분도 여러분 또래의 여러 가지 특성을 갖는데 여러분의 시기를 세 글자로 뭐라고 부르는가? '사춘기'라고 부른다. 여러분은 사춘기에 접어든 사람들이기 때문에 더더욱 '스스로'가 중요하다. 왜 그런가? 지금부터 설명해 볼 테니 말이 되는지 안 되는지 한번 잘 들어보자.

사춘기에는 여러 가지 특성이 나타난다.

첫째, 생리적 변화와 함께 신체가 성장한다. 남자는 울대가 툭 튀어나오고 목소리가 걸걸해지는 변성기를 맞고 어깨도 떡 벌어진다. 여자는 가슴이 발달하고 월경이 시작되는 등의 변화를 겪게 된다.

둘째, 호르몬의 변화로 이성에 관심이 커진다. 초등학교 때와는 달리 이성에 관심이 생겨서 예쁜 여자가 지나가면 가슴이 두근두근거리고 길을 가다가 멋진 남학생을 보면 얼굴이 빨개지기도 한다. (이성에 관심이 별로 없다고? 그것 참 큰일이로군. 상담이라도 받아 봐야 할 것 같다. 그 나이에 이성에 관심이 없다는 것은 공부하는 데는 도움이 좀 될지 모르지만 넓게 보아서는 정상적이지 못한 것이다.)

셋째, 정체감 발달로, 내가 이야기하는 바로 이 '스스로'와 관계되는 것이다. 부모님들은 이런 호소를 많이 한다. "우리 애는요, 초등학교 다닐 때는 뭐든지 시키는 대로 하고 그렇게 착할 수가 없었어요. 근데 중학교 올라가더니 언제부터인지 뭘 시키면 '싫어요.' '안 해요.' 이런 말을 잘하고 반항적으로 되어 가요. 속이 상해 죽겠어요." 부모님 입장에서는 참 속상할 수 있는 일이다. 그러나 나는 중·고등학생이 되어서도 뭐든지 부모님이 시키는 대로 하는 경우보다는 훨씬 바람직한 현상이라고 생각한다. (부모님들이 들으시면 몰매 맞는 거 아닌가 모르겠다.)

사춘기의 여러 가지 특징적인 변화는 모두 여러분을 어른으로 만들어 가기 위해서, 어른으로서의 건강한 삶을 준비시키기 위해서 꼭 필요한 것들이다. 몸이 어른이 되어야 어른으로서의 역할을 다 할 수 있는 것이고, 이성에 관심이 생겨야 연애도 하고 결혼해서 가정을 가지고 아기도 낳고 살 것이 아닌가! 그리고 몸만 어른이 아니라 정신적으로도 건강한 어른이 되기 위해서는 자기 자신의 일을 스스로 생각하고 판단하며 결정하고 행동할 수 있어야 하고, 그 모든 과정을 스스로 소화하고 책임질 수 있어야 한다. 언제까지 부모님이나 어른들이 시키는 대로 아무 생각도 없이 '네네' 하고 있다면 늙어서도 마마보이일 뿐 진정한 어른으로 살아갈 수 없는 것이다. 이 준비를 시키느라고 이제 여러분에게 자기 주관, 자기 줏대가 생겨서 부모님 말씀에 "싫어요!" "그렇게 안 할래요." 하는 현상이 생기는 것이다.

물론 주관과 줏대가 생겼다고 해서 여러분이 항상 현명하게 생각하고 판단하며 행동할 수 있는 것은 아니다. 어른들도 오류를 범하면서 살아간다. 그러나 그 '스스로'라는 것은 그 자체로서는 매우 바람직한 변화다. 이런 시기에 있는 여러분이기 때문에 더욱이 '스스로' 떠올리는 의문이 중요한 것이다. 책에서 혹은 선생님이 "이 부분은 중요해, 외워! 알았지?" 한 것보다는 스스로 '여기 이 부분은 중요한 것 같은데? 공부 좀 해야겠는데!'라고 생각한 것이 공부하기에 훨씬 덜 부담스러울 것이다.

3) 어떤 효과가 있길래

(1) 더욱 능률적인 공부

앞에서 얘기했다시피 중요한 부분과 이해가 잘 안 되는 부분을 찾아 놓고 본격적인 공부를 할 때 그것을 위주로 공부를 하게 되므로 공부할 분량이 줄어들게 된다. 또 중요한 부분과 덜 중요한 부분이 구분되므로 공부할 때 시간과 에너지를 무작정 쏟는 것이 아니라 중요한 부분에는 많이, 덜 중요한 부분에는 좀 적게 쓸 수 있다. 공부할 분량이 줄어들고 에너지 배분을 효율적으로 할 수 있게 되므로 더욱 능률적이게 된다.

(2) 공부의 목표가 생김

열심히 공부해야 할 부분, 즉, 잘 이해되지 않는 부분과 중요해 보이는 부분을 찾아서 표시해 두었으니 이제 공부할 목표를 스스로 세운 셈이다. 목표가 있다는 것은 자기 공부라는 여행길에 스스로 지도 혹은 내비게이션을 가진 것이다. 여행에서 지도나 내비게이션은 바른 길로 되도록 빨리 가기 위해 필요한 것이다. 공부의 목표가 있을 때 여러분은 더 빨리, 바른 길로 원하는 곳에 도달할 수 있다.

(3) 기억 증진

여러 번 읽고 나니 따로 힘들여 외우지 않아도 많은 부분이 머릿속에 남게 되었던 경험이 있을 것이다. 여러 번 읽으면 그만큼 기억에 남는다. 여러분은 '익숙해지기'에서 한 번, '알맹이 찾기'에서 또 한 번, 본격적인 공부로 들어가기 전에 중요한 것과 두 번이나 눈을 맞췄다. 중요한 것에 여러 번 눈길을 주었으므로 당연히 훨씬 기억이 잘되어 공부도 더 잘될 것이다.

이 부분에 대해서는 과목별로 알맹이를 찾은 다음에 무엇으로 어떻게(어떤 모양, 방법으로) 표시해 둘 것인지 결정해 두기로 하자. 그리고 잊어버리지 않도록 메모해 두자. 예를 들어, 중요 부분은 ( )를 해 두고 의문이 생긴 부분은 〈 〉를 한다거나 하는 식으로 기록할 방법을 정해 두자.

중요한 부분 표시 방법

필기도구(샤프, 볼펜, 형광펜)	중요 부분(핵심)	의문(해결할 부분)
_____	_____	_____

가능하면 연필이나 샤프로 했으면 하는 바람이다. 지우거나 고쳐 표시해야 할 필요가 있을 때 깨끗이 지울 수 있다.

2. 능동적으로 읽기

자, 이 단계부터는 본격적인 공부의 시작이다. 앞의 단계를 제대로 했을 때 이 단계는 훨씬 쉽고 편안하게 시작할 수 있다.

1) 무 엇

읽는 것은 대부분의 학생들이 초등학교 들어가기 전부터 하는 것이고 그러다보니 '나는 잘 못 읽어.' 하는 사람들은 별로 없다. 그러나 누구나 잘 읽지만 어떻게 읽느냐에 따라 그 효과는 다르다. 능동적으로 읽는다면 한 번을 읽어도 중요한 것을 더 많이 머릿속에 남길 수 있다.

그냥 독서, 읽기라고 하지 않고 '능동적 읽기'라고 부르는 이유는 그냥 무작정 읽는 것이 아니라 앞의 '공부할 알맹이 찾기' 단계에서 발견한 의문들에 대한 해답을 찾아보겠다는 마음으로 읽는 것이기 때문이다. 따라서 이런 마음으로 책을 읽는다면 내용에 대해 보다 깊이 이해할 수 있게 될 것이다.

하지만 여기서 주의해야 할 점은 읽으면서 동시에 외우기 시작하는 것이 아니라 '그냥' 읽는다는 것이다. 읽으면서 바로 외우기 시작하는 학생들이 아주 많은데 읽으면서 늘 염두에 두고 명심해야 할 것은 바로 읽는 목적이 '질문에 대한 답 찾기'라는 것이다. 이것을 기억하면서 능동적, 적극적으로 읽는 것이다.

2) 어떻게 하는 것인가

(1) 읽으면서 생각할 일

책을 읽으면서 생각할 것들은 과목에 따라서 좀 다를 것이다. 일반적인 암기과목의 경우에는 이런 것들을 생각하면서 읽을 수 있다.

- 본문 내용 중에서 이미 알고 있는 것이 있나?
- 글의 내용을 머릿속으로 상상해 가면서 읽으면 어떤 상상을 할 수 있을까?
- 중요한 것은 어떤 것인가?
- 이 그림(사진, 표, 지도 등)은 본문의 어느 부분을 나타내는가?
- 이 그림(사진, 표, 지도 등)에서 무엇을 알 수 있는가?

① 본문 내용 중에서 이미 알고 있는 것이 있는가

이미 알고 있는 부분과 그렇지 못한 부분을 구분하는 것은 핵심을 간략히 줄이기 위해서이기도 하지만, 여러분이 이미 알고 있는 것은 여러분의 흥미와 관심을 끌기 때문에도 중요하다. 아는 부분이 섞여 있으면 아무래도 공부할 때 훨씬 재미가 있다.

'문치주의와 황제권 강화'를 읽으면서 여러분이 이미 알고 있는 것을 생각해 본다. 여러분이 어떤 나라든 건국 초기에는 황제권 혹은 왕권을 강화하고 권력의 중앙 집중을 위해 노력한다는 사실을 알고 있었다고 하자. 그러면 갑자기 본문 내용이 너무 쉬운 것 같아서 좀 우습게 여겨지기까지 할 것이다.

하핫, 나는 안다 이거야. 그런데 송나라가 세워진 초기에는 지방세력의 이름이 절도사였구나. 좋아, 이 이름 정도는 외워 주지. 절도사, 절도사……. (몇 번 중얼거려서 외우려고 시늉만 한다. 안 외워져도 그만이다. 나중에 외우면 되니까.) 문치주의를 했다고? 문치주의가 뭐지? 허허, 참, 문치주의 이 분은 누구신지 잘 모르겠구만. 그런데 가만 있어 봐라? 문치주의 정책을 하다 보니 그 결과 과거제도가 강화되었어? 과거 시험, 요 이야기는 내가 알고 있지. 공자 왈 맹자 왈 공부해서 시험 봐서 벼슬 하는 거 아냐. 그러면 문치주의라는 것은 문관이 정치를 한다는 말인지도 모르겠어. 수업시간에 잘 들어봐야지. 자, 수업시간에 해결해야 한다는 뜻으로 'ㄴ'이라고 써 두자…….

이렇게 이미 알고 있는 것과 모르는 것을 골라내면서 그 둘을 서로 연결시켜 좀 더 알아낼 수 있는 것은 없는지 머리를 굴려 보라는 것이다. 아무 생각 없이 교과서를 들고 앉으면 얻는 것은 졸음밖에 없다.

② 글의 내용을 머릿속으로 상상하며 읽으면 어떤 상상을 할 수 있는가

사고력의 기본은 바로 상상력이다. 상상해 본다. 글의 내용과 흐름에 관계된 것이면 뭐든지 좋다. '황제!' 그러면 전에 본 영화나 드라마에 나오는 어린 황제의 까까머리와 화려한 옷을 머리에 떠올려 본다든가, 얼마 전에 본 세계사에 대한 만화책의 한 장면을 떠올려 본다거나 하는 식으로 머릿속에 떠오르는 그림을 음미해 보라는 것이다.

③ 중요한 것은 어떤 것인가

바로 이것이 능동적으로 책을 읽는 목적이다. 교과서에는 반드시 교과서를 만든 사람들이 중요한 것에 표시를 해 놓는다. 따라서 여러분은 책을 읽으면서 저자가 강조하고 있는 부분을 특히 주의해서 보아야 한다. 교과서에는 그것이 굵은 글씨, 큰 글씨, 글자체가 다른 것으로 또는 본문 바깥에 따로 떼어 부각되어 있다.

④ 이 그림(사진, 표, 지도 등)에서 무엇을 알 수 있는가

교과서 내용의 압축, 요약이라고 할 수 있는 표, 그래프, 그림, 지도 등을 자세히 보는 것도 꼭 기억하기 바란다. 이것들은 습관적으로 무시되기 쉬운 것들이지만 저자들은 본문을 이해하는 데 꼭 필요하다고 판단하여 필요한 곳에 제시한 것이다.

우선 제목을 보고 본문의 어느 부분을 설명하고 있는 것인지, 본문 중 어디와 관련되어 나온 것인지 본문과 표 혹은 지도를 번갈아가면서 살펴본다. 필요한 경우에는 연필로 표시해 가면서 본다. 그리고 그 그림이나 표, 지도가 무엇을 보여 주는지 이해해 본다. 외우지는 못 하겠지만 어느 정도 이해가 되었다고 생각되면 그것으로도 성공이다. 안 외우면 어떻게 하느냐고? 시험에 나오면 어떻게 하느냐고? 망한다고? 걱정하지 마라. 보통 시험에 나올 만한 지도나 표, 도표는 선생님이 따로 한 번 더 언급한다. 나는 그렇게 하시지 않는 선생님을 아직까지 한 번도 못 만났다. 그러나 혹시 그런 선생님이 계시더라도 걱정할 필요는 없다. 우리에게는 문제집이라는 것이 있지 않은가! 지금 외우지 않아도 나중에 다 건질 수 있으니까, 중요하고 시험에 나올 것을 부주의하게 흘렸다고 걱정할 필요는 없다.

앞에서 일반적인 암기과목에 적용되는 부분을 설명했는데 이와 달리 국어 같은 이야기 글의 경우에는 특히 읽으면서 사고력을 향상시킬 수 있는 연습을 겸해서 할 수 있고 또 그렇게 해야 한다. 입시제도가 바뀌면서 대학에 붙고 떨어지고의 차이는 수학과 논술에서 좌우된다는 이야기를 많이 한다. 단순 암기식 공부로 높은 점수를 얻을 수 있는 좋은 시절은 갔다. 그러나 변화된 입시제도 덕분에 여러분은 나중에 나보다 훨씬 똑똑한 어른이 될 수 있을 것이다. 하여튼 사고력이 뒷받침되지 않으면 원하는 대학에 들어가기가 어려워졌다. 그래서 국어 공부를 하면서 사고력을 키울 수 있도록, 일상생활에서 사고력을 향상시킬 수 있도록 노력하는 것이 국어 공부 따로, 논술 준비 따로 하는 것보다 적게 노력하고 큰 효과를 거둘 수 있는 방법이

될 것이다.

사고력 향상을 위해 국어책을 읽으면서 앞에서 이야기한 것 외에 이런 생각들을 할 수 있을 것이다.

- 제목을 보고 생각나는 것이 있는가?
- 제목을 바꾼다면 무엇으로 할 것인가?
- 이 글의 내용과 비슷한 경험을 해 본 적이 있는가?
- 만일 내가 이 글에 나오는 ○○이었다면 어떻게 했을까?
- 내가 주인공이 되어 생각해보고 같이 느껴 보자.
- 이 글에 나오는 이 인물은 어떤 사람인 것 같은가?
- 지은이는 이 글을 지으면서 어떤 생각, 입장, 감정(기분)이었을까?
- 글의 전개 방식은 무엇인지? 그 전개 방식이 내 맘에 드는가?

이것 말고도 생각해 보면 좋을 것들이 많지만 이 정도가 기본적인 것이고 더 많이 소개하면 여러분이 질릴 수도 있을테고, 이 정도로도 충분히 능동적 읽기가 될 것이므로 더는 소개하지 않기로 한다. 더 많은 생각할 거리를 찾고 싶은 사람은 사고력에 관한 다른 책을 찾아보기 바란다.

(2) 읽으면서 해야 할 일

책을 읽으면서 동시에 여러분은 어떤 일을 하는가? 밑줄 긋는다고? 맞다! 여러분은 보통 책에 밑줄을 친다. 수업시간에 선생님이 밑줄을 그으라는 과목도 있고 그렇지 않은 과목도 있는데, 선생님이 얘기해 주지 않는다면 여러분이 밑줄을 그어야 하다. 응? 뭐라고? 밑줄을 치지 않고 형광펜으로 아예 글자 위를 덮어 버린다고? 그래, 줄을 치는 것이나 형광펜으로 덮어 버리거나, 괄호로 묶어 두든지, 모두 다 한 가지 목적이겠지. '중요한 부분에 표시'를 하는 것이다.

중요한 곳에 표시하는 것이 필요 없는 과목은 한 과목도 없다. 모든 과목에 필요하므로 좋은 방법을 가지고 있어야 한다. 중요한 곳에 표시하는 방법에 대해서 본격적인 설명을 하기 전에 꼭 당부하고 싶은 것이 두 가지 있다.

첫째, 밑줄은 되도록 조금만 긋자.

책에 밑줄을 그은 것은 안 그은 것보다는 중요한 것이다. 아니, 밑줄을 그어 놓으면 아주 중요하고 다 외워야 할 것 같은 생각이 든다. 그렇지 않은가? 그러니까 꼭 외워야 할 것 말고는 줄을 긋지 말자. 조금만 밑줄 긋고 부담 없이 공부하자.

둘째, 당부를 위해서 한 가지 물어보자. 여러분은 책에 표시할 때 무엇으로 하는가? 연필이나 샤프로만 하는 사람? 그리 많지 않군. 그럼 빨간색 펜이나 형광펜을 사용한다? 아이고, 엄청 손들었구만. 볼펜은 볼펜인데 붉은 색말고 다른 색으로 줄 치는 사람? 음. 제법 되네. 이 중에서 두 번째에 손든 사람들은 내가 좀 말리고 싶다. 왜냐고? 궁금하겠지? 그럼 다른 질문을 하나 하겠다. 대답을 해 보라. 스페인의 전통 스포츠 중에 하나인 투우에서 멋지게 차려입고 화려한 모자를 쓴 투우사가 자신을 향해 돌진하는 소에게 '빨간색' 보자기를 흔드는 이유는 무엇인가? 왜 푸른색도 아니고 흰색도 아니고 '빨간색' 보자기를 쓰는가? ① 소를 흥분시키기 위해서? ② 관중을 흥분시키기 위해서? '①' 이라고 대답한 친구들을 위해서 다른 질문을 하나 더 하겠다. 사람말고 다른 보통 동물들은 눈이 흑백만 보이는 색맹인가, 총천연색을 다 볼 수 있는가? 음, 자신 있게 동물은 색맹이라고 대답하는군. 좋아, 그럼 소는 색맹이겠고, '빨간색' 에도 흥분 안 하겠네? 흐음. '①' 이라고 대답한 사람들 기가 푹 죽었구나. 뭐 그만한 일에 기가 죽어. 어깨 펴고 다시 본론으로 돌아가서 그럼 여러분은 소랑 더 가까운가, 관중이랑 더 가까운가?

여러분은 관중과 같은 사람이니까 여러분도 '빨간색' 에 흥분하겠지? 이 정도에서 지금 이런 생각을 하고 있는 친구들도 있을 것이다. '난 빨간색 봐도 흥분 안 해. 내가 그렇게 차원이 낮은 인간이 아니야!' 그러나 인간이 붉은색을 보면 흥분하게 되어 있다는 건 과학적으로 증명된 사실이다. 자, 다시 말하겠다. 여러분이 교과서에다가 빨간색 펜으로, 형광펜으로 줄을 쳐 놓았다고 하자. 그것도 조금만 치는가? 엄청나게 많이 쳐 놓고 밑줄을 긋는 것으로도 부족해서 글자 위에다가 빨간색으로 철조망을 쳐 놓는다. 이렇게 해 놓으면 공부를 하려고 책을 폈을 때 한 장 넘기면 벌겋고 또 한 장 넘겨도 마찬가지로 피바다, 페이지마다 피바다……. (어휴, 끔찍!)

공부라는 것은 원래 좀 차분한 분위기에서 해야 잘되는 것이다. 너무 시끄럽거나(옆집에서 아기가 빽빽 울거나, 바로 골목 밖에서 트럭이 지나가면서 "계란이 왔습니다, 휴지가 왔습니다." 하고 확성기 소리가 끊임없이 들려온다고 생각해 보라. 공부가 되겠는가.) 눈앞이 너무 현란하면(빨간색 표시가 너무 많아서 책 페이지마다 피바다거나 책상 위와 책상 앞 벽을 스타 사진으로 도배를 해 두었다면 공부하는 내용이 제대로 머리에 들어오겠는가.) 공부가 잘 안 된다. 기억하자. 책에는 되도록 빨간색 이외의 다른 색으로 연하고 가는 펜으로 줄을 치자. 녹색! 이 색이 사람 눈을 가장 편안하게 해 준다고 한다. 그 외에도 좋은 색이 많이 있다.

이제 읽으면서 해야 할 일을 세 가지로 설명하겠다.

첫째, 전혀 줄이나 표시가 되어 있지 않은 상태에서 처음 읽을 때는 연필이나 샤프로 되도록 연하게, 흐리게 간단한 표시만 한다. 처음 한두 번 읽을 때라면 더욱. 예습으로 교과서를 처음으로 한 번 읽고 있다면 여러분이 중요하다고 판단한 것이 잘못된 판단이었을 수도 있고 지금은 모르겠다고 생각해서 표시해 두었는데 나중에 몇 번 더 읽어 보니까 혹은 수업시간에 선생님 설명을 들으니까 다 이해가 될 수 있다. '아니, 이런 바보가. 이걸 왜 모르겠다고 표시해 둔 거야!' '아이고, 이게 뭐가 중요하다고. 내가 왜 중요하다고 생각했지? 제 정신이 아니었나 봐.' 이럴 때 볼펜으로 표시해 두었다면 수정하기가 어렵다. 지우려면 수정액으로 지워야 하는데 교과서는 새하얗지가 않다. 약간 노르스름한 미백색이라서 수정액으로 지우면 지운 것이 아니라 오히려 부각시켜 놓은 꼴이 된다. 게다가 좀 성격이 차분하지 못하고 덜렁거려서 실수를 잘하는 성격이라면 밑줄 지우다가 글자도 지울 것이 뻔하지 않은가. 그러니 연필이나 샤프로, 그것도 연하게 표시해 두어야 다음에 자신의 판단이 보다 정확하고 확실해졌을 때 손쉽게 수정하고 여러분이 잘못 생각했던 증거를 깨끗이 없애 버릴 수 있는 것이다. 연필로 연하게 표시해 두기는 '공부할 알맹이 찾기'에서 미리 해 두면 좋겠다.

둘째, 두세 번 읽을 때는 이제 중요한 것이 좀 더 확실해졌으므로 볼펜으로 줄을 긋는다. 그러나 앞에서 말한 것처럼 책에 줄을 많이 치면 줄 친 것은 다 외워야 할 것 같은 기분이 들게 되므로 마음에 부담이 커져서 좋지 않다. 그러므로 되도록이면 줄을 조금만 치자. 전체 글자 수의 10~20% 정도만 줄을 친다고 생각해 두고 지켜나가자. 그리고 빨간색은 되도록 적게 쓰자.

그런데 고등학생이 되면 과목에 따라서 줄 칠 것이 엄청나게 많은 과목도 있다. 예를 들면, 윤리 과목에서도 철학 부분은 정말 거의 다 줄을 쳐야 할 정도로 요약된 내용이므로 이런 경우에는 조금만 줄을 치기가 어렵다. 그럼 이런 경우에는 어떻게 할까? 이럴 때는 또 좋은 방법이 있다. 내용의 중요도를 구분하여 색깔을 달리해서 줄을 치는 것이다. 처음 읽으면서 중요하다고 생각되는 것을 모두 다 줄을 치는데 이때는 예를 들면, 파란색이나 검은색 펜을 사용한다. 그리고 다시 한번 읽으면서 그중에서도 특별히 중요하다고 생각되는 것은 보라색이나 녹색 펜으로 줄을 친다. 그리고 마지막으로 그중에서도 핵심을 골라 한쪽에 두세 개 부분만 붉은색으로 줄을 친다. 이렇게 해 두면 줄이 많이 그어져 있어도 정신이 혼란스러울 정도로 많이 친 것 같지는 않고 중요도가 구분되어 있으므로 공부할 때도 편리하다. 시간이 아주 많을 때는 파란색이나 검은색 부분까지 다 읽고 시간이 별로 없을 때는 보라색, 녹색 줄만 읽고, 마지막에 3~5분 정도로 시간이 정말로 조금만 남아 있을 때는 붉은색으로 줄친 것만 빨리 읽는 식으로, 시간에 따라 다르게 공부할 수 있다. 줄을 칠 때는 한 문장을 다 치지 말고 낱말이나 몇 개의 단어가 연결된 구에만 줄을 쳐서 되도록 줄을 조금만 치는 노력을 해야 한다.

빨간색 펜으로 핵심 몇 개만 줄을 쳐 놓으면 이것은 예상문제를 뽑아 놓은 셈도 된다.

예상문제 이야기가 나왔으니 또 나의 경험을 이야기해야겠다. 나는 고등학교 1학년 때 처음으로 빨간색 펜으로 줄을 친 것을 예상문제로 활용했는데 아주 성공적이었다. 나는 성격이 활발해서 친구가 많고, 친구들이랑 노는 데 시간이 많이 필요했고, 하고 싶은 일이 많은 데다가, 특히 책 읽기를 좋아해서 정말 공부할 시간이 별로 없었다. 당시 세계사 선생님이 엄청나게 무서운 분이었는데 다음 시험에서 이전 시험보다 맞은 개수가 내려간 사람은 내려간 개수에 곱하기 10을 해서 그 숫자만큼 때리겠다고 선언을 하셨다. 아픈 것을 잘 못 참는 나로서는 공포스럽기만 했다. 시험이 다가오자 시험준비 계획표를 만들었는데 2주간의 시험준비 기간 중 세계사에 배당할 수 있는 시간은 3시간 30분 정도밖에 되지 않았다. 고민되는 일이었다. 다른 과목에 배당된 시간을 빼올 수도 없었다. 공부할 전체 시간이 부족하다보니 계획표는 이미 너무나 빡빡하게 세워져 있어서 빼올 수 있는 시간이 전혀 없었다. 3시간 30분으로 어떻게든 65쪽 분량의 시험 범위를 해결해야만 하는데 거의 속수무책이었다. 넋을 놓고 앉아 있다가 생각해 낸 방법이 예상 문제를 뽑아서 공부하는 방법이었다.

책과 공책을 꺼내 놓고서 책을 읽으면서 책에 줄을 쳤다. 그리고 한쪽에서 두세 개 정도 중요한 부분에 괄호를 해 놓았다. 다 끝낸 다음에 세어 보니 괄호는 130개 정도였다. 그리고는 나보다 세 살 어린 동생에게 과자 몇 봉지를 사 준다고 꼬셔서 괄호로 묶어 놓은 것을 내게 물어봐 달라고 부탁했다. 그리고 내 답이 틀리면 그 부분에 표시해 놓게 했다. 책을 돌려받아

틀린 것만 책을 읽으면서 공부했다. 그리고 동생에게 다시 물어봐 달라고
했다. 이렇게 하여 정해진 시간을 다 썼다. 그리고 시험을 치르는 날 쉬는
시간에 번갯불에 콩 볶듯이 다시 한번 괄호 친 것을 읽었다. 드디어 시험
시간, 세계사 시험지가 앞에서 뒤로 넘어오는 순간 내 가슴은 두근거렸다.
'과연 얼마나 적중했을까? 빗나갔으면 어떡하지? 나는 완전히 망하는 거
다. 으윽, 제발!' 드디어 시험지를 받았다. 아! 완전히 적중이었다. 33문제
모두 나의 130문제 속에 포함되어 있었던 것이었다. '야호!' 나는 고개를
숙인 채 입이 찢어져라 웃었다. 고개를 들고 웃으면 뭔가 내가 음흉한 속셈
(?)이 있는 것은 아닌지 감독 선생님의 오해를 받게 되므로 고개를 숙이
고……. 나의 입이 귓가로 달려가면서 나는 이런 생각을 했다. '된다. 이
방법. 요고요고 된다!' 나는 정신없이 답을 기록해 나갔다. 당시 우리 학교
에서는 누가 시험을 빨리 치르고 교실에서 나가나 하는 이상한 경쟁 풍토
가 유행하고 있었는데 나는 많은 아이들이 깜짝 놀라서 입이 벌어질 정도
로 가장 빨리 유유히 교실을 나갔다. 그리고 그 다음 시간 과목을 제법 길
게 공부했다. 신나는 경험이었다.

자, 내가 과연 세계사를 몇 점이나 받았을 것 같은가? 100점? 90점? 흐음,
내 성격상…… 한 개를 실수로 틀리고 97점을 받았다. 그래도 얼마나 장한
가. 65쪽 분량의 시험범위를 3시간 30분 동안 공부해서 97점을 받았으니!
그 이후로 공부할 시간이 부족할 때는 이 방법을 써서 꽤 괜찮은 성적을 받
기도 했다.

어떤가? 여러분도 한번 해 보라. 해 보고서 나처럼 입이 귓가로 달려가는
경험, 고개를 숙이고서 혼자서 입이 찢어져라 웃는 경험을 하고 나면 누가
하지 말라고 도시락을 싸들고 다니면서 말려도 이 방법을 쓰게 될 것이다.
'예상 문제 뽑기!' 좋은 방법이다. 하지만 잘 읽고 중요한 것을 잘 선택해
서 줄을 쳐 놓아야지 엉뚱한 곳에 줄을 쳐 놓으면 말짱 꽝이다.

또 하나 이야기를 해야겠다. 대학 졸업 후 선생님이 되어 중학교에서 사

회를 가르칠 때의 이야기다. 시험이 가까워오면 학생들은 "공부할 시간 좀 주세요!" 하고 애원을 한다. 물론 나는 엄한 선생님은 아니었으므로 가능하다면 시간을 준다. 그러면 5분 이내로 학생들은 또 이런 질문을 한다. "물어가면서 공부해도 돼요?" 그럼 나는 이렇게 대답한다. "좋아, 단 옆 반 수업에 방해가 될 정도로 하면 안 돼! 조용히 하면서 해." 그러면 아이들은 신이 나서 짝과도 하고, 앞 뒤로도 하고, 옆 줄 친구랑 하기도 하고, 곳곳에서 묻고 답하기가 시작된다. 그런데 공부를 잘하는 학생과 못하는 학생이 짝이 되면 대체로 서로 물어보기를 안 하던데 그 이유를 내 어찌 모르랴. 여러분도 짐작이 될 것이다.

물어보기를 하는 동안 교실을 돌아다니다가 공부를 좀 못하는 학생들끼리 물어보기를 하는 곳에서 들려오는 소리를 몰래 들어보면(내가 듣고 있는 줄 알면 쑥스러워하므로 나는 안 듣는 척하면서 몰래 듣는다.) 정말로 내 가슴이 답답하다. 예를 들어, '문치주의와 황제권 강화'에서 서로 물어보기를 한다고 하면 돌이가 짝 석이에게 이렇게 묻고 있다.

> 돌이: 송나라는 5대10국의 혼란이 몇 년간 계속된 다음에 건국되었지?
>
> 석이: 음……. (알 리가 없다. 중요한 것도 알똥말똥인데 그런 걸 물으면 어찌 알겠는가!)
>
> 돌이: (매우 의기양양하게) 모르겠어? 50년이야.
>
> (세상에나! 가슴이 답답해진다. 그래도 다음 문제를 기대해 보자.)
>
> 돌이: 다음 문제! ('혹시나 이번에는' 싶어서 나는 다시 열심히 듣는다.)
>
> 돌이: 문치주의를 실시한 목적은 절도사의 뭘 누르려고 했지?
>
> 석이: 음. 어, 힘 아냐?
>
> 돌이: (더욱 의기양양하게) 틀렸어, 세력이야!

어이구야, 이런 식으로 공부한다면 둘이서 7박 8일로 합숙 훈련을 한다고 해도 전혀 성적에는 도움이 안 될 것이다. 중요한 것과 중요하지 않은 것을 구별하지 못하는 것은 성적이 좋지 않은 학생들의 공통점이다. 그래서 공부를 좀 잘하는 학생들은 성적이 나쁜 학생과는 물어보기를 하지 않으려 한다.

반에서 많은 다른 학생들이 서로 물어보기를 하고 있다. 뒤에서 2, 3등 하는 덩달이도 덩달아서 물어보기를 하고 싶은 마음에 앞에서 2, 3등 하는 우등생인 우등이에게 떨리는 목소리로 묻는다. "우등아, 우리도 물어보기 할래?" 공부 못하는 짝이 물어보기 하자고 할까 봐 걱정하고 있던 우등이는 화들짝 놀라면서 "응? 으으응. 있잖아, 나 지금 감기 기운이 있어서 목이 안 좋아. 다음에 같이 하자." 이렇게 되면 우리의 덩달이가 우등이의 마음을 모를 리가 없다. 각자 공부하면서 덩달이의 마음속에는 이런 마음이 든다. '치사하기는, 나하고 해 봐야 얻을 게 없다 이거지.'

물론 우등이 마음도 편한 것만은 아니다. 미안한 마음과 짝과의 관계 때문에 불편하다. 이렇게 짝이랑 사이가 틀어지게 되면 아침 일찍부터 저녁 때까지 오랜 시간을 보내야 하는 학교생활은 그만큼 불편한 것이 되어 버린다. 이럴 때 책에다 중요한 것을 빨간색 펜으로 정리해 두었다면 짝이 학급에서가 아니라 전교에서 끝 2, 3등이면 어떤가? 얼마든지 함께 물어보기를 할 수 있다. 상황을 다시 한번 돌아보자.

덩달이가 짝 우등이에게 떨리는 목소리로 묻는다. "우등아. 우리도 물어보기 할래?" "응! 하자. 자, 내 책 줄게. 거기 빨간색으로 표시된 것만 물어봐 줘." 이렇게 되면 짝의 성적과는 관계없이 물어보기 식의 공부가 우등이에게 큰 도움이 된다. 그리고 덩달이에게도 큰 도움이 될 것이다. 덩달이는 공부를 잘 못하기 때문에 뭐가 중요한지 안 중요한지를 잘 파악하지 못하는데, '아하, 이런 게 중요한 부분이구나!' 하고 우등이의 책을 보면서 뭐가 중요한지 배울 수 있는 것이다. 공부도 분위기 바꿔가면서 즐겁게 하고 짝과도 여전히 화기애매(?)하게 지내고 일석이조이니 얼마나 좋은가!

셋째, 중요한 것은 요약해 둔다. 이것은 줄이나 괄호를 하는 것은 아니지만 그것만큼, 아니 그 이상으로 유익한 것이다. 중요한 것을 정리한다는 것은 다른 말로 하면 개요 정리가 되겠다. 암기과목 같은 경우에는 큰 도움이 된다. 보통 시험 기간이 되면 시험 범위가 아무리 적어도 수십 쪽 분량이 쌓인다. 그것을 공부하다 보면 처음 10쪽 정도 공부하고 점점 뒤쪽으로 가면서 마음이 불안해진다. '이거 앞에서 공부한 거 다 까먹은 거 아닐까? 에이잉, 다시 외워야 할 것 같아.'

나만 그랬을까? 아닐 것이다. 그런데 한 단원, 한 단원 읽고 나서 차근차근 요약해 보고 넘어가면 그 단원의 내용이 내 속에 쌓이는 것 같은 기분이 들어서 마음이 안정되며, 실제로 그렇게 정리하고 지나가면 훨씬 기억이 잘 된다. 요약이 된다는 것은 이해가 상당 수준으로 되었고 외워지기도 했다는 뜻이니 당연히 그렇게 된다. 그래도 정말 이런 효과가 있는지는 해 봐야 알 것이다. 이 방법은 논술형의 문제를 푸는 데 특히 큰 도움이 된다.

방법은 책을 펴서 가장 작은 단원을 읽고 나서 책을 덮고 혹은 책을 펼쳐 놓은 상태에서 고개를 들어 먼 산을 보거나 눈을 감고서 그 단원의 내용을 한두 문장으로 요약해 보는 것이다. 요약을 할 때는 책을 읽으면서 파악한 중심 개념들을 연결해서 문장으로 만들면 된다. 육하원칙을 적용해서 정리를 해도 좋다. 책 여백에 적어 두는 것도 괜찮은 방법이다.

자, 지금부터 과목 중 하나를 골라서 교과서나 자습서를 펼쳐서 두세 쪽 정도의 가장 작은 단락을 한 번 읽고 나서 연습해 보자. 다 읽었으면 책을 덮고 어떤 내용이 있었는지 머릿속으로 한번 요약해 보라. 요약이 되는가? 아마 전혀 안 되는 사람도 있을 것이고 개운하게 요약이 되는 사람도 있을 것이지만, 대부분의 사람은 조금 되는 듯하다가 안 되는, 반쯤 되고 반쯤 안 되는 수준일 것이다. 그러나 자꾸 이렇게 하다 보면 조금씩 요약하는 실력이 향상된다.

그런데 또 이런 걱정은 안 되는가? 그냥 생각으로만 요약하고 지나가면

허공으로 다 날아가 버리는 것이 아닌가 하는 걱정. 그럴 수도 있다. 기록해 두지 않고 머릿속으로만 하는 것보다는 기록했을 때 훨씬 더 머릿속에 정리가 잘 될 것이고, 그 기록해 둔 것을 나중에 시험을 위해 마지막 정리를 할 때 보는 것으로 활용할 수도 있을 것이다. 그런데 각 단원을 다 적으려면 팔이 아프고 시간도 많이 필요하다. 그럼 어떻게 하지? 단점을 무릅쓰고 장점을 취할 것인가? 장점도 있지만 단점이 무서워서 기록하지 않을 것인가? 그것은 각자 알아서 할 일이지만 나는 또 머리를 썼다. 나는 원래 성격상 게으른데다가 관절이 약해서 조금만 하면 팔이 아파서 이런 방법을 썼다. 교과서 본문 위에다 요약문을 만드는 것이다. 본문의 중요한 구에 밑줄을 긋고 그것들에 몇 개의 글자만 덧붙이고 화살표 등의 부호를 이용해서 하나의 문장으로 연결해 두는 것이다. 잘 연결이 안 되는 것은 교과서 위 여백을 이용해서 정리해 두었다.

이렇게 교과서에 하면 일단 힘과 펜과 시간을 절약할 수 있어서 좋다. 다시 말해, 어차피 교과서는 봐야 하는데 따로 공책이나 요약해 둔 기록지를 들추어 보지 않고 교과서를 보면서 한 번에 다 본다는 것이다. 또 친구들끼리 물어보기를 하면서 같이 공부할 때에 아예 완결된 문장으로 된 문제들이 교과서에 있는 셈이니까 얼마나 편리하고 유용한지 모른다. '교과서에 직접 요약문 만들기' 방법, 어떤가? 게으른 자의 창의성이 돋보이지 않는가?

자, 앞에서 설명한 읽으면서 해야 할 일 세 가지를 제목만 뽑아서 다음과 같이 정리하였다. 앞으로 꼭 실천하기 바란다. 세 가지 할 일에 한 번 더 의지의 눈길을 보내 주기 바란다.

읽으면서 해야 할 일 세 가지

- 연필로 괄호, 체크, 밑줄 긋기
- 볼펜으로 확실한 것에 밑줄 긋기
- 요약하기: 중심 개념 연결, 문장 만들기

3) 빠르고 정확하게 읽는 방법은 없나

빠르고도 정확하게 읽을 수 있는 방법을 소개하기 전에 한 가지 짚고 넘어가자! 여러분은 어떻게 생각하는가? 빠르게 읽는 것이 중요한가? 정확하게 읽는 것이 더 중요한가? 나는 여러분이 후자라고 답해 주기를 바란다. 빨리 읽고 이해하고 기억하는 내용이 별로 없는 것보다는 느리더라도 많이 정확히 이해하고 기억하는 것이 훨씬 바람직하다. 물론 빠르고도 정확하게 읽는 것이 가장 좋을 것이다. 여러분은 모두 예외 없이 하루 24시간씩만을 허락받은 사람들이고 배우는 과목도 같으니 결국 정확하면서도 읽는 속도가 다른 사람보다도 빠르다면 한 번이라도 더 읽을 수 있어 훨씬 유리할 것이다.

그렇다고 여러분에게 지금 당장 나가서 속독학원에 등록하라는 것은 아니다. 여러분이 가진 좋지 않은 독서 습관을 한두 가지씩만 고쳐도 지금보다 훨씬 빠르고 정확하게 읽게 될 것이다. 지금부터 빨리 읽기 어렵게 만드는 습관 일곱 가지를 소개할 테니 자신에게 해당되는 것이 없는지 살펴보자. 한 가지도 없는 사람은 마음속으로 크게 '만세! 신난다!' 하고 환호성을 지르고 고칠 것이 있는 사람은 하루 빨리 고치도록 하자.

바르고 정확히 읽기를 방해하는 습관

- 소리 내어 읽는다.
- 손가락이나 연필로 글을 짚어가며 읽는다.
- 눈동자와 함께 머리도 움직이며 읽는다.
- 읽으며 눈을 자주, 오래 멈추게 된다.
- 한 번 읽은 곳으로 눈이 다시 돌아온다.
- 모르는 낱말의 의미는 즉시 찾아봐야 속이 시원하다.
- 사고의 단위별로 끊어 읽지 않고 아무데서나 끊어 읽는다.

자, 이 습관적 행동을 고치면 독서의 속도가 빨라진다는 점을 기억하면서 하나하나 자세히 살펴보자.

첫째, 소리 내어 읽지 않는다.

사람은 말로 소리를 내어 읽으면 1분당 100~125단어를 읽을 수 있는데 소리를 내지 않고 읽으면, 즉 묵독을 하면 1분에 240~600단어를 읽을 수 있다고 한다. 개인차에 따라 2~6배로 빨리 읽을 수 있다는 이야기가 된다. 기왕이면 6배로 하자. 6배의 차이라……. 놀랍지 않은가!

게다가 소리를 내서 읽으면 목이 피곤하다. 이는 건강에도 안 좋은 것이다. 그렇지만 예외는 있다. 영어는 발음과 강세를 익히는 것이 중요하므로 소리를 내서 여러 번 읽는 것이 도움이 된다. 그리고 너무나 졸릴 때 큰 소리로 읽어서 내 목소리로 나를 깨울 필요가 있다. 그러나 이것말고 여러 번 읽어야 하는 과목들은 묵독하자.

둘째, 손가락이나 연필로 글을 추적하며 읽지 않는다.

소리를 내어 읽는 것보다는 빠르지만 역시 눈으로만 읽는 것이 더 빠르다. 나이를 드신 분들 중에는 정신집중이 잘 안 되므로 글을 읽을 때 손가락이나 펜으로 글자를 쫓아가면서 읽는 분이 많다. 하지만 여러분은 정신 기능이 한창 좋은 잘 나가는 청춘들 아닌가! 눈으로만 읽어라.

셋째, 머리를 움직이지 말고 눈동자만 움직인다.

머리를 움직이면 역시 속도가 느려지고 더욱이 좋지 않은 점은 쉽게 목에 피로가 온다는 점이다. 책을 읽다 보면 곧 뒷덜미가 뻐근해져 오고 눈이 아픈 학생들은 자기가 머리를 움직이며 책을 읽지 않는지 점검해 보기 바란다. 목을 움직이면 당연히 목이 아프게 되어 있다. 하루에 몇 시간씩 목 돌리기 운동을 하고 있다 생각해 보라. 얼마나 피곤하겠는가. 그런데 이 점은 스스로 알지 못하고 있는 경우가 많다. 그러므로 동생이나 어머니에게 부탁해서 자기가 눈치 못 채고 있을 때 혹시 목을 움직이면서 책을 읽지는 않는지 한번 보아 달라고 하는 것이 좋을 것 같다.

넷째, 읽는 도중 눈을 자주 멈추거나 오래 멈추지 않는다.

이것도 속도를 느리게 만들며, 더 안 좋은 점은 잡념이 생기거나 졸음이 오기 쉽다는 점이다. 보통 사람의 눈은 한 줄의 글을 읽을 때에 잠시 멈추었다가 또 진행하는 식으로 읽게 된다고 한다. 그러니까 한 줄당 한두 번 정도 잠시 멈추어서 몇 개의 단어들을 읽고 난 다음에 다음 줄로 넘어가는 것이 가장 빨리 읽을 수 있는 방법이다. 한 번에 0.2~0.3초 동안만 멈추고 지나가는 것이다. 빨리 읽지 못하는 사람은 집에서 책을 볼 때 연습을 하라. '한 줄에 두 번만 0.2~0.3초 동안 멈춘다. 그리고 움직인다.'는 생각으로 좀 천천히 읽다 보면 빨리 읽는 습관이 생길 것이다.

그리고 한 번에 눈에 담는 분량은 의미 있는 구문까지 읽고 끊는 것이 보통이다. 그렇게 못하는 사람은 책을 잘 못 읽는 사람이다. 이것도 연습할 때 함께 고려하길 바란다.

다섯째, 한 번 읽은 곳에 다시 눈을 돌리지 않는다.

이는 독서 습관이 나쁘거나 책을 읽는 것이 서툰 학생들에게서 많이 나타나는 현상인데, 한 번 읽은 줄로 다시 눈이 돌아오는 것이다. 이렇게 되면 속도가 느려지게 된다. 게다가 더 느려지게 되는 것은 한 번 읽은 줄에 다시 눈이 가게 되면 이런 기분이 들게 되기 때문이다. '이런 바보! 내가 지금 뭘 하는 거야?' 만약에 또 한 번 더 같은 줄에 눈이 돌아오게 되면 그런 기분이 더욱 심해진다.

좀 유식하게 표현하면 자기 혐오감을 맛보게 되면서 스트레스가 생긴다. 그래서 더욱더 책이 빨리 안 읽혀지게 된다. 스트레스란 얼마나 무서운 것인지 모른다. 책 좀 느리게 읽는 것은 이 스트레스와 비교가 안 된다. 내가 언젠가 신문에서 읽은 것인데, 어떤 사람이 쥐를 대상으로 스트레스가 신체에 미치는 영향에 대해서 연구를 했다. 신체적인 질병이 없는 쥐들을 두 집단으로 나누어서 한 집단은 정상적으로 기르고 다른 한 집단은 먹을 것을 제때 안 주는 것과 소음, 진동 등으로 스트레스를 계속 주었더니 얼마

후에 별 뚜렷한 병이 없는데도 죽어 버렸다는 것이다. 물론 우리는 쥐가 아니니 웬만한 스트레스로 죽어 버리지는 않겠지만 그것이 쌓이면 병이 된다는 사실을 기억하고 사소한 일에 스트레스를 받지 않도록 좋은 독서 습관을 기르자.

여섯째, 모르는 낱말의 의미는 전체 글의 의미 속에서 한번 짐작해 본다. 나는 모르는 낱말의 의미를 즉시 찾아봐야 속이 시원하다고? 이것은 성격이 꼼꼼하거나 소심한 학생들에게서 많이 볼 수 있는 습관인데, 책을 읽다가 모르는 단어나 어떤 것이 발견되면 그것을 이해하기 전까지 더 이상 책을 읽지 못하는 것이다. 나는 상담이나 강의 시 이런 호소를 많이 들었다. "우리 애는요, 정말 열심히 공부하는데 성적이 잘 안 나와요. 머리가 나쁜 것도 아닌데……. 속상해 죽겠어요. 또 자기 자신은 오죽 답답하겠어요!" "선생님, 나는 정말 밤늦게까지 공부하는데 나보다 열심히 하지 않는 친구들보다 성적이 나빠요. 나는 머리가 나쁜가 봐요. 어떡하죠? 속상해 죽겠어요!" 이런 친구들, 십중팔구는 바로 너무 꼼꼼한 것이 문제인 학생들이다. 모르는 단어는 문맥에서 이해하고 넘어가라. 만약 그 단어를 몰라도 문맥을 이해하지 못하는 것이 아니라면 그냥 넘어가는 것이 좋다. 대신 체크를 해 두고 다음에 확인하면 된다. 특히 영어나 국어에서는 문맥 속에서 뜻을 파악하는 습관을 들이지 못하면 대입수학능력고사 같은 큰 시험에서 크게 손해를 보기도 한다. 큰 시험에는 교과서 외의 독해문들이 대부분이므로 당연히 모르는 단어나 숙어가 많은데 이럴 때 어떻게 하겠는가? 하나의 예문을 해석하지 못하면 그것으로 끝나는 것이 아니라 거기에 딸린 몇 개의 문제를 망쳤다는 생각 때문에 신경이 날카로워져서 다음 문제에도 영향을 미치게 된다. 즉, 심리적으로 위축되어 시험을 치르는 데 어려움이 더더욱 많아진다는 것이다. 평소에 미리 문맥 속에서 파악하고 넘어가는 습관을 길러 두는 것이 좋다. 부디 연습을 하라. '좋은 이야기야, 으음!' 하고 넘어가지 말고! 나중에 정말 중요한 시험을 치르면서 그때가서 '선생님이 하라는 대로 연습할

걸!!!' 하고 후회해 봐야 '이미 늦으리!'다. 알겠지? 꼭이다, 꼭!!!

일곱 번째, 사고의 단위별로 끊어 읽는다.

영어는 물론이지만 국어로 된 책의 경우에도 하나의 의미를 나타내 주는 몇 개의 단어군으로 이루어진 구나 절(이것을 '사고의 단위'라고 한다.)을 단위로 끊어 읽는 구문론을 이해하여 읽는 것이 이해하기에 좋다. '사고의 단위'라는 말이 너무 어려워서 이해가 잘 안 되는 사람들이 많을 듯하니 하나의 문장을 예로 들어서 설명해 보겠다.

'I am a student and you are a teacher.'라는 문장을 끊어서 읽으면서 해석을 했는데 기연이는 이렇게 끊어 읽었다. 'I am a student and you/ are a teacher.' 그리고 화랑이는 이렇게 끊어 읽었다. 'I am a student/ and you are a teacher.'

기연이와 화랑이 중 누가 이 문장을 더 빠르고 정확하게 해석했겠는가? 화랑이다. 기연이는 평소에 영어 회화에 익숙해서 'and You?'라는 것을 생각해서인지 모르지만 이상하게 끊어 읽어 보고서는 이 문장의 뜻을 깨끗하게 이해하지 못했다. 화랑이는 사고의 단위별로 끊어서 읽었다.

이제 사고의 단위가 뭔지 감을 잡았을 것이다. 사고의 단위란 각각 독립적으로 의미가 통하는 것을 단위로 한다는 말이다. 앞서 제시한 짤막한 문장 정도야 시간 차이가 얼마 나지 않겠지만, 고등학교에 올라가면 이제 문장이 짧은 것만 나오지 않는다. 대여섯 줄이나 되는 문장을 만나기도 한다. 이런 문장을 해석하려면 여러 번 끊어 읽어야 하는데 잘못 끊으면 대여섯 번을 읽어도 뜻이 명확하게 떠오르지 않는다. 시험에서 이런 문장을 만나면 스트레스가 쌓이고 풀릴 문제도 안 풀린다.

이제 여러분은 이런 것을 알게 되었으니 얼마나 복받은 사람들인가! 미리 연습하고 고쳐 큰 시험에서 낭패를 보지 않게 된다면 그때 마음속으로 나에게 감사하기 바란다. (하하)

자, 다음으로 넘어가기 전에 '능동적으로 읽기' 맨 앞부분으로 돌아가서 펜을 들고 우선 시도해 볼 부분이나 연습해 보고 싶은 부분에 표시를 해 두라. 잊어버리지 않게. (벌써 해 두었다고? 아하, 가르친 보람이 있군, 훌륭한 학생이야!)

이 중 읽고 나서 요약해 보기는 반복연습을 통해 익숙해지는 것이 필요하다. 따라서 적어도 3차시까지는 해 보기로 하자. 한 번, 두 번, 세 번 해 보면서 얼마나 익숙해지는지 스스로 느껴 보고 평가해 본다. 사회나 과학 계열의 과목을 골라서 최소 단위의 한 단원을 읽고 머릿속으로 요약하거나 교과서 여백에 간략하게 (30~50자 정도) 요약문을 적어 보자. 한 번 할 때마다 스스로 만족도를 평가해 보고, 100% 만점으로 만족도를 평가해 보자.

바르고 정확하게 읽기 점검표

	과목명(시작 쪽수–종료 쪽수)	만족도(혹은 만족도 '%'로 표시)
1차 시도	_____	_____
2차 시도	_____	_____
3차 시도	_____	_____

어떤가? 한 번 할 때마다 점수가 분명히 올라갈 것이다. 점수가 올라가지 않았다면 할 때마다 기대수준이 높아져서 그럴 가능성이 크다. 그러니 다시 연습해 보자! 요약하기는 할 때마다 숙달되는 것이다. 일단 숙달이 되면 그 효과는 엄청나다.

3. 효과적으로 외우기

사실 외우기는 책을 펼치면서 시작된다. 특히 능동적으로 읽으면 엄청나게 많은 양이 빠르게 외워지기 시작한다. 그러나 외우기가 따로 필요한 것은 자동적으로 외워지지 않는 중요한 것들이 많이 있기 때문이다. 그러므로 여러분은 책을 펴자 마자 외우려고 기를 쓰지 말고 저절로 외워지는 것은 그냥 두고, 충실하게 책을 읽고 중요한 것을 파악해 놓은 다음에 그래도 아직 외워지지 않은 것들만 챙겨서 따로 외우자. 그것이 적게 외우는 방법이고 효과적인 외우기의 시작이다.

나는 학생 시절부터 외우기를 무척 싫어했다. 생각하는 것은 좋아했지만 외우는 것은 골치가 아프고 스트레스가 쌓이는 일이었다. 아마도 잘 외워지지 않으니까 점점 더 싫어하게 되었을 것이다. 그런데 시험을 보려면 외우지 않고서야 방법이 없다. 과목별로 외워야 할 것은 산처럼 쌓여 있고, 이러다 보니 어떻게 하면 요령 있게 외워 볼까, 외워서 안 잊어버릴 수 있을까 하고 머리를 쓰게 되었다. 그러다가 신기하게 잘 외울 수 있는 방법들을 생각해 냈다.

외우기를 즐겨하거나 혹은 외우기에 걱정이 없는 학생이 있을까? 외우기를 좋아하고 기가 막히게 잘 외우는 학생이 있다면 내게 연락해 주기 바란다. 어떻게 하면 외우기를 좋아할 수 있는지, 잘 외울 수 있는지 우선 내가 한 수 배워야겠다. 연락을 해 주는 고마운 친구들에게는 비법을 전수받은 다음에 맛있는 간식을 사 주기로 약속하겠다. 외우기를 좋아하지 않는 친구들, 외우기가 잘 안 되는 친구들은 외우기를 좋아하는 친구들의 연락을 기다리면서 자, 나와 함께 효과적으로 외우는 방법을 생각해 보기로 하자.

1) 외우기의 효과

누구나 공부할 때 외우기를 한다. 잘 안 외워지면 고민하고 어떻게든 머릿속에 집어넣으려고 한다. 도대체 왜 외우는 걸까? 그 효과를 알게 되면 더욱 외워야 할 필요성을 느끼게 될 것이고 외우기가 좀 덜 끔찍할 것이다.

외우기의 효과는 다음과 같다. 첫째, 외우면 머릿속에 기억되어 있는 양이 많아지게 된다. 둘째, 잘못 기억되어 있는 것들이 고쳐져서 다시 기억된다. 셋째, 주의집중이 잘된다. 외우기를 할 때만큼 주의집중이 잘되는 공부방법은 없다. 넷째, 시험공부를 하는 게 더 수월하고 공부시간도 줄어든다. 그래서 공부를 잘하는 학생들은 다른 것도 잘하지만 외우기도 잘하는 것이다. '난 잘 못 외워!' 하고 생각하는 친구들은 나와 함께하면서 잘 외우기 위해 외우는 방법을 스스로 개발하면 공부를 잘하게 될 것이다.

그런데 잘 외웠다는 보장은 무엇인가? 뭘 보고 알 수 있나? 그것은 외워 둔 그 내용이 필요할 때(시험이나 질문에 대답하기, 기억을 되살려야 할 여러 상황에서) 즉시 정확하게 생각나는 것이다. 효과적인 암기법은 일단 머릿속에 넣기 좋게 내용을 조직하는 방법과 필요할 때 즉시 떠오를 수 있도록 머릿속에 새겨 넣는 방법을 포괄해야 할 것이다.

2) 외우기 전 파이팅

우선 외우기를 시작하기 전에 해야 할 것이 있다. 파이팅을 외치는 것이다. 투지를 모으고 힘을 얻기 위해서 파이팅을 외치면 효과적으로 외우는데 도움이 되는데, 그럼 어떤 파이팅이 좋을까? 각자의 파이팅 문구를 만들어 보기 바라며 그것을 돕기 위해서 한 가지 이야기를 해 주겠다.

잘 외우는 것은 외우는 머리가 따로 필요한 것이 아니라 외우는 기술과 기능을 익히는 것이 중요하다고 학자들은 말한다. 그리고 같은 지능에 같은 시간을 들여서 외우기를 한다면 잘 외울 수 있을 것이라는 '자신감'을 가지고서 외우는 사람이 더 잘 외우고 많이 외운다고 한다. 그러니 '난 외우는 머리가 없어. 나는 외우기를 잘 못해. 어떻게 이 많은 것을 외우지?' 하고 한숨만 쉬지 말고 스스로에게 힘을 주라. '나는 잘 외울 수 있다!!!' 라고 자신에게 말해 주고 파이팅을 외쳐라.

나의 파이팅 문구는 이 책에서 여러 번 밝히게 되겠지만, 여기서 다시 한 번 밝히겠다. 여러분도 각자의 파이팅 문구를 반드시 개발해서 기운이 없을 때, 나자신이 없을 때마다 사용하기 바란다.

'자, 잘 만났다. 그래, 어디 한번 붙어 보자! 네가 이기나 내가 이기나 한번 해 보자. 오늘 반드시 정복해 주고야 말겠다. 힘내라, 윤두!!! '

그럼, 지금 자기 자신에게 힘을 주는 파이팅을 외치고 나서 이제 하나하나 효과적인 외우기의 방법으로 들어가 보자.

3) 아홉 가지 암기법

- 첫 글자 따서 외우기
- 이야기로 만들기
- 이미지로 외우기
- 노래로 만들어 부르기
- 동영상으로 외우기
- 온몸을 이용하여 외우기
- 유사점과 차이점을 발견하여 서로 대조해 가며 외우기
- 표를 만들어 외우기
- 마인드맵으로 외우기

외우기는 외울 내용을 읽으면서 벌써 시작된다. 읽으면서 '이 내용은 중요하다!' 하는 판단이 서면 즉시 머릿속에서 그 내용을 반복하여 생각하게 되고 이렇게 되면 내용을 읽으면서 벌써 외우기가 시작되는 것이다. 그래서 여러분은 책을 읽고 나면 어느 정도의 내용은 이미 기억하게 되는 것이

다. 하지만 문제는 나머지 내용을 외우는 것, 세부적으로는 외웠으나 전체 구성과 체계를 외우는 것, 머릿속에 들어 있는 내용을 완전히 암기하는 것이다.

여기서 제시하는 아홉 가지 암기법 중 마지막 세 가지는 초등학교 학생들의 인지발달 단계(구체적 조작기, 형식적 조작기 초기)에서는 쉽지 않고 중학생 이상(본격적인 형식적 조작기)에서 쉽게 적용할 수 있는 방법이다. ('나는 어떤 인지발달 단계에 있나?' 하고 궁금한 사람은 몇 가지 검사를 받아 보면 알 수 있다. 그리고 인지발달 단계가 연령에 비해서 낮은 친구들은 사고력 향상 프로그램으로 향상시킬 수 있다.) 따라서 자신의 인지발달 단계에 맞는 방법을 선택해서 암기법을 개발하는 것이 효과적이다. 그럼 하나하나의 암기법을 설명하겠다.

(1) 첫 글자 따서 외우기

이것은 모든 암기의 기본이다. 첫 글자를 따서 '빨주노초파남보' 이렇게 그냥 외워도 되지만 첫 글자를 따서 그것을 이미지 안에 넣거나, 노래가사로 만들거나, 이야기로 만들거나, 표로 만드는 등의 응용을 하기 위한 기초로 사용할 수 있다.

첫 글자를 따서 바로 외우는 것은 보통 7~9개 정도까지만 가능하고 그것보다 개수가 많으면 그 내용을 그대로 외우기 어렵다. 이때는 다른 방법에 적용해서 외워야 효과적이다.

(2) 이야기로 만들기

외울 내용이 7개 이하이면 굳이 이야기로 만들지 않아도 그냥 외울 수 있다. 예를 들어, 7개 무지개 색깔은 이야기로 만들지 않아도 거의 누구나 '빨주노초파남보'로 그냥 첫 자만 따서 외울 수 있다. 그런데 외울거리가 7개가 넘으면 그냥 외우기가 좀 힘겹다. 이때 이야기 속에 넣어서 외우면 효과적이다.

이야기로 만드는 방법은 우선 내용을 각각 한 글자로만 만들어 놓은뒤 어떤 이야기 속에 넣으면 좋을까 생각해 봐야 한다. 예를 들어, 식품군별 영양소를 외운다고 할 때 첫 자만 떼어 놓으면 다음과 같을 것이다.

> 1(군)-단(백질)
> 2(군)-칼(슘)
> 3(군)-비(타민), 무(기질)
> 4(군)-당(질)
> 5(군)-지(방)

첫자만 따 놓은 것을 '1단, 2칼……?', '1단, 2칼, 3비무……?' 이렇게 하나씩 덧붙이면서 머릿속에 떠오르는 이야기가 없나 하고 생각해 본다. 나는 '1단, 2칼'에서 '일단은 이 칼로 어떻게 어떻게 한다.'는 이야깃거리 가 생각났다. 그러면 그 뒷부분도 전체 맥락에 맞도록 이야기를 꾸미면 된 다. 그래서 이런 이야기가 만들어졌다. '일단(1-단)은 이 칼(2-칼)로 잘라 서 삼(3)박하게 비(3-비)비고 무(3-무)쳐서, 사당(4-당)의 조상님께 먼저 바치고 나서는 오지익(5-지) 나만 먹어야지!' 이렇게 이야기로 만든 예는 얼마든지 있다. 쉽게 발견할 수 있는 예는 한라산 높이가 1950미터라는 것 을 '한라산에 한(1)번 구(9)경 오십(50)시요.'로 외우는 것이다.

더 재미있고 긴 이야기로 만들어서 외우는 방법은 상상력이 풍부한 친구 들에게 적합할 것이다. 콜럼버스의 아메리카 대륙 도착년도가 1492년이라 는 것을 외우는 긴 이야기가 있는데 간략히 소개하면 다음과 같다.

> 콜럼버스는 인도에 가면 길에 금은보석이 널려 있다는 소문을 듣고 부
> 자기 되기 위해서 인도로 가기로 마음을 먹었다. 물론 그는 바보같이 인

도가 아니라 아메리카에 도착했고, 죽을 때까지 거기가 인도의 서쪽이라고 생각했지만……. 그는 사람들에게 큰 돈을 벌게 해 준다고 약속하고서는 기금을 모아 배도 사고 선원들도 고용했다. 꿈에 부풀어서 유럽을 떠나 목적지로 가는데 가도 가도 땅이 보이지 않았다. 선원들은 자꾸만 불평을 하고 식량도 거의 떨어지자 콜럼버스도 초조해지기 시작하였다. 그러던 어느 날 배 꼭대기에서 망을 보던 선원이 외쳤다. "육지다! 육지다!" 콜럼버스는 가슴이 뻐근해 오기 시작했다. '아! 꿈에 그리던 인도에 도착하는 순간이구나.' 그러나 순간 누구보다도 먼저 도착해야겠다는 욕심이 생겼다. 콜럼버스는 다른 사람들에게 황급히 명령했다. "다들 가만히 있어라! 내가 먼저 땅을 밟겠다." 그리고는 배가 육지에 닿기도 전에 먼저 육지를 밟으려고 뛰어내렸는데 바닷물 속을 첨벙거리다가 그만 한쪽 구두가 벗겨져서 물에 떠내려갔다. 그러자 콜럼버스는 떠내려가는 구두를 바라보며 소리쳤다. "잉(1), 내(4) 구두(92), 비싼 건데, 잉."

(3) 이미지로 외우기

이것은 그림 혹은 만화를 그려서 외우는 방법이다. 역시 시각적 이미지를 활용하는 방법인데 함께 연습해 보자. '비타민 결핍 시 걸리는 병'을 힌트와 함께 제시한 다음의 내용을 보자.

비타민	병	힌트
A	야맹증	눈
B	각기병	다리
C	괴혈병	입
D	구루병	등
E	불임증	배

내가 썼던 방법은 이것을 사람의 전신에다가 맞추어서 그린 후 그 그림을 외우는 것이다. 한 번 그림을 그려 보고 내가 그린 그림과 비교해 보기 바란다. 아직도 못 그리고 있는 친구들을 위해 좀 더 힌트를 주겠다. 눈은 야맹증을 뜻하면서 A로 표시하고, 다리는 각기병을 의미하면서 B로, 입은 괴혈병(잇몸에서 피가 나는 것)을 나타내면서 C로, 등은 구루병 D로, 배는 불임증 E로. 이렇게 그리면 사람의 전신을 그리면서 비타민의 결핍과 걸리기 쉬운 병을 빠짐없이 나열하게 된다. 자, 이제 다시 시도해 보라!

참고로 내가 그린 그림을 실었다. 여러분 자신의 그림과 비교해 보라.

또 다른 예로는 중학교 교과서에도 제시되어 있는 〈둑방길〉이라는 시를 그림으로 외우는 방법이다. 이 시의 원문은 교과서나 인터넷에서 쉽게 찾을 수 있을 것이다. 시의 내용 일부는 다음과 같다.

어린 염소 등 가려운 여우비도 지났다.
목이 긴 메아리가 자맥질을 하는 곳

마알간 꽃대궁들이 물빛으로 흔들리고……

이 부분의 내용을 그림으로 그려서 외운다면 다음과 같이 할 수 있다.

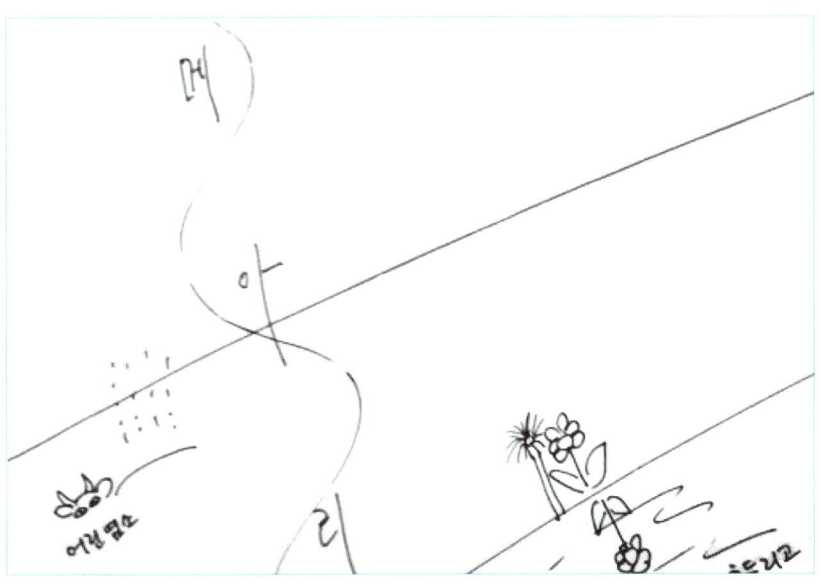

(4) 노래가사로 만들어 외우기

이야기로 만들어서 외우는 것은 예외는 있겠지만 대체로 원소주기율처럼 그 개수가 10개가 넘으면 좀 힘들다. 그리고 첫 자만 따 두었더니 너무나 얼토당토않은 발음들이라서 이야기가 잘 안 만들어지는 경우도 있다. 또 중국왕조 순서나 조선왕조 순서와 같이 각 왕조별로 세부적인 것들은 이해가 되었으나 전체적인 체계나 틀을 외워 두어야 하는 경우도 생긴다. 이렇게 외울 내용의 개수가 10개가 넘거나 매끄럽게 이야기로 잘 안 만들어지는 경우 그것을 노래가사로 만들면 금방 외울 수 있다. 물론 여러분이 잘 알고 있고 친숙한 노래라야 효과가 있고, 특히 좋아하는 노래라면 금상첨화다.

예를 들어, 조선의 왕 순서를 외워 두어야 역사 공부가 쉬운데 그것을 첫 자만 따고 7글자씩으로 잘라서 외우는 것이 보통이다. 그런데 이것을 "동무들아 오너라"로 시작해서 "밤에는 달동무"로 1절이 끝나는 동요에 맞추어서 "태정태세-문단세-예성연중-인명선-광인효현……"으로 가사를 붙여 부르면서 외우면 더 쉽게 외워진다. 다른 노래도 서로 글자 수가 대충 맞으면 가능하므로 자신이 좋아하는 노래에 맞추어 몇 번 불러서 외울 수 있다.

또 하나 내가 직접 노래로 만들어서 외운 것 중 맨 처음에 했던 것을 소개하겠다. 중학교 3학년 때의 일이다. 세계사에서 중국은 동양의 기둥이라고 할 수 있어서 중국의 시대순을 모르면 맞출 수 없는 문제들이 자주 나온다. 나는 3학년이 되어서 몇 번의 시험에서 비슷한 문제를 여러 번 틀렸다. 어느 날 나는 사회책을 책상 위에 '탁' 하고 (힘차게) 엎고는 그 책을 노려보며 이렇게 중얼거렸다. '그래, 네가 이기나 내가 이기나 한번 붙어 보자! 오늘은 정말 해결하고야 말 테다! 각오해라!'

나는 책을 펼쳐서 중국의 나라 변천 순서를 찾아서 순서대로 적었다. 그리고 첫자에 동그라미 표시를 했다. 그중에서 첫 자만 따면 헷갈릴 만한 것은 두 글자씩 뽑았다. 순서를 잡을 때에 책에 있는 이름 그대로 하지 않고 내가 이해하기 쉬운 이름으로 적었다. 즉, 책에는 '은-주-춘추전국-진-한-위진남북조-수-당-오대10국-송-원-명-청'으로 되어 있는데 '한'을 '전한-신-후한'으로 풀어서 적고, '위-진-남북조' 시대를 '3국-진-동진-남북조' 시대로 풀어서 적고, '송'을 '송-남송'으로 나누어 적었다. 그렇게 기억해 두는 것이 내게 더 도움이 된다고 생각했기 때문이다. 그래서 정리하여 적은 것이 이것이다. '은-주-춘추전국-진-전한-신-후한-3국-진-동진-남북조-수-당-오대-송-남송-원-명-청.'

사실 첫 글자 외우기 방법을 만들긴 하였지만 이렇게 적어 놓고 외우려고 하니 도무지 머릿속에 들어가지 않았다. 그래서 생각을 바꾸었다. '노래가사로 만들어 보면 어떨까?' 스스로 생각해 놓고도 좋은 방법인 것 같 았다. 교내 체육대회 때 우리는 얼마나 여러 가지 노래를 가지고서 가사를 바꾸어 부르는가! 생각해 보니 '나도 할 수 있다!'는 생각이 들었다. 그래 서 이 노래 저 노래 한번 붙여 봤다. 그런데 생각외로 잘 안 되었다. 보통의 노래들이 너무 길거나 운율이 안 맞아서 마음에 들지가 않았다. 그래서 몇 개 골라 가사를 끼워 맞춰 보다가 그래도 그중 잘 맞는 노래를 발견했다. 어떤 노래냐고? 수준 낮다고 비웃지 말기 바란다. (중학교 3학년 수준에 얼 마나 멋진 노래를 고를 수 있었겠는가 말이다.) 〈학교 종이 땡땡땡〉이란 노래 를 모르는 사람은 없겠지? 이 노래가 선택되었다. 그런데 원래 가사랑 바꾼 가사가 딱 떨어지게 맞지 않고 끝에 몇 글자가 남았다. 그래서 그것은 내 마음대로 건들거리면서 갖다 붙였다. 어떻게 붙였다는 건지 잘 모를 것이 다. 지면으로는 소리를 들을 수 없으니 어떻게 설명을 못 하겠다. 그러면 다른 방법을 쓰자. 일단 같이 한번 불러 보자. 윗줄에는 원 가사를 적고 다 음에는 중국 변천 순서를 적어 놓고 몇 번 불러보면 그 다음에는 원 가사가 없어도 쉽게 부를 수 있을 것이다.

은주춘추 전국진–전한 신후한–

3국진동진 남북조– 수당오대송, 남송원명청

끝에 남는 것은 끝소절을 한 번 더 부르는 것으로 맞추도록 하면 별 문제 가 없다. 이렇게 만들어서 몇 번 부르자 금새 다 외워졌다. 나는 신이 나서 친한 친구들에게 가르쳐 주었고 그후 나는 학교에서 선풍적인 인기를 끌었 다. 같은 반 친구들이 너도나도 가르쳐 달라고 내게 찾아왔고 심지어 다른 반의 모르는 아이들까지 찾아와서는 "윤주야, 너 중국 나라 외우는 거 신기 한 거 있다며? 좀 가르쳐 주라." 하고 부탁하고 다른 거 뭐 좋은 방법은 없 느냐고 묻는 친구들도 많았다. 나는 "으응, 조금만 기다려 봐. 내가 다른 거

개발해서 가르쳐 주지!" 하고 폼을 잡기도 했다.

이렇게 중학교 시절을 마감하고 고등학교 3년, 대학교 4년을 마친 나는 중학교 사회 교사가 되어서 학생들을 가르치게 되었는데 역시 세계사 부분이 있어서 이것을 다시 학생들에게 가르쳐 주게 되었다. 그런데 세월이 많이 흘렀고 요즘 학생들은 완전 신세대 아닌가! 나는 이 방법이 너무 옛날 것이라서 가르쳐 주면 "아유, 선생님, 진부해요! 그게 뭡니까?!"라고 할까 봐 조금은 머뭇거리고 눈치를 보면서 가르쳐 주었다. "이거 선생님이 중학교 3학년 때 만든 방법인데 너희들이 한번 보고 도움이 될 것 같으면 적어서 외워라." 하고는 칠판에 적어 주었는데 역시 선풍을 일으켰다. 잘 외워진다는 것이다.

하여튼 나의 이런 경험으로 미루어 보아 여러분에게도 도움이 될 것으로 생각한다. 여러분도 이 노래로 중국 나라의 변천 순서를 쉽게 외우고, 다른 노래를 개발해서 친구들과 정보를 나누어 공부에 많은 도움을 받기 바란다. 나는 이 방법을 만들면서 무척 재미있었다. 뭐랄까, 창작의 즐거움이랄까, 예술하는 기쁨이랄까. (너무 거창한가?) 그런 즐거움이 있었고, 공부다, 외우는 거다 하는 지겨움이 없었다. 만들면서 재미있고 신이 났다. 이렇게 쉽게 외우는 방법을 스스로 만들면서 공부도 좀 덜 지겹게 하고 일거양득 아닌가! 친구들과 외워야 할 거리를 나누어서 각자 개발하여 그 결과를 나누어 가지면서 재미있게 효과적으로 공부하자!

(5) 동영상으로 외우기

눈을 감고 마음속으로 움직이는 영상을 만들고 그 안에 외워야 할 것들을 순서대로 배치하는 것이다. 우선 시를 외우는 방법 하나를 예로 들어 보겠다.

국어 책의 시를 살펴보면 시 전문을 외워야 시험을 쉽게 볼 수 있는 것들이 있다. 이럴 때 나는 한 줄을 외우고 또 한 줄을 붙여서 외워 보고 또 한 줄을 붙이고 하는 식으로 외우고 있었는데 한 친구가 "윤주야, 그렇게 외우지 말고 그림으로 외워 봐!" 하고 말해 주었다. 시의 이미지를 머릿속에 떠올려 한 편의 짧은 영화처럼 기억해 둔다는 것이다.

"엄마야 누나야 강변 살자, 뜰에는 반짝이는 금모래빛, 뒷문 밖에는 갈잎의 노래, 엄마야 누나야 강변 살자." 이런 시가 있는데 이것을 노래로 외울 수도 있지만 장면만 상상하면 그냥 나온다는 친구들도 있었다. 시를 한 번 읽고 눈을 감으면 어느 허름한 집에 엄마와 누나와 어린 소년이 사는데 집 앞에는 노란 모래가 햇빛을 받아서 반짝이고, 그 앞으로는 강물이 흐르고, 집 뒤에서는 갈대숲이 바람에 소리를 내면서 흔들리는 모습을 떠올린다는 것이다. 그리고 이렇게 시의 내용을 한 편의 짧은 영화처럼 상상하고 나면 시 전문을 그냥 쓴다는 것이다.

그런데 이상하게도 친구가 가르쳐 준 대로 해도 잘 안 되는 것이었다. 왜 그런가 했더니 바로 이러한 이유 때문이었다. 이야기로 만들고 노래가사로 만들어서 외우는 것은 잘되는데 나처럼 영상과 이미지는 안 되는 사람도 있다. 사람마다 이런 개인차가 있다. 같은 지능지수 120을 갖고 있다 해도 그 안에는 여러 가지 종류의 하부 지능이 있는데 언어 쪽 지능이 높은 사람은 이야기가 잘되고 공간지각 쪽 지능이 높은 사람은 이미지를 활용하는 것이 더 잘되는 것이다. 자신의 지능이 어느 쪽이 높은가에 따라서 언어 쪽이 발달한 사람은 선생님처럼 이야기가 잘될 거고 공간지각 쪽이 높은 사람은 이미지로 외우는 것이 더 잘되므로 자신에게 더 잘되는 방법을 개발하기 바란다.

또 외워야 할 내용들을 집에서 학교 가는 길에서 보는 장면들의 동영상처럼 만들고, 그 영상에서 나타나는 것들에 순서대로 외워야 할 것들을 배치해 보는 방법도 있다. 예를 들어, 영양소 5군을 외우는데 집을 나서는 현관문에는 1군인 단백질을 의미하는 고기와 콩, 두부가 걸려 있고, 엘리베이터 안에는 2군 칼슘 식품인 우유, 멸치가 바구니에 담겨 있고, 아파트를 나서는데 3군인 비타민과 무기질 음식 들인 당근, 생선 등이 자동차 문짝에 사진으로 그려져 있고, 학교 정문으로 4군 당질이 많은 식품인 쌀자루가 들어가고, 우리 반 교실에는 5군 지방인 식용유가 번들번들 발려 있다고 상상해 보는 것이다.

(6) 온몸을 이용해서 외우기

이것은 눈, 귀, 팔다리 등의 온 몸을 다 이용해서 효과적으로 외운다는 것이다. 좀 어려운 말로 하자면 외우기 위해서 보다 많은 감각기관을 동원하는 것이다. 여러 감각기관을 동시에 같이 사용해서 외우면 훨씬 잘 외워진다. (못 믿겠다고? 허 참, 못 믿겠으면 한 번만 직접 해 보기 바란다. 해 보면 아, 정말 그렇구나 하고 알게 될 테니까.)

이 방법의 전형적인 예로는 중요한 내용을 공부할 때 연습장에 써 가면서 외우는 것이다. 그 밖에 걸어 다니면서 외우는 것, 지하철 안에서 자신의 허벅지에다 무언가를 써 가면서 외우는 것, 시를 외울 때 시의 시각적 이미지를 한 편의 영화처럼 기억해서 외우는 것, 영어 단어·숙어를 휴대폰이나 MP3 등에다 녹음해 다시 들으면서 외우는 것, 자신의 몸을 지도로 생각하고 위치를 짚어 가면서 외우는 것 등이 있다. 만화 같은 그림을 그려서 외우는 방법도 학생들이 많이 사용하는 방법이다.

시각적 이미지와 촉각기관을 함께 이용하는 방법 하나를 이야기해 보겠다. 내가 사회 교사였을 때 중학교 1학년 학생들에게 가르쳐 준 것이 있다. 남부아시아의 각 지방별 주요 산물을 외우는 방법이었다. 학생들에게 이렇게 말했다. "자, 자기 몸을 지도라고 생각해봅시다. 내 몸은 남부아시아인 거지요. 내 오른쪽 어깨 부분에 차가 많이 나는 아삼 지방이 있고 왼쪽 옆구리 부분에는 면화가 많이 생산되는 데칸 고원이 있어요. 중앙의 힌두스탄 평원에서는 쌀농사가 많이 된답니다. 그러면 몸을 짚어 가면서 첫 자만 따서 기억해 두는 거지요. (자기 몸을 짚어 가면서) '아차!(자신의 오른쪽 어깨

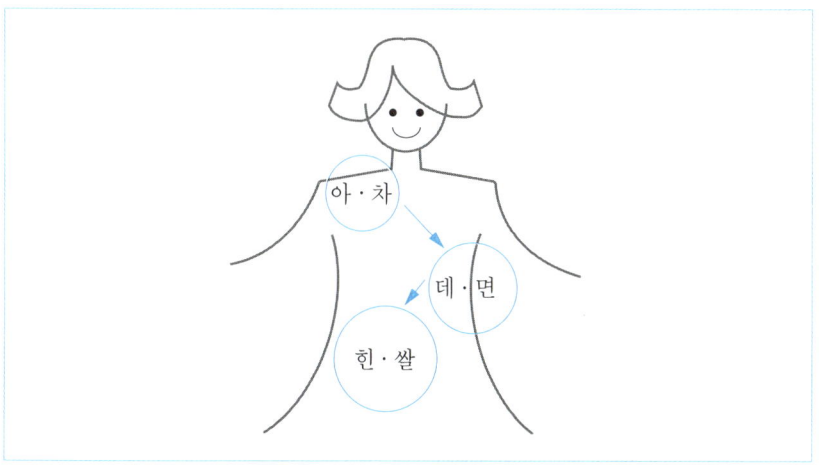

를 짚는다) 데면!(자신의 방향에서 보면 왼쪽 옆구리를 짚는 것이다.) 힌 쌀(배를 두 번 두드린다.) 밥 먹으면 배불러요' 하고 배를 쓰다듬으면 남부아시아 주요 생산물은 끝!"

이렇게 자기 몸을 짚어 가면서 몇 번만 해 보면 쉽게 외울 수 있다. 게다가 자기 몸을 지도라고 생각한다면 무궁무진하게 응용할 수 있다. 내 몸이 한국 전도가 되었다가, 남부 지방이 되었다가, 아메리카가 되기도 하고, 아프리카도 될 수 있는 것 아닌가. 간혹 이런 사람도 있다. 너무 간지럼을 많이 타서 내 몸을 내가 짚어도 간지러워 몸을 짚어 가면서는 못 하겠다는 별난 사람. 그런 사람은 몸을 짚는 대신 자기 앞의 허공을 지도라고 생각하고 허공을 짚어 가면서 외워도 된다는 사실!

또 다른 방법으로 걸어 다니면서 외울 수도 있다. 머리에 잘 안 들어가고 나른하니 졸음이 몰려올 때 책상을 박차고 일어나서 책을 들고 걸어 다니면서 외운다. 때로는 깡총깡총 뛰면서 외워도 효과적이다. 그렇게까지 해야 되느냐고? 나는 졸리면 뛰면서 외우는 것은 물론 한 손에 단어, 숙어장을 들고 다른 한 손으로 방청소를 하기도 했다. 오래전에 나온 영화이긴 하지만 〈101번째 프로포즈〉에 남자 주인공이 놀이터에서 뛰어다니면서 공부하는 장면이 나온다. 아마도 몸을 움직이는 방법은 암기에 효과가 있어서 많은 사람들이 사용해 온 것 같다. 게다가 움직이면서 외우므로 여러분에게 자칫 부족하기 쉬운 운동도 동시에 하게 되니 일거양득 아닌가!

지하철이나 버스 안에서 자신의 허벅지에 손가락으로 써 가면서 외우는 모습을 본 적이 있는가? 연습장에 쓰면서 외우는 것은 장소의 구애를 받지만 허벅지에다 쓰면서 외우는 것은 장소의 구애를 전혀 받지 않고 어디서나 할 수 있다. 화장실에 앉아서 볼일 볼 때 그 조용하고 평화로운 시간을 그냥 보낼 수 있는가! 그때도 그냥 단어장을 들고 외우는 것보다는 한 손으로 허벅지에 써 가면서 외우면 더 잘 외워진다. 길을 걸으면서 외울 때도 허벅지는 비어 있다. 수업시간에도 나는 연습장보다는 허벅지가 편리했다. 수업 중에는 책상 위에 펼쳐 놓은 것들이 많아서 연습장까지 따로 펼쳐 놓을 공간이 없는데 수업을 들으면서 즉시즉시 외워 두고 싶은 중요한 것들은 쉴 새 없이 쏟아져 나온다. 나는 머릿속으로 그 내용을 반복하면서 손으로는 허벅지에 그 내용을 쓰면서 외웠다. 이렇게 하면 훨씬 잘 외워지고 잠도 쫓을 수 있다. 게다가 허벅지는 완전 무공해, 재활용 연습장이다. 쓰레기도 안 만들지 또 언제나 다시 사용할 수 있으니 말이다.

여러분은 메모리 카드(암기 카드)는 많이 만들어 사용해 봤겠지만, 메모리 음성 파일은 만들어 본 사람은 많지 않을 것이다. 많은 친구들이 녹음이 가능한 휴대폰을 가지고 있지만, 이것으로 주로 음악만 다운받아 감상했을 것이고 자신이 직접 녹음을 해서 학습 내용을 들을 생각은 별로 안 해 봤을 것이다.

외워야 할 내용을 직접 자신의 목소리로 녹음해서 들으면 머리에 쏙쏙 들어간다. 그런데 이것은 암기 카드 만드는 것하고는 그 준비 작업의 차원이 다르다. 그만큼 시간이 많이 걸리고 힘이 든다. 이것을 하려면 녹음할 내용을 한눈에 알아볼 수 있도록 깔끔하게 정리를 잘해 놓고 녹음하는 연습을 몇 번 해 보고 다시 들어보고 속도나 목소리의 톤이 적절한지 확인해 보고 나서 진짜 녹음에 들어가야 한다. 녹음해서 외울 수 있는 내용도 무궁무진하다. 내가 주로 많이 해 본 것은 역시 외국어 단어·숙어였는데, 그 외에 시를 외울 때도 많은 도움이 될 것이고 암기 과목들도 외워야 할 내용을 잘 정리해 놓기만 한다면 충분히 가능하다. 암기 카드를 먼저 만들고 그 내용을 토대로 암기 음성 파일을 만들어 두 가지를 함께 사용해 외운다면 자신의 시청각기관을 함께 사용해서 외우는 셈이므로 암기 효과가 훨씬 높아질 것이다.

이렇게 녹음해 두면 여러 장소에서 사용할 수 있어서 좋다. 등하교 시, 화장실에서 볼일 보는 시간, 여행을 오가는 길에 공부를 할 수 있다. 또 잠자리에 누워서 혹은 아침에 깨자마자 들으면 암기 효과가 아주 높다고 한다. 막 잠이 들 때나 막 잠에서 깰 때 사람은 의식이 반쯤만 있는데 이때 암기가 잘된다고 하니 한번 시도해 보면 어떨까?

마지막으로 하나만 더! 요즘 대부분 집집마다 컴퓨터가 있는데 게임이나 검색만 하지 말고 공부에 활용해 보자. 영어 단어·숙어 학습 프로그램 중에 사용자가 직접 자료를 입력해서 활용할 수 있도록 되어 있는 프로그램이 적지 않다. 외워야 할 단어·숙어를 직접 입력하고 그 자료를 가지고 게임이나 퀴즈를 하면서 외우면 덜 지루하고 빨리 외울 수 있다.

학자들의 연구에 따르면 가능하면 많은 감각기관을 동원해서 외울 때 더욱 효과적이다. 앞서 시각적 이미지로 외우기에서 소개한 비타민결핍증 그림을 보면서 '아(A)야, 눈이야. 에이씨이(C), 입에서 피가 나네. 등이 아파 밤새 데굴데굴(D) 뒹굴었는데 삐걱삐걱(B) 다리는 왜 이리 붓는 거야! 이(E)렇게 아파서는 임신도 안 되겠어.' 이런 식으로 이야기를 붙여서 외우면 한 번만 해 봐도 암기 완전성공일 것이다. 가능하면 자신의 온몸을 활용해서 외우면 잘 외워지고 덜 지루하다는 사실을 잊지 말자!

(7) 유사점과 차이점을 발견하여 서로 대조하면서 외우기

두 가지 종류의 외울 내용들을 놓고 유사점과 차이점을 발견하여 서로 대조해 가며 외우면 쉽게 외워진다. 이렇게 공부하고 외우는 것을 잘 연습하여 익숙해지면 좋은 점이 한두 가지가 아니다.

첫째, 여러분들도 잘 알다시피, 여러 과목들 특히 세계사와 지리 과목은 서로 유사한 것들을 모아서 그 차이점을 정리해야 할 내용들이 많다. 그래서 이런 과목의 까다로운 부분들을 종합적으로 외울 때 이 방법은 아주 도움이 된다.

둘째, 학년이 올라갈수록 단순하게 암기한 지식을 요구하는 문제에서 더 나아가 종합적이고 분석적인 이해를 요구하는 문제들이 많이 나오므로 이것은 반드시 필요한 작업이다. 수능 시험 역시 마찬가지 경향이다.

셋째, 이렇게 정리해서 외우면 잘 잊어버리지 않게 되며 일단 모아서 외우므로 단편적인 지식을 따로 외웠다가 모아서 다시 외우는 이중 작업이 한 번으로 줄어든다. 따라서 외우는 데에 드는 시간도 훨씬 적게 걸린다.

넷째, 나는 장기적으로 보아서 이 네 번째 이점이 가장 중요하다고 생각하는데, 어른이 된 후의 생활에서는 특히나 단편적인 지식만 남는 것이 아닌 종합하고 분석할 수 있어 보다 지혜롭게 잘 살 수 있다(사고를 하는 데 수준이 좀 있는 학생들은 모두 내 말에 동의할 것이다. 수준이야 알 바 아니고 내 말에 동의가 안 되는데 어떻게 하냐고? 그렇다 하더라도 첫 번째, 두 번째에서 제시한 좋은 점에 대해 동의한다면 충분히 가치가 있는 것 아닌가!).

우선 가장 많이 활용될 수 있는 암기 과목을 예로 들어 보자. 세계사 중에서 중국 명나라와 청나라는 시대 순서상 서로 이어져 있어서 유사점도 많다. 하지만 지배 민족이 다르며 청나라 시기 대외관계의 급변에 따라 차이점도 많다. 이럴 때 중요한 특징을 유사점과 차이점으로 각각 정리하여 외우는 것이다. 예를 들면 명, 청시대의 특징을 중학교 사회 교과서에 나와 있는 순서대로 정리하여 적으면 다음과 같다.

명: 한족 전통 부활, 향촌 조직(이갑제)

청: 명 제도 계승하면서 만주족 우위의 정책

명: 정화의 해외 원정

청: 중국 영토 형성

명: 향신층이 등장

청: 향신층이 관료로 활동

명: 양명학

청: 고증학

　　상품작물 재배

　　세금의 은납화(명: 일조편법 – 청: 지정은제)

　　서민문학 발달

　이것을 그냥 외우는 것보다는 유사점 혹은 공통점과 차이점을 표로 정리해서 서로 비교, 대조해 가면서 외운다. 그러면 한 번만 외워도 되고, 훨씬 빨리 외우게 되고 쉽게 잊어버리지도 않는다. 그럼 앞의 내용에서 공통점과 차이점을 찾아 정리해 보자. 다음과 같이 할 수 있을 것이다.

　〈공통점〉

　향신(지배세력), 상품작물 재배, 화폐경제, 세금의 은납화, 서민 문학
　발달

　〈차이점〉

　명: 한족 전통 부활, 양명학, 일조편법, 정화의 해외 원정

　청: 만주족 우위, 고증학, 지정은제, 중국영토 형성

　단, 이렇게 외우는 방법을 사용하려면 자료를 잘 모아 두어야 할 것이다. 그래야 외우기 좋은 형태로 조직할 수 있으니 말이다.

또 영어에서 예를 든다면 단어·숙어를 암기할 때 적용할 수 있다. 얼마나 많고, 헷갈리는 단어·숙어가 우리를 괴롭히는가! 시험에서 단어를 이 것저것 주고는 '철자법이 맞는 것은? 틀린 것은?' 하고 묻는 문제가 나오면 정말 골치가 아프다. (설마 나만 아픈 것은 아니겠지?) 그런데 이 비슷하면서도 철자가 약간 달라서 헷갈리는 단어들도 잘 살펴보면 어떤 규칙을 발견할 수 있다. 'believe'라는 단어와 'deceive'라는 단어를 놓고 보자. 이두 단어는 매우 비슷하게 생겼다.

be + lie + ve

de + cei + ve

맨 앞에 비슷하게 생긴 두 개의 철자가 오고, 그다음에도 비슷한 철자가 있고, 특히 마지막에는 –ve로 끝나는 형태의 동사꼴을 갖고 있다. 그런데 중간 부분의 철자가 하나는 –ie가 와 있고 다른 하나는 –ei가 와서 e와 i가 바뀌어 있어서 헷갈리기 쉽다. (이거 시험에 나와서 나 역시 중·고등학생 시절 얼마나 여러 번 틀렸는지……) 그런데 이런 형태의 단어들을 모아 놓고 보면 하나의 규칙이 있다. 이런 식으로 된 동사들에서는 c가 오면 그다음에는 ei 가 오고 그 밖의 철자가 오면 그다음에는 ie가 온다는 사실이다. 다시 단어를 분해해 보면 이렇다.

be + l + ie + ve

de + c + ei + ve

이것을 알고 나면 그다음에는 쉬워진다. 친구들과 함께 협력해서 하면 훨씬 효과적으로 많이 찾을 수 있을 것이다. 중·고등학교 다니던 시절에 알았으면 얼마나 좋았겠는가? '영어 성적이 좀 더 좋을 수 있었을 텐데. 시험을 좀 더 잘 볼 수 있었을 텐데.' 하는 아쉬움이 남는다. 나는 이것을 대학교 들어와서야 알게 되었다. 지금 알게 된 여러분은 완전히 복받은 청춘들이다!

(8) 표를 만들어 보기

표는 과목별로 내용에 따라 다양하게 활용될 수 있는데 표를 만들기 위해서는 내용을 압축, 재조직해야 하므로 고도의 집중을 요하고, 표를 만드는 동안 그대로 암기되는 경우가 많다. 그리고 표를 토대로 다른 암기방법을 응용할 수도 있다.

	공통점	차이점			
		정책 방향	학 문	세금 은납화 제도	기타 특기사항
명	향신(지배세력), 상품작물 재배, 화폐경제, 은납화, 서민문학 발달	한족 전통 부활	양명학	일조편법	정화
청		만주족 우위	고증학	지정은제	영토

표를 만들기 어려운 사람은 자습서나 참고서 그리고 수업시간에 선생님이 그려 주시는 표를 보면서 연구하고 연습해 보라. 누구나 할 수 있다! 그러나 자신이 내용을 정리해서 표를 만들어야 진정한 자기 것이 된다는 사실 역시 기억하기 바란다. 이 사실은 컨닝 페이퍼를 만들어 본 사람이라면 너무나 잘 알 것이다. 컨닝 페이퍼를 만들기 위해 요약하고 또 요약하다 보면 표를 만들 정도로 내용이 요약된 후에는 컨닝 페이퍼가 더 이상 필요 없어지는 경험을 해 본 사람은 정리하는 것의 효과를 누구보다도 잘 알 것이다. (만들어 봤냐고? 노 코멘트~~~)

(9) 마인드맵으로 외우기

마인드맵(maind map)은 '생각 그물' 만들기라고 할 수 있는데, 마음속에서 생겨나는 생각, 상상, 읽고, 분석하고, 기억하는 모든 정보를 자기 자신만의 독특한 이미지와 핵심 단어, 색상 및 상징적 부호 등으로 자유롭게 펼쳐 보고 독창적이고 종합적인 구조로 조직화해서 다양한 방식으로 표현한 것을 말한다. 예를 들어, 여행을 가려고 할 때, 어디로 갈까, 누구와 갈까, 무엇을 볼까, 밥은 어디서 먹을까, 무엇을 타고 갈까를 결정해야 한다. 이때 마인드맵으로 정리를 해 보면 좋다. 공부한 내용도 마찬가지 방식으로 정리해 보면 기억이 훨씬 더 잘될 것이다.

방법은 다음과 같다. 준비해야 할 것으로는 종이와 필기구다. 필기구는 다양한 크기, 색상, 굵기로 준비하면 좋고, 종이는 아무런 줄이 없는 백지가 가장 좋다. 이제는 생각을 하면서 마인드맵을 그리면 된다.

먼저 중심 이미지, 즉 핵심 주제를 정한다. 종이를 가로로 길게 놓고 종이의 가장 중앙에 생각하고 있는 문제와 기억해야 할 것의 핵심을 나타내는 그림이나 기호/대표어를 쓴다. 이때 영상 이미지를 다양한 방식으로 나타내도록 한다. 자신만의 방식으로 그림을 그려 넣어 기억하기 편하게 하는 것이다.

두 번째 단계는 주가지를 그리는 것인데 핵심 주제에 딸린 하위 주제를 그려 넣는다. 두꺼운 펜으로 중심 이미지, 핵심 주제에 가까운 선 모양을 그리는데, 이때 자신이 좋아하는 색으로 표시를 하도록 한다. 주제별로 가지 위에 핵심 단어(한 단어) 쓰기 또는 그림으로 나타낸다. 그림과 주제어가 일치해야 기억하기가 편하다.

세 번째 단계는 부가지를 그려 넣어서 좀 더 작은 부주제를 적어 넣는 것이다. 주제로부터 부주제로 관련된 가지를 친다. 부주제는 앞의 가지를 명확하게 하거나 상세하게 하는 역할을 하고 비교적 세부적인 사항을 설명해 놓아도 좋다.

마인드맵을 만드는 방법에 대해 마인드맵을 그려 본다면 다음과 같은 그림이 될 것이다. 여러분도 한번 만들어 보자. 자신이 원하는 대로, 기억하고자 하는 내용을 여러 가지 색깔과 그림, 기호, 화살표를 이용해서 다음과 같은 체계적인 모양으로 기억을 하면 이후에라도 기억을 하기가 더 쉽다.

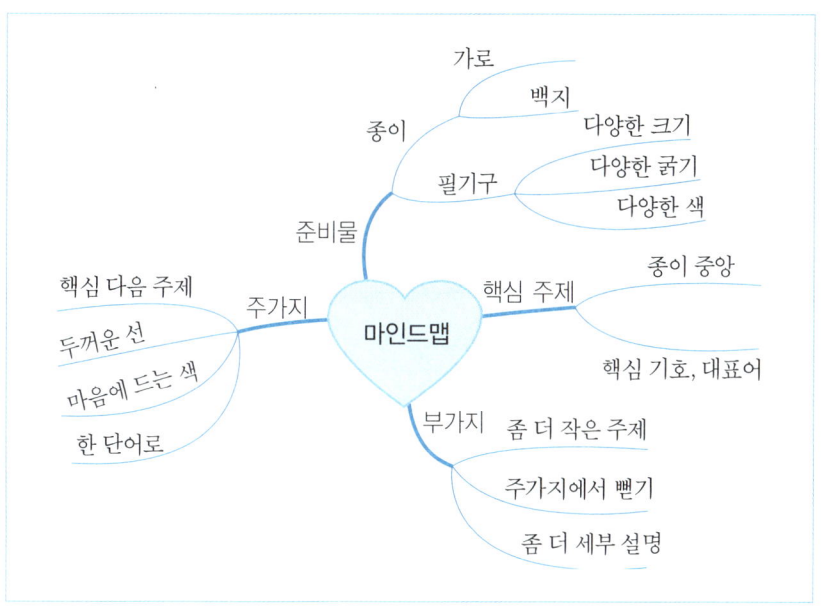

4) 나는 나! 내 특성에 따라 다르게!

앞서 설명한 아홉 가지 암기법 중에서도 자신의 지적 능력의 특성에 따라서 더 잘 되는 암기법이 있을 것이다. 자신의 재능에 따라 더 잘되는 방법을 개발하자.

또 집중이 잘되는 시간대도 개인차가 있을 것이다. 새벽에 힘이 나고 머리가 맑은 참새형인가? 아침에 일어나기가 죽기보다 힘들고 남들 자는 한밤중에는 내 세상인 올빼미형인가?

참새형이라면 이른 아침은 암기하기에 적합한 시간이고 잠에서 깬 후라 피곤하지 않으므로 싫은 과목을 정복해 보면 효과적이다. 또 머리가 비교적 맑아서 실수를 적게 하므로 산수(수학)나 자연(과학) 같은 과목을 하면 좋다. 또 참새형은 시험에 강한데 잠에서 깬 후 몇 시간이 지나면 시험시간이 시작되는 생활 리듬이라서 가장 머리가 맑은 시간에 시험을 치르기 시작하게 되므로 시험 직전 공부를 하기에 적당하다.

올빼미형이라면 밤은 머리가 피곤한 시간대라서 외우는 것을 하기에는 어려움이 많지만, 잠들기 약 10분 전에 집중해서 외우고 잠들면 의외로 암기 효과가 크다. 또 머리에서 창의적이고 빛나는 생각이 마구 샘솟는 시간이므로 글짓기를 한다거나 뭔가 창의력을 필요로 하는 공부에 적당하고, 멋진 암기법을 고안하거나 개발하기에 유리할 수도 있다.

그러나 사람도 동물이니만큼 대체로 밤에 머리를 쓰는 것은 비효율적이다. 그럼 올빼미형은 어떻게 할 것인가? 보통 잠버릇이 좋고 누우면 잠이 잘 드는 친구들이 참새형이라 할 수 있고, 잠버릇이 안 좋고 누워도 잠을 잘 못 드는 친구들이 올빼미형이다. 따라서 잠버릇을 고치고, 누우면 금방 잠들 수 있는 습관을 길러서 참새형으로 바꾸는 것이 어떨지? 정 바꾸기가 힘들다면 낮잠은 어떨까? 식후에 잠깐 동안 낮잠을 자면 수업시간에 졸거나, 아침에 정신을 차리기 힘들다거나 하는 것을 해결하는 데 도움이 될 것이다.

5) 외울 때 주의할 점

앞에서 효과적으로 외우는 방법을 크게 아홉 가지로 나누어 이야기했다. 그런데 이런 외우는 방법을 알고 그대로만 한다고 해서 효과적인 암기가 되는 것이 아니다. 외울 때 주의할 점들을 잘 알고 실천하지 않으면 효과가 떨어진다. 이 주의점은 외울 때 특히 중요하게 생각해야 할 점이지만 전체적인 공부 모두에 해당하는 것이므로 잘 읽어 보기 바란다.

- 집중이 잘되는, 즉 머리가 맑은 시간을 택해서 외워라: 잠에서 깬 후 3~4시간 후
- 적당히 쉬어 가며 해야 잘 외워진다: 단, 놀지 말고 쉬어라.
- 조금씩 잘라서 공부한 후 바로바로 확인하라: 암기 효과를 높인다.
- 늦어도 이틀 안에 반복 학습하라.

(1) 집중이 잘되는, 즉 머리가 맑은 시간을 택해서 외워라

공부라는 것이 원래 집중을 해야만 할 수 있는 것이지만, 여러 가지 공부 방법 중 외우기만큼 고도의 집중을 필요로 하는 것은 없다. 이렇게 고도의 집중이 필요한 것이니만큼 집중이 잘되는, 즉 머리가 맑은 시간을 택해서 외우기를 해야 효과적이다. 하루 중 가장 집중이 잘되는 시간에는 밥을 먹거나 텔레비전을 보고, 집중력이 떨어지기 시작하는 시간에 숙제를 하고, 집중력이 엄청나게 떨어졌을 때 외우기를 한다면, 다른 사람과 똑같은 하루 24시간이지만 시간을 효율적으로 사용한 친구들에 비해 하루를 열 몇 시간 밖에 못 쓴 셈이 된다. 그 정도로 손해다.

가장 집중이 잘되는 시간을 찾아서 그 시간대를 이용하여 외워라! 앞에서 말했듯이 참새형도 있고 올빼미형도 있으니까 말이다. 그 밖에도 여러 가지 개인적인 상황의 차이가 있을 수 있다. 집이 시장 근처라서 저녁 때 더욱 소란하다면 저녁에는 외우기 같은 것을 하기 어려울 것이다. 몸이 약해 학교에서 돌아오면 이내 젖은 솜처럼 피곤해지는 사람이라면 밤에는 외우기를 하기 힘들 것이다. 자기만의 여러 상황들을 고려해서 가장 좋은 시간을 선택해서 외우기를 하고 집중이 잘 안 되는 시간에는 숙제나 암기 카드 만들기, 시험지 정리하기 등과 같이 좀 단순한, 즉 집중을 그다지 많이 필요로 하지 않는 공부를 하는 것이 현명하다.

집중이 잘되는 시간을 전혀 못 만들어 내겠다고? 설마! 잘 생각하면 만들어 낼 수 있다. 가족들이 텔레비전을 보는 시간이나 부모님이 시끄럽게 다투시는 시간이 바로 내가 집중이 잘되는 시간이라면 이어폰을 귀에 꽂고 마음을 편안하게 안정시켜 주는 클래식 음악이나 경음악을 들어라. 바깥이 아주 시끄러운 낮시간이 집중이 잘되는 시간이라면 학교나 도서관, 독서실로 가라. 황금 시간대를 찾는 연습은 제3부의 집중력 관리에서 연습해 보기로 하자.

(2) 적당히 쉬어 가며 해야 잘 외워진다

사람은 원래 오랫동안 집중하지 못하게 되어 있다. 인간의 뇌가 그렇게 되어 있기 때문에 아무리 오랜 시간 집중해서 공부를 하려 해도 뇌가 말을 듣지 않는다. 우리는 공부는 물론 모든 생활을 뇌에 의존한다. 따라서 뇌가 탈나면 정상적인 생활을 못하게 된다. 이렇게 중요한 뇌이니만큼 하고 싶은 대로 멋대로 뇌를 다루어서는 안 되며, 그렇게 다루어지지도 않는다.

여러분이 한 시간이고 두 시간이고 계속해서 외운다거나 공부를 하고 있으면 뇌는 자기 주인인 여러분을 째려보면서 이렇게 말할 것이다. '아니, 지금 누구를 과로시키는 거야? 난 더 못해! 차라리 배 째라고!' 그러고는 뇌는 더 이상 받아들이지 않는다. 이렇게 되면 여러분은 이런 것을 느끼게 된다. '왜 이렇게 머리가 뻑뻑하고 머리에 잘 안 들어가지? 잘 안 외워지네!' 그러니 적당히 공부하고 쉬어 주어야 뇌가 함께 쉬고 다시 기운을 차린다. 뇌는 이렇게 말할 것이다. '아, 이제 살겠네……. 좋아, 다시 넣으라고! 이제 다시 받아 주지!' 뇌는 아주 까다로운 놈이다. 싫증을 아주 잘 낸다. 사람에 따라 다르겠지만 쉬어 가면서 해도 똑같은 과목을 계속해서 하면 또 뇌가 싫어한다. '아니, 뭐야? 지루하게……. 똑같은 것만 하고 있잖아! 나 안 해! 나 못해! 네 맘대로 해 봐! 난 못 넣어 줘!'

따라서 성격이 다른 과목을 번갈아 가면서 하는 것이 똑같은 시간 공부해도 더 많이 공부하는 효과를 가져온다. 국어나 사회 다음에는 수학이나 과학을, 수학이나 과학 다음에는 영어를 공부하는 것이 국어 다음에 사회를, 사회 다음에 국사를 하는 것보다 훨씬 능률적이다.

공부에 집중하는 시간은 중학생이라면 40~60분 정도 공부하고 10~15분 정도 쉬고, 고등학생이라면 50~60분 정도 공부하고 10분 정도 쉬면 좋겠다. 개인차가 있으므로 자기 자신이 끈기가 많은 편이라면 1시간에서 1시간 30분, 끈기가 부족하다고 생각되는 사람은 40분에서 1시간이 지나면 10여 분을 쉬는 것이 좋다. 외우기는 많이 집중해야 하니까 더 자주 쉬어야 할 것이다. 그리고 외우기를 할 때는 15분 정도 외우고 5분 정도 쉬는 것이 좋다. 여기서 명심해야 할 것은 쉬는 시간에는 놀지 말고 쉬라는 것이다. 여러분은 공부하다가 중간에 쉴 때 무엇을 하는가? 만화를 보는가? 텔레비전을 보는가? 아니면 재미난 책을 읽어? 동생이랑 레슬링을 한다고? 게임을 하는 친구도 물론 있겠지? 메일 체크나 채팅, 아님 트위터를 하나? 가만히 앉아서 먼 산 보고 있다고? 음료수를 마시기도 하고? 음악을 듣는다는 친구도 있군. 앗, 방청소를 한다는 친구도 있네?

앞에서 뇌는 까다롭고 싫증을 잘 내는 놈이라는 얘기를 했는데, 예를 들어 여러분이 45분 동안 '문치주의, 황제권 강화, 사대부' 어쩌고 하면서 사회 공부를 열심히 하고 좀 쉬려고 텔레비전을 켰더니 좋아하는 연예인이 나와서 좋아하는 노래를 부르고 있다. 그래서 '앗, 신난다!!!' 하고는 어깨까지 들썩이면서 흥얼흥얼 따라 불렀다. 한 10여 분간 그렇게 텔레비전을 보고 들어와서 다시 사회책을 펼쳐 공부를 시작했다. 여러분의 뇌가 어떤 놈이라는 것을 생각하면서 대답해 보라. 여러분의 뇌는 문치주의, 사대부 어쩌고를 더 좋아하고 받아들이겠는가, 아니면 인기가요나 가수를 더 좋아하면서 쏙쏙 머리에 넣겠는가? 당연히 후자다. 즉, 열심히 공부를 했어도 그 다음에 그것보다 더 자극적인 어떤 활동을 해 버리면 뇌는 먼저 머리에 넣어 놓은 것을 쫓아내고서 더 자극적인 내용을 받아들인다. 이것을 좀 어려운 말로 '간섭 효과'라고 한다. 공부를 한 후에 이어서 한 자극적이거나 성격이 아주 다른 활동은 이전에 공부한 것을 '간섭'해서 흩어버린다는 것이다.

쉬는 시간에 동생 혹은 친구와 나가서 신나게 농구를 하고 혹은 레슬링을 하고 코피까지 터져서 들어왔다고 하자. 역시 '간섭 효과'가 생긴다. 만화나 오락, 재미난 책 같은 것들은 그런 '간섭 효과'를 일으킨다.

그럼 공부를 하고 난 다음에는, 외우고 난 다음에는 무엇을 해야 그 내용이 머릿속에 잘 보관될까? 학자들이 연구한 것에 따르면 자는 것이 1위라고 한다. 그런데 45분 공부하고 두어 시간 자고 또 일어나서 50분 공부하고 두어 시간 누워 잔다면? 이는 배보다 배꼽이 큰 격이다. 잠자는 것이 효과는 좋지만 이 방법은 안 되겠다. 밤에 열심히 공부하고 바로 잠자리에 드는 것은 괜찮겠지만, 낮이나 저녁에 지속적으로 하는 공부라면 잠은 안 되겠다. 그럼 1위가 안 되니 차선책으로 2위라도 해 봐야겠지? 2위는 쉬는 것이라고 한다. 그럼 어떤 것을 쉰다고 할 수 있는가?

공부를 하다가 쉬는 것은 지친 몸을 편히 쉬게 하려는 것이 아니고 뇌를 쉬게 해 주려는 것이다. 뇌를 쉬게 해 준다는 것은 공부를 하는 동안에 뇌를 사용해서 뇌까지 맑은 산소가 충분히 공급되지 않았던 것을 좀 쉬면서 뇌까지 신선한 산소를 많이 보내 주는 것이다. 뇌까지 산소가 가려면 보다 많은 산소를 충분히 공급해 주면서 뇌 이외의 다른 곳에 산소가 많이 쓰이지 않도록 해야 한다. 그러려면 몸을 편안히 해 주면서 숨을 깊이 쉬고 마음도 편안히 가져야 한다.

그러니 앞에서 한 질문에 대해 편안히 앉아서 먼 산 보며 쉰다는 친구는 뭘 좀 아는 친구다. 음료수를 마시거나 조용한 음악을 듣는 것도 심신을 편안히 하는 방법이다. 음악도 조용한 음악을 들어야 한다. 클래식이나 세미클래식, 부드러운 경음악들, 가사가 있더라도 알아듣지 못하는 팝송이나 샹송, 그것도 좀 발라드한 것들이 좋겠다. 그러나 자극적인 재미난 일을 하는 것은 쉬는 것이 아니라 노는 것이다. 공부하다가 중간에 잠시 멈출 때는 놀지 말고 쉬자.

(3) 조금씩 잘라서 공부한 후 바로 확인하라

'반복학습의 효과'라는 것이 있다. 여러 번 반복하면 훨씬 기억이 잘된다는 것이다. 그런데 반복을 하더라도 공부를 해서 외운 즉시 하는 것이 효과가 있다. 만약에 '나는 앞으로 6시간 동안 사회 시험 범위 120쪽을 다 공부하고 외운 다음에 2시간 동안 미친 듯이 놀아야지.' 하고 야무진 계획을 세웠다면 분명히 실패할 것이다. 여러분이 공부를 해 나갈 때 뒷부분을 공부하고 외우는 동안에 앞에서 공부한 것들은 서서히 잊혀져 가고 있다. 따라서 한 단원을 공부하고 나서 다시 검토하고 문제를 풀면서 제대로 잘 외웠나 확인학습을 한 다음에 다음 단원으로 나가는 식으로 그때그때 즉시 반복 확인학습을 하는 것이 효과적이다.

되도록이면 조금만 외우고 나서 잘 외웠는지 스스로 확인해 보는 것이 좋다. 그 시간은 물론 개인차가 있으므로 스스로 조절해야겠지만, 내 개인적인 경험으로는 8~10분 외우고 2~5분 확인하고 5분 쉬는 식으로 하는 것이 가장 효과적이었다. 그리고 확인뿐 아니라 외울 때도 적어도 3번 정도는 반복해서 외운다. 여러 번 보고 외우는 것이 지루하면 목소리의 높낮이를 바꿔 가면서 자신의 몸을 최대한 동원하여 외우면 덜 지루하고 외우기도 잘된다. 나는 각 지방 사투리를 섞어서 쓰면서 여자 목소리를 냈다가 남자 목소리를 내는 방식으로 지루함을 달랬다. 자기 나름대로 덜 지루하게 공부하려는 노력을 해 보자.

자주 짧게 끊어서 공부하고 확인하는 것은 사람의 뇌가 그렇게 되어 있기 때문이기도 하고 또 '마감 효과'가 생겨서 집중이 잘되는 효과도 있다. 마감 효과라는 것은 무슨 일이나 과제를 완성할 때 마감 시간이 다가오면 정신이 바짝 드는 것을 이용하는 것인데 이렇게 하면 주의집중이 아주 잘

된다. 나처럼 집중을 잘 못하고, 공부할 때 잡념이 많고, 그러면서도 성격이 느긋해서 답답한 것이 없는 사람들은 마감 효과를 이용해 보는 것이 어떨까? 예를 들면, '앞으로 50분 동안 10과의 영어 단어·숙어를 다 외운다!' 하고 크게 목표를 잡고 50분을 그냥 하는 것이 아니라 '5분간 영어 단어를 7개 외운다! 그리고 나서 그다음 5분간 또 7개를 외운다!'와 같이 짧은 목표 여러 개로 나누어 세워서 5분간 정신을 집중해서 열심히 외우는 것이다. 그러나 이렇게 하지 않아도 50분 동안 잘 집중할 수 있는 사람은 내 말에 신경 쓰지 않아도 좋겠다.

잘 외웠는지 확인하라는 것을 너무 시간이 많이 걸리고 힘겨운 일로 생각하고 부담감을 가지지 않았으면 좋겠다. 확인은 꼭 문제집을 푼다거나 하는 거창한 것이 아니고 외워야 할 내용을 종이로 가리고서 혼자서 외운 내용을 입으로 말해 보는 정도를 말하는 것이다.

이 확인학습을 짧고 간편하게 잘하면 시험공부를 할 때도 짧은 시간에 많은 양을 외울 수 있다. 예를 들어, 한문 같은 것은 평소에 조금씩 외워 두는 것이 바람직하지만 사실 쉽지 않다. 나도 시험 때가 되면 당일치기로 한문을 공부하곤 했었는데[2] 짧은 시간에 많은 한자를 외울 수 있었던 것은 짧게 잘라서 조금 외우고 잘 외웠는지 확인하고 또 조금 외우고 확인하는 방법을 사용했기 때문에 가능한 일이었다. 방법을 모르는 친구들도 있을 테니 내가 어떻게 공부했었는지 이야기하겠다.

암기 카드(혹은 독서 카드) 한 장[3]에 5개의 한자를 적는데 세로로 줄을 잘 맞추어서 내용을 적는다. 좀 큰 종이에 적을 때는 종이에 줄을 맞춰서 쓰고

---

2) 지나 놓고 보니 당일치기로 공부하는 것은 정말 좋지 않은 방법이다. 그때는 늘 한문 성적이 좋았지만 지금은 한자를 너무 모른다. 당일치기한 그때뿐이고 고등학교를 졸업하고 나서는 기억하고 있는 한자가 별로 없다. 한자는 평소에 공부하고 평소에 익혀 두자. 뒤늦게 후회하는 선배의 충고!

3) 가장 작은 규격의 암기 카드는 한 손에 쏙 들어가는 작은 크기라서 가지고 다니면서 어디에서나 공부하기에 편리하다. 시중에 파는 한자단어집 같은 것도 좋지만 나는 내가 필요한 사항만을 외울 수 있고 또 쓰면서 외워지는 효과도 있기 때문에 이 방식을 더 좋아한다.

다섯 개마다 선을 그어 둔다. 다음 그림을 참고하라.[4]

그리고 다섯 글자씩 외우는데, 종이에 적힌 전체 내용을 다 외운다. 다 외운 다음에는 가장 왼쪽에 있는 한자만 남기고 모두 가린 다음 뜻과 음을 잘 외웠는지 확인한다. 잘되지 않는 것은 뜻 앞에 작은 점을 찍는다든지 해서 자신이 알아볼 수 있는 표시를 한다. 그리고 부수와 획수를 확인하고 잘되지 않는 것은 역시 부수 앞에 표시를 해 둔다. 마지막으로 가린 부분을 반대로 하여 글자를 가리고 다른 것을 보면서 글자를 써 보는데, 여기서 예로 든 '달아날 주'자처럼 제부수인 글자는 부수만 보면 글자를 다 쓸 수 있으므로 철저하게 하려면 뜻과 음만 보고 글자를 써 보는 것이 가장 좋다. 여기서도 제대로 쓸 수 없는 글자는 글자 앞에 표시를 해 둔다.

표시한자	뜻	음	부 수	부수 외(총획)	기 타
天	하늘	천	大	1(4)	상형
地	땅	지	土	3(6)	A
愛	사랑	애	心	9(13)	♡
走	달아나다	주	走	0(7)	走馬看山
學	배우다	학	子	13(16)	공부는 자식이…

_____과   No. _____

그리고 다시 다섯 글자를 외우고 확인하여 잘 안 되는 것은 표시를 한다. 이런 식으로 외우고 확인하는 과정을 반복적으로 해 나가다가 표시된 것의 개수가 다섯 개가 되면 그 과정을 멈추고 표시된 것들을 다시 꼼꼼히 잘 외

---

[4] 표시한자, 뜻, 음, 부수 등의 표시는 익숙해지면 적을 필요가 없다. 그냥 한자 등 필요한 사항을 줄만 잘 맞춰 적으면 된다. 머릿속 고생은 물론 가능하다면 필기 같이 손발이 하는 고생은 적게 하고 학습의 효과를 올리자는 것이 나의 기본 철학이기도 하고, 여러분에게 전하려는 핵심 요점이기도 하다.

운다. (또 틀리면 스스로 창피하니 잘 외워야겠지?) 다시 잘 외운 다음에는 표시된 것만 종이로 가려 다시 확인한다. 또 틀렸다면 표시를 덧붙인다. 내가 하는 방식으로 하자면 점 위에 작은 동그라미를 하나씩 덧붙이는 것이 되겠고 여러분도 나름의 표시방법을 개발하여 하면 된다.

그다음 같은 방식으로 다시 진도를 나간다. 앞에서 설명한 점찍기, 동그라미하기까지의 과정을 계속하는 것이다. 그러다가 동그라미된 것의 개수가 다섯 개가 되면 역시 하던 과정을 멈추고 동그라미된 것들만 다시 외운 다음에 확인해 본다. 또 틀렸다면 그 위에 또 표시를 한다.

이런 식으로 계속 해 나간다. 여러분이 한 번 틀린 다음에 잘 외우기만 한다면 동그라미 두 개가 넘는 무지막지한 놈들은 출현하지 않을 것이다. 이렇게 하면 많은 양을 한꺼번에 외우지 않아도 되기 때문에 쉽게 외울 수 있고 즉시 반복 확인학습을 했기 때문에 머릿속에 오래 남게 된다. 게다가 외워야 할 전체 내용을 놓고 보면 엄청나게 많아서 마음에 부담이 되고 외우는 과정이 끝이 없는 길 같지만 다섯 개씩 잘라서 한걸음씩 나가다 보면 어느새 '야아, 다 외웠구나.' 하게 된다.

다른 과목도 마찬가지다. 자주 확인하면 암기에도 도움이 되고 반복학습의 효과가 생겨서 외운 것이 훨씬 오랫동안 기억에 남게 된다. 공부할 범위가 50쪽이면 '어휴, 이걸 언제 다 하지!?' 하고 엄두가 안 나겠지만, 그것을 2~3쪽씩 잘라서 조금씩 외우고 확인해 나가다 보면 어느새 다 외우게 된다.

(4) 늦어도 이틀 안에 반복학습하라

어떤 학자가 반복학습의 효과에 대해서 연구했다. 집단을 둘로 나누어서 같은 내용의 공부를 하게 한 다음에 한 집단은 이틀 동안 나가 놀게 그냥 내버려 두고, 다른 한 집단은 그동안 두 번 복습을 하게 했다. 정확히 이틀 뒤에 그 내용을 시험으로 확인했더니 나가 놀게 한 집단은 전체 공부한 내용의 4/5를 잊어버렸고, 두 번 복습한 집단은 1/5만 잊어버렸다고 한다. 두 번의 복습이 1/5과 4/5의 차이, 즉 4배의 차이를 가져왔다.

"어이구, 두 번이나 어떻게 복습을 해요! 안 그래도 공부할 것이 많아서 정신이 하나도 없는데!" 아니다. 두 번 복습할 수 있다. 이것은 내가 했던 방법이고 공부 잘하는 학생들이 하고 있는 것인데, 다음과 같이 하라는 것이다.

자, 학교에서 선생님이 수업을 마쳤다. 그러면 '차렷, 경례!' 하고 인사가 끝나면 대부분의 학생들은 그때부터 논다. 그럴 게 아니라 화장실에 갈 일이 있으면 가능한 빨리 눈썹을 휘날리며 뛰어가면 1등으로 볼일을 볼 수 있다. 냄새 나는 그곳에서 볼일을 보려고 줄 서서 허리춤을 쥐고 있는 것은 정말 시간도 낭비고 별로 유쾌하지 않은 일 아닌가! 후딱 볼일을 보고 교실에 오면 시작 벨 울리기 전에 적어도 3~5분의 시간이 남는다. 그시간에 직전 수업시간에 공부한 내용을, 선생님이 필기를 잘해 주는 과목은 공책을 보고, 교과서 위주의 과목은 책을 보는데, 그냥 잠깐만 훑어 보는 것이다. '이게 중요한 거였지. 이거는 좀 어려운 것 같던데.' 하면서. 그리고 수업 시작 벨이 울린다. 선생님이 교무실에서 출석부와 교재를 챙겨서 교실까지 올라오려면 한 3~5분 걸리지 않는가. 그 시간에 그 과목을, 며칠 전 수업 시간에 수업한 내용을 중요한 것, 내가 이해하기 어려웠던 것만 골라서 슬쩍 훑어보는 거다. 그러면 두 번 복습한 것이 된다. 거기다가 집에서 숙제를 한다거나 책가방 챙길 때 어차피 책, 공책을 꺼내서 챙겨야 하니까 그때 잠깐 펼쳐서 읽어 보면 그게 몇 번인가? 이렇게 반복학습을 하면 그 효과는 여러분이 문제집을 풀어 보거나 시험을 볼 때 확실히 나타난다. 의심쩍으면 당장 한번 해 보라. 효과가 어떤가!

그리고 적어도 이틀 안에 반복/확인학습하라. 이틀이 넘어가면 너무 많이 잊어버려서 다시 되살리기가 힘들다. [그림 6-1]의 망각 곡선을 보자. 학자에 따라 수치는 조금씩 다르지만, 한 번 외워 둔 내용도 하루가 지날

때 쯤되면 2/3를 잊어버리고 이틀이 지나면 약 4/5 정도를 잊어버리게 된
다. 그리고 그 이후에는 더 이상 급속도로 잊어버리지는 않지만 이미 잊어
버린 것들은 서서히 굳어 간다. 그러니 그 전에 다시 한번 더 반복해서 기
억 속으로 불러들여야 한다.

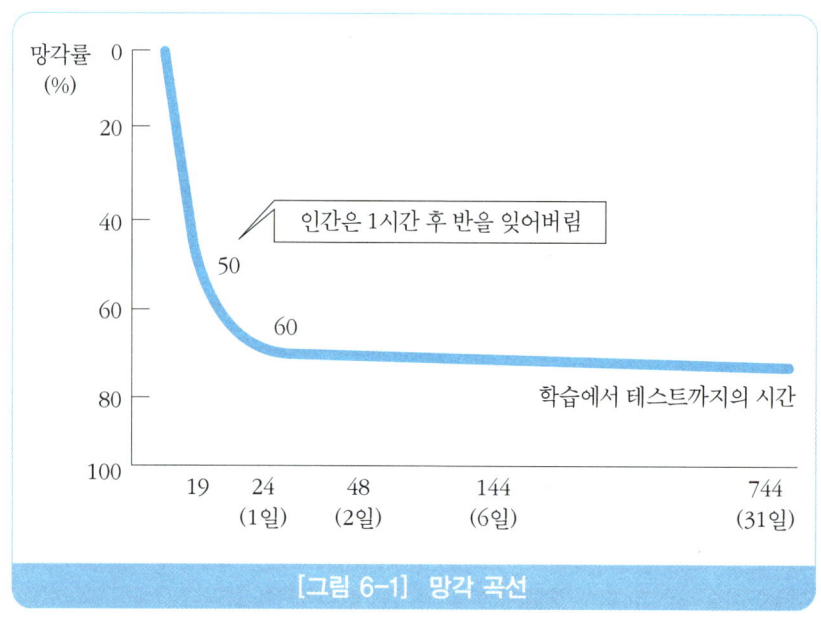

[그림 6-1] 망각 곡선

효과적 암기를 위한 그 밖의 조언

첫째, 공부방에 푸른 잎의 화분을 많이 놓아 주세요. 많은 연구들에 따르면 공부하는 주변에 푸른 식물을 많이 키우면 좋다고 합니다. 푸른 식물은 뇌를 신선하게 해 주는 산소를 공급하고, 색채심리학적으로도 녹색은 살풍경한 환경에 비해 60%나 피로 회복이 빠르고 15% 정도 집중 지구력을 증대시킨다고 합니다.

둘째, 공부할 때 음악을 듣는 것은 효율적일 수도 있습니다. 그러나 공부에 방해되는 음악도 있고 도움을 주는 음악도 있습니다. 공부에 지장을 주지 않고 오히려 주변 소음을 차단해 주고 정신을 집중시키는 데 도움을 주는 BGM(back-ground music) 종류를 듣는 것이 좋습니다. BGM으로는 사람이 가장 정신적으로 안정되어 있고 α파가 많이 생성되는 상태의 맥박수와 일치하는 리듬을 가진 바로크 음악이 가장 좋습니다. 그러나 바로크 음악이 맞지 않는다면 태교음악, 세미클래식, 명상음악 등 차분한 종류의 음악을 들어도 괜찮습니다.

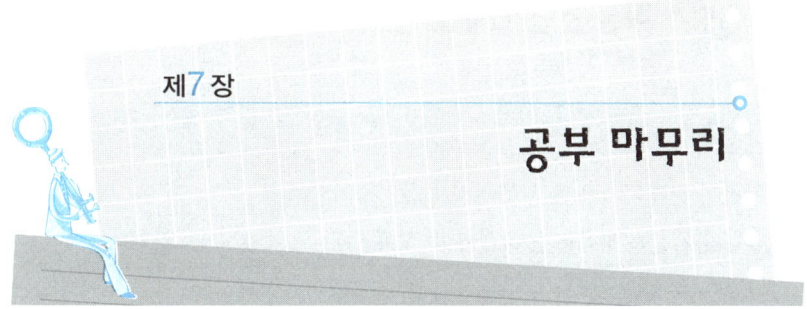

제7장

공부 마무리

1. 배운 내용 나의 것으로 만들기

1) 무 엇

'배운 내용 나의 것 만들기'는 공부한 내용을 완전히 소화하고 이해하여 자기의 것으로 만들어 나가는 단계다. 즉, 읽고 외운 것을 다시 정리하여 내게 편리한 대로 정돈, 배열해 두는 것이다. 내용을 완전히 자신의 것으로 만들려는 노력은 기억에 오래 남도록 도와줘서 틀린 문제를 다시 틀리지 않도록 해 주며, 공부해 가는 과정에서 스스로 깨우쳐 가는 기쁨, 지식을 좀 더 확장해 나가는 즐거움을 맛보게 해 준다.

완전 이해 = 배운 내용 나의 것으로 만들기

2) 어떻게 하는 것인가 (방법)

배운 내용 나의 것으로 만드는 방법

- 완전히 이해되지 않은 부분의 내용을
  - 구체적으로 확인하고 이해하기
  - 참고서, 자습서, 학습 백과사전 등 참고하기
  - 잘 이해되지 않는 부분의 앞뒤를 집중적으로 읽어서 이해해 보기
- 문제집, 스스로 만든 문제를 풀어 보기
  - 틀린 문제는 틀린 원인을 파악하고 확실히 정리해 두기
- 문제집 한 권으로 재활용하기
  - 연필/샤프로 연하게 답 표시하기
  - 채점: 틀린 것은 답 지우고 번호에 표시하기
  - 틀린 문제를 책이나 참고서를 통해 다시 정리, 이해, 표시, 기록한 다음 다시 한번 풀어 보면서 확인하기
  - 연필로 같은 과정을 다시 한번 되풀이하기
  - 잘 틀리는 부분을 분석하여 완전히 이해한 다음에 이해가 되었는지 확인해 보기

첫째, 이해할 때까지 교재를 읽는다.

읽고 외우기는 했지만 완전히 이해되지 않은 부분의 내용을 구체적으로 확인하고 이해하도록 해 본다. 무엇을 가지고 하는가? 참고서나 학원 교재, 문법책, 학습 백과사전 같은 것을 찾아보면서 이해해 나간다. 또 다른 방법은 잘 이해되지 않는 부분의 앞뒤를 집중적으로 읽어서 이해해 보는 것이다. 어떻게든 이해하려고 노력하면서 여러 번 읽다 보면 이해되지 않던 것이 어느 순간에 '아하!' 하고 이해되는 경우가 있다.

'배운 내용 나의 것 만들기'의 구체적인 예를 들어 보자. 역사 과목에서 어떤 역사적 사실이 이해가 되지 않는다면 전에 배운 내용과 관련시켜서 시대별로 비교 · 정리해 보는 것, 수학에서 함수의 차수별 정리를 다른 풀이방법으로 풀어 보는 것, 영어에서 to 부정사 문제를 틀렸을 때 문법책에서 부정사 부분을 찾아서 다시 한번 잘 읽어 보는 것, 국어에서 수사법이 이해 안 되는 부분이 있으면 교과서나 자습서의 그 부분을 꼼꼼하게 읽어 보고 정리해 두는 것 등을 들 수 있겠다.

둘째, 문제를 풀어 본다.

쉽게 정리하는 방법으로 문제집이나 스스로 만든 문제를 풀어 보는 것이다. 단, 틀린 문제는 틀린 원인을 파악하고 확실히 정리해 두어야 한다. 그래도 이해가 되지 않는 것은 선생님이나 친구들에게 물어서 확실히 이해되도록 한다.

문제를 풀어서 틀리면 '에이, 꼴보기 싫어!' 하고는 다시 들여다보지 않고 넘어가고 다른 문제집을 풀어 보는 친구들도 있다. 틀린 문제를 그냥 넘어가면 중요한 시험에서 또다시 틀릴 가능성이 높다. 문제집을 여러 권 푸는 것보다 한 권이라도 확실히 틀린 문제를 확인하고 정리해 두는 것이 시간이 적게 걸리고 기억도 잘된다는 사실을 꼭 명심하자.

왜 그럴까? 문제집을 만드는 출판사마다 좋은 문제를 나름대로 모아서 문제집을 만들지만 잘 살펴보면 그중에서 많은 부분이 겹친다는 사실을 발견할 수 있다. 그런데 문제집을 한 권 풀고 나서 틀린 문제를 다시 보지 않고 새 문제집을 푼다면 거의 똑같은 문제를 두 번 푸는 셈이다. 이미 맞춘 문제를 다시 푸는 것은 시간 낭비이고, 틀린 문제만 또 푼다고 해도 '내가 어느 문제를 틀렸더라?' 하고 찾는 데 시간을 허비하게 되고, 틀린 문제를 열심히 정리하고 공부하지 않은 상태에서 풀어 봐야 대부분의 문제를 또 한 번 더 틀릴 뿐이다. 차라리 한 권을 풀면서 틀린 문제를 완전히 정리하고 그 문제를 다시 풀어 보는 것이 짧은 시간에 보다 많은 양을 정리하는 것이 된다.

나는 암기과목과 국어의 경우에는 한 과목당 한 권의 문제집만 풀었다. 문제집 살 돈이 없어서 한 권 밖에 못 샀던 것은 아니다. 한 권으로 여러 번 공부하는 것이 훨씬 효과적이었기 때문이다. 한 권만 사서 공부하는 것으로 나는 어머니와 이런 협상을 했다. "엄마, 있잖아요. 문제집 한 권으로 여러 번 공부해서 몇 권 푸는 효과 이상으로 성적을 얻을 테니까 문제집 또 한 권 사 준다 셈치고 문제집 반권 값만 주세요."(설명을 잘해야 한다. 어머니가 납득하실 수 있도록.) "그래? 음……. 근데 돈 받아서 뭐 하려고?" "보고 싶은 책이 있는데 그거 사 보려고요." 이 대목에서 어머니도 생각을 해 보신다. 잘 생각하면 여러 권 사 주는 것보다도 효과 면에서나 경제적인 면에서 이득이다. 그런 판단이 서면 이렇게 대답하신다. "그래, 여기 있다." 나는 그 돈을 모아서 보고 싶은 책도 사 보고, 친구들이랑 시험 끝나면 만화도 빌려 보고, 영화도 보러 가고, 떡볶이도 사 먹었다. 여러분도 이것이 효과적이라고 생각되면 부모님과 잘 협상해 보기 바란다. 이야기만 잘하면 여러분도 성공할 것으로 믿는다.

그럼 한 권으로 여러 번 보는 방법을 설명하겠다. 한 권을 여러 번 보려면 문제집의 문제를 풀 때에는 연필로 연하게 답을 표시해야 한다. 그래야 틀린 문제의 답을 깨끗이 지워서 전혀 안 보이는 상태로 새 문제집을 풀듯이 새 출발(?)할 수 있을 테니까. 문제를 풀면서 힌트를 참고해서 안 것은 △표를, 아예 모르는 것은 ∨표를 해 두고 다 풀고 나면 채점을 한다. 채점을 해서 틀린 문제와 힌트를 보고 맞추었거나 찍어서 맞춘 문제, 즉 정말 내 실력으로 맞춘 것이 아닌 문제의 답은 지우개로 깨끗이 지워서 보이지 않게 해 둔다. 그리고 틀린 문제의 번호 앞에는 ∨표도 지우고 나만 알아볼 수 있는 작은 표시를 해 둔다. 보통 나는 볼펜으로 작은 점을 찍어 두었다. 이렇게 해 두면 다른 사람이 봤을 때 이것이 볼펜 똥을 닦은 것인지 무엇인지 알 수 없다. 그렇게까지 할 필요가 뭐 있냐고? 나는 많이 틀린 것을 누가 본다는 것이 창피했다. 또 커다랗게 맞춘 문제에 동그라미하고 틀린 것에 엄청나게 큰 X를 그려 놓으면 그 문제집을 다시 볼 때 정신이 어지러웠다. 그래서 나는 작게, 보일 듯 말 듯하게 표시를 해 둔다.

이렇게 해 둔 다음에 틀린 문제와 찍어서 맞춘 문제를 책이나 참고서를 통해 다시 정리하고 이해한 다음[1] △표를 한 것과 점이 찍힌 문제를 다시 풀어 보면서 제대로 나의 것이 되었는지 확인한다. 이때도 연필로 풀어야 역시 같은 과정을 다시 한번 밟을 수 있으므로 반드시 연필로 연하게 표시해야 한다. 무엇보다도 중요한 것은 내가 잘 틀리는 부분을 분석하여 '완전히' 이해한 다음에 이해가 되었는지 확인해 보아야 한다는 점이다. 이렇게 세 번을 풀었는데도 시간이 남는다면 다른 문제집을 구입해서 한 권 더 풀어 볼 수도 있다. 그러나 과연 그렇게 시간이 남는 학생이 있을지 모르겠다. 만일 있다면 그 학생은 잠이나 제대로 자고 있는지 걱정이다.

만약에 자신이 시험을 본 다음에 시험지에다 보충 내용을 정리해 두듯이 문제집에 보충 내용을 정리해 두는 경우에는[2] 문제가 있는 부분이 아닌 여백 부분에 줄을 잘 맞추어 정리해 두어서 문제를 다시 풀 때에는 필통이나 책받침으로 그 부분을 가리고 풀어 보아야 한다. 그렇지 않으면 자신도 모르는 사이에 눈이 자꾸만 그 부분에 가서 힌트를 보고 풀게 된다.

말로만 설명하면 명확히 무슨 이야기인지 모르는 학생들도 있을 테니 문제를 놓고 함께 이야기해 보자. 문제는 이 책의 내용과 관련되는 것들이니 여러분이 잘 이해했는지 점검해 보는 기회가 될 것 같다. 한번 풀어 보라. 물론 답은 연필로 연하게 적는다.

---

1) 나는 이런 문제를 책으로 정리할 때 그 문제가 있는 책의 단원 제목 앞에다 역시 점을 찍어 둔다. 그래서 점이 많이 모인 단원은 다시 꼼꼼히 읽고 외우고 시험을 본다. 그래야 내가 풀어 보지 못한 생소한 문제가 나와도 자신 있게 풀 수 있으니까. 아무리 문제를 많이 풀어도 문제집에 없는 문제가 나오기 마련 아닌가!

2) 틀린 문제를 분석할 때 수학의 경우에는 오답 노트를 따로 만들어서 정리하고 분석해 두는 것도 좋다. 오답 노트 만드는 방법은 노트 정리 부분을 참고하기 바란다.

:: 문제 풀기 연습

1 효과적인 공부방법의 단계가 바른 순서로 연결된 것을 고르세요.

① 공부할 알맹이 찾기 → 능동적으로 읽기 → 효과적으로 외우기 → 나도 선생님

② 능동적으로 읽기 → 효과적으로 외우기 → 공부할 알맹이 찾기 → 시험 대비(심화학습)

③ 능동적으로 읽기 → 익숙해지기 → 효과적으로 외우기 → 나의 것 만들기

④ 공부할 알맹이 찾기 → 효과적으로 외우기 → 능동적으로 읽기 → 시험 대비(심화학습)

2 효과적인 공부방법의 단계 중 '공부 준비'와 가장 덜 비슷한 말을 고르세요.

① 준비…땅   ② 기지개

③ 인사하기   ④ 의식(조회)

3 다음 글은 효과적인 공부방법 가운데 어떤 단계를 설명한 것인가요?

> 오늘 혹은 지금 이 시간에 내가 공부하기로 한 내용들을 자세히 공부하기 전에 전반적인 짜임새와 중요한 낱말을 대충 살펴보는 단계다.

① 나도 선생님   ② 공부할 내용에 익숙해지기

③ 능동적으로 읽기   ④ 공부할 알맹이 찾기

4 다음 (   ) 안에 적당한 말을 적어 넣으세요.

> '능동적으로 읽기'란 의문들에 대한 (   )을 찾아보겠다는 마음으로 읽는 것이다.

※ 잘 읽고 올바른 글이면 ○, 틀린 글이면 ×를 하세요. 〈5~7번에 해당〉

5 읽으면서 줄을 칠 때 빨간색 펜을 많이 쓰는 것이 좋다. (　)

6 공부할 알맹이를 찾아서 그것을 중심으로 공부를 하면 공부할 분량이 줄어드는 셈이므로 효과적이다. (　)

7 '외우기'는 머리가 좋아야만 잘할 수 있다. (　)

8 빨리, 정확히 읽기 위해서 할 수 있는 방법이 아닌 것을 고르세요.

① 소리를 내지 않고 눈으로만 읽기
② 중요한 곳에 오래 눈 멈추고 보기
③ 모르는 낱말은 글 속에서 이해하고 넘어가기
④ 손가락으로 글 추적하지 않기

9 '효과적으로 외우기'에서 예로 든 '비타민 결핍' 중에서 비타민 E 결핍은 어떤 병을 일으킬 가능성이 높은가요?

① 구루병　　　　　　　　② 야맹증
③ 괴혈병　　　　　　　　④ 불임증

10 집중이 잘되는, 즉 머리가 맑은 시간은 잠에서 깬지 몇 시간 후인가요?

① 1~2시간　　　　　　　② 3~4시간
③ 5~6시간　　　　　　　④ 7~8시간

자, 예를 들어, 여기서 1번과 3번은 완전히 꽉 막혔고, 5번은 정확히 잘은 모르겠어서 대충 답을 적고 1, 3번 번호 앞에는 ∨표시를 하고, 5번 앞에는 △표시를 한다. 나중에 채점[3]을 하니 1, 5번을 틀렸고 3번은 맞췄다. 그러면 1, 3, 5번 번호 앞에다 볼펜으로 점을 하나씩 찍어 둔다. 그리고 1, 3, 5번은 표시와 답을 지워 둔다. 틀린 부분은 그 내용이 나오는 곳으로 돌아가서 단원 이름 앞에 점을 하나 찍어 두고 잘 공부한다.[4] 그리고 틀린 문제만 다시 풀어 본다. 만약 그중에서 5번을 또 틀렸다면 번호 앞에 찍은 점 위에다 작은 동그라미(◉)를 하나 한다. 역시 답은 지운다.

문제를 푼 다음에 지금 이 책의 내용에서 같은 식의 단계를 밟으면서 연습해 보기 바란다. 완전히 이해하여 맞춘 문제 이외의 문제는 번호 앞에 점을 찍고 답을 지운 다음에 그 관련 내용이 있는 단원으로 돌아가 표시하고 다시 읽어 본 다음에 이곳으로 돌아오라. 그리고 문제를 다시 풀어 보라.

이런 식으로 공부해 두면 시험준비 기간이 되었을 때 문제집에는 점이 하나 찍힌 문제, 점 위에 동그라미가 그려진 문제, 과녁 모양의 동그라미가 겹쳐진 문제 등이 생기겠고(·, ◉, ◎), 책의 각 단원 앞에는 빨간 점이 몇 개씩 찍힐 것이다. 점이 하나 찍혀 있는 문제는 한 번 틀렸으니 신경을 좀 써서 다시 보아야 할 문제라는 의미가 될 것이고, 동그라미 하나는 두 번이나 틀렸으니 신경을 좀 많이 써서 공부해야 할 문제라는 뜻이 된다. 동그라미가 두 개 이상인 문제는 내가 아주 약한 부분이고 따라서 시험에 나오면 틀릴 가능성이 아주 큰 문제이므로 열심히 공부해서 완전히 나의 것으로 소화시켜야 한다는 뜻이다. 교과서에서도 점이 많이 찍힌 단원은 역시 내가 약한 부분이므로 마무리할 때에 더 주의해서 공부해야 하는 부분이 된

---

3) 번호 순서대로 문제의 정답은 ①, ③, ②, 답, ×, ○, ×, ②, ④, ②

4) 자신이 그 과목에서 너무 실력이 부족해서 한 번 틀릴 때마다 점을 찍는다면 책이 온통 점 투성이가 된다고 생각하는 사람은 한 번 틀릴 때마다 표시하지 말고, 세 번 틀리면 표시하는 식으로 방법을 약간 바꾸면 될 것이다.

다. 이렇게 공부해 가며 반복해서 풀면 여러 번 틀릴수록 공부를 더 하게 되고 결국 시험에서 맞출 가능성이 높아진다. 단, 문제 앞에 찍힌 점이 30개 정도 모였을 때 두 번째 풀기를, ⊙이 또 30개쯤 모였을 때 세 번째 풀기를 하기 바란다. 틀린 문제가 몇 개 모이지 않았을 때는 기억이 아직 남아 있어서 확실히 알아서가 아니라 임시 기억으로 맞출 수가 있다.

평소에 이렇게 공부하면서 내가 알고 있는 부분과 모르는 부분을 분리해 나가면 시험이 다가와도 마음이 편안하다. 뭘 공부해야 할지 알고 있고 또 분류해 놓았으니 조금만 공부하면 되니까 말이다. 그렇지 않고 문제집을 누더기처럼 동그라미, 가위질하고 볼펜으로 커다랗게 번호를 적으면서 풀면 재활용을 못할 뿐 아니라 내가 이미 알고 있는 부분과 약한 부분이 구별이 안 되어서 마음에 부담만 많이 되고 공부할 분량은 줄지 않는다.

또 틀린 문제에서 난이도 구분을 해 놓으면 공부를 마무리할 시간이 얼마나 남아 있느냐에 따라서 문제집과 책을 적절히 검토할 수 있으니 매우 편리하다. 자, 국어 문제집에서 이번 시험 범위에 해당하는 문제 중 한 번 이상 틀린 문제는 총 30문제이고, 두 번 이상 틀려서 동그라미가 하나 이상 표시된 문제는 전부 20문제이고, 세 번 이상 틀린 문제는 10문제라고 하자. 내가 이미 푼 문제를 검토하는 것은 1분당 5문제를 할 수 있다. 여러분에게 시간이 6분 이상 남아 있다면 '·, ⊙, ◎' 문제를 다 검토해 볼 수 있겠고, 5분밖에 안 남았다면 '⊙, ◎'으로 표시한 문제를 2분 정도의 시간밖에 없다면 '◎'으로 표시한 문제만 검토할 수 있다.[5] 교과서를 검토하는 것도 마찬가지다.

이런 방법들은 내가 중·고등학교 다니면서 조금씩 개량해 가면서 마침내 확실하게 정착시킨 방법들이다. 분명히 도움이 될 것이다. 시간이 많이 절약되고 마음의 부담도 많이 줄어들 것이다.

---

[5] 여러분은 한 문제를 푸는 데 시간이 얼마나 걸리고 한 문제를 검토하는 데 얼마나 시간이 걸리는지 모르겠지만 문제를 풀어 보고 검토해 보면서 잘 계산하여, 그 시간을 과목별로 알아두기 바란다.

3) 어떤 효과가 있길래

첫째, 이렇게 완전히 이해해서 나의 것으로 만들면 기억이 오래 가도록 도와주어서 틀린 문제를 다시 틀리지 않도록 해 준다.

둘째, 스스로 이것저것 찾아보고 정리해서 이해하게 되니까 공부해 가는 과정에서 스스로 깨우쳐 가는 기쁨, 좀 더 많이 그리고 깊이 알게 되었다는 즐거움을 맛볼 수 있다.

문제집 한 권을 세 번 정도 푸는 재활용 방법은 여러분에게 꼭 권하고 싶은 것이라서 이 부분을 격려하기 위한 점검표를 제시하였다. 계획하고 일주일간 실천해 보자.

과목명	틀린 문제 3회까지 풀기		틀린 문제 다시 공부	
	계획(V)	실천(○)	계획(V)	실천(○)

＊실천 동그라미가 10개 이상일 경우 나에게 줄 상: ＿＿＿＿＿＿＿＿＿＿

2. 나도 선생님

자, 이번에는 마무리 두 번째 방법인 '나도 선생님'이다. 여러분은 학생이지만 선생님이 된 것처럼 해 보면서 마무리를 하는 것이다. 이 방법은 수학능력시험 같은 큰 시험에 특별히 크게 도움이 될 수 있으므로 잘 읽어 보고 평소에 조금씩 실천해서 습관을 만들고 실력을 쌓기 바란다.

1) 무엇

'나도 선생님'은 지금까지 했던 각 단계를 통해 얻은 지식을 자기 나름대로 체계화하고 확장하는 단계라는 점에서 '배운 내용 나의 것 만들기'와 같다. 선생님이 우리에게 하듯이 시험 문제를 내가 직접 만들어서 풀어 본다거나, 스스로 공부한 내용을 다른 사람에게 가르친다는 생각으로 나 자신에게 설명한다거나, 공부한 내용을 다른 과목이나 실생활에 응용해 보는 것이다. 이제 하나하나 그 방법을 알아보자.

2) 어떻게 하는 것인가 (방법)

우선 나도 선생님처럼 해 보기 위해서 선생님들은 어떤 일을 하는지 생각해 보자. 선생님은 시험 때나 아니면 쪽지시험 때 시험 문제를 만들어 시험을 보게 한다. 여러분이 꼭 알아야 할 것들을 선택해서 잘 공부를 했는지 확인해 보는 것이다. 그리고 수업시간에는 교과서의 내용을 가르쳐 주시고 설명해 준다. 마지막으로 숙제를 내 준다. 숙제라는 것은 여러분이 집에서 혹시 놀까 봐 걱정되어서 별 필요도 없는데 내 주는 것이 아니다. 숙제는 학교에서 하는 공부를 더욱 깊이 있게 하고 더욱 폭 넓어지도록 하기 위한 것이다.

'나도 선생님'처럼 해 본다면 다음과 같은 세 가지를 할 수 있을 것이다.

• 스스로 문제 만들어서 풀어 보기
• 공부한 내용을 다른 사람에게 가르친다는 생각으로 자신에게 설명하기

∙ 공부한 내용을 다른 과목이나 실생활에 응용해 보기

첫째, 시험문제 만들어 보기다.

이는 자기 스스로 문제를 만들어서 풀어 보는 것이다. 중요한 것, 시험에 나올 만한 것을 골라서 스스로 잘 공부했는지 확인해 볼 수 있다. 내가 감히 어떻게 문제를 만드냐고? 아니다! 할 수 있다! 앞서 설명한 '능동적으로 읽기' 부분을 보라. 거기서 설명한 대로 하면 된다. 교과서에 표시된 중요한 부분을 중심으로 교과서 문장을 그대로 이용하거나 약간 변형시켜서 문제를 만들 수 있다. '능동적으로 읽기'에서 중요한 내용을 요약해 두었던 것 중에 중요한 개념을 괄호로 비워 두면 문제로 이용할 수 있다. 아니면 중요한 것을 교과서에 표시해 두고 교과서에 직접 요약문을 만들어 놓았으면 핵심 부분을 괄호로 하여 주관식 문제를 만들 수 있고, 비슷한 내용을 모으면 객관식 문제도 만들 수 있다.

그것이 힘들면 문제집을 풀어 보는 것도 좋다. 하지만 학생 입장에서 별 생각이나 분석 없이 그냥 문제를 푸는 것이 아니라 '아하, 이 부분은 이런 식으로 문제가 만들어질 수 있군!' '이 문제는 좀 어렵군. 잘 만든 문제인데?' '아니, 이건 누가 만든 거야? 엉터리야!' 등등의 생각과 분석을 해 가면서 문제를 풀어 보는 것이다. 또 어떤 생각, 분석을 해 볼 수 있을까? '이 문제는 이러저러한 식으로 변형시켜서 문제로 만들 수도 있겠네.' '이 부분에서 문제가 많이 만들어진 걸 보니 아주 중요한 모양이군?' '내가 이번 시험에 출제를 한다면 이 문제집에서는 이 문제, 저 문제를 내겠어!' 이렇게 머릿속에서 떠오르는 생각들에 주목하면서 문제를 풀다 보면 그냥 아무 생각 없이 달려들어 문제를 푸는 것보다 훨씬 많은 것을 알아내고 얻어 낼 수 있다.

둘째, 자신에게 설명하면서 공부하기다.

여러분은 학생이니까 배우는 사람이지만 선생님이 여러분에게 하듯이 자신에게 설명을 해 볼 수 있다. 이 방법은 매우 유익한 점이 있는데, 그 이점의 차이에 따라서 방법을 두 가지로 생각해 볼 수 있다.

하나는 여러분이 배우는 입장이 아닌 가르치는, 설명하는 입장에서 다시 공부하는 것이다. 사물을 보는 시각이 달라지면 똑같은 사물이라도 다른 면이 보인다. 문제도 마찬가지다.

이런 경험을 해 본 적이 있을 것이다. 나는 어떤 수학 문제가 안 풀려서 끙끙대고 있었다. 풀이 해설을 살펴보아도 풀리지가 않는다. 한마디로 이해가 안 되는 것이다. 문제의 중간 풀이과정에서 꽉 막혔다. 30분쯤 씨름을 하다가 시간도 아깝고 무엇보다도 너무 열이 받아서 덮어 버리고 다른 과목을 공부하고 있었다. 그런데 친구가 내게 문제집을 들고 다가와서는 "윤주야, 이 문제 좀 풀어 봐 줄래? 도저히 안 풀려." 하고 말했다. "뭔데?" 하고 보니 아니! 내가 그렇게도 끙끙대던 바로 그 문제 아닌가! "야, 이거, 나도 아까 안 풀려서 헤매다 덮어뒀는데. 어디서 막혔냐 하면 말야." 하고 내가 푼 부분까지는 설명해 줘야지 하는 생각으로 설명을 하고 있었다. 그런데 이럴 수가! 이게 웬일인가? 아까는 분명히 꽉 막혀 있었는데 설명을 하다 보니 막힌 부분이 '펑!' 하고 뚫려서 술술 설명이 되는 것이 아닌가! "어어? 이것 봐라? 아까는 분명히 안 풀렸는데? 야, 됐다. 됐어. 들어봐! 이게 어떻게 된 건가 하면 말이야."

중ㆍ고등학생 시절에 나는 몇 번이나 이런, 당시로서는 매우 신기한 경험을 했다. 이런 경험은 대학교에 들어와서도 있었다. 대학교 1학년 때부터 나는 서울대학교 학생이라는 이유 때문에 과외를 해 달라는 부탁을 여러 곳에서 받았다. 생활비를 부모님께 안 타 써도 된다는 장점과 배우는 입장에서 이제 가르치는 입장이 된다는 즐거움 때문에 과외를 시작해서 대학원 석사과정까지 6년 동안 계속했다. 대학교에 들어가서 처음으로 하게 된 과외는 고등학교 3학년 학생을 가르치는 일이었다. 그러니까 고등학교 3학년을 벗어난 지 몇 달 되지 않아서 고등학교 3학년 학생을 가르치게 된 것이다. 영어를 가르치는데 분명히 고등학교 3학년 시기를 마칠 때까지 잘 이해하지 못하고 그냥 외웠던 것들이 그냥 술술 이해가 되어서 잘 가르칠 수가 있었다. 집으로 돌아오는 길에서 나는 '이게 웬 조화인가?' 하고 어리둥절했었다.

지금은 그것이 무엇 때문에 가능한지 안다. 바로 관점, 시각이 달라졌기 때문이다. 지금 여러분 눈에 보이는 어떤 사물을 놓고 각도를 달리해서 한번 바라보라. 보이는 것이 같지 않을 것이다. 문제도 마찬가지다.[6] 내가 '배운다' 하는 입장에서 바라볼 때와 '가르치고 설명한다' 하는 입장에서 바라볼 때는 다른 것이다. 그래서 배운다고만 생각할 때는 안 풀리던, 이해되지 않던 것이 설명하기 위해 생각하고 바라보면 시원하게 풀리기도 하는 것이다. 이런 점을 이용해서 자신에게 혹은 다른 친구에게 설명한다는 자세로 공부하면 보다 많은 것을 이해할 수 있다.

다른 하나는 선생님놀이, 학교놀이를 혼자서 하는 것이다. 어릴 때 학교놀이(선생님놀이와 비슷한 말이므로 그냥 학교놀이라고 부르겠다.)를 해 본 기억이 있는가? 해 본 사람은 그것이 무척 즐거운 놀이였던 기억이 있을 것이다. 학교 들어가기 전에 혹은 초등학교 저학년 때 동네 또래 친구들과 모여서 자주 학교놀이를 했다. 우리 집에는 작은 칠판이 있었는데 가위 바위 보를 해서 정해진 선생님은 이 칠판에 적어 가면서 설명도 하고, 숙제도 내고, 시험 문제도 냈다. 틀린 사람은 작은 자나 볼펜 같은 걸로 매도 맞는다.[7] 그때는 학교가 너무나 재미있는 곳 같아서 빨리 학교에 들어가고 싶었으나, 막상 학교에 들어가 보니 학교는 우리가 기대했던 것처럼 그렇게 재미난 곳은 아니었다. 초등학교 다닐 때 학년이 올라갈수록 공부해야 할 것이 많아지고 조금씩 지겨워지지만, 중학교에 들어가면 초등학교 시절은 완전히 '천국'

---

[6] 잔소리 한마디! 살아가면서 여러분이 이 점을 늘 기억한다면 보다 융통성 있고 개방적인 사람이 될 수 있고 세상을 보다 폭넓게 바라보면서 살아갈 수 있다. 무조건 내 생각, 내 판단, 내 감정, 내 느낌, 내 가치관이 옳다고 딱딱하게 굴지 말기 바란다.

[7] 이때 절대로 아프게 때리면 안 된다. 맞은 애가 울면서 집에 가 버리면 한동안은 함께 놀 수가 없기 때문이다. 맞는 애는 그 대신 아프지 않지만 반드시 "아야, 아야." 하고 아픈 소리를 냈었다.

이었음을 실감한다. 그러나 산 넘어 산이라고, 고등학생이 되면 그 지겨웠던 중학교 시절은 '그리운 옛날'이 된다. 그만큼 갈수록 공부가 어려워지고 힘겨워진다. 이렇게 공부하기 지겹고 어려울 때 그 옛날 즐거웠던 학교놀이를 되살려서 지겨운 공부를 좀 덜 지겹게, 보다 즐겁게 할 수 있도록 해 보는 것이 혼자서 하는 학교놀이다.

　방법은 혼자서 선생님의 역할을 해서 묻거나 설명을 해 보고, 또 학생의 입장이 되어서 대답하거나 설명을 듣고 질문하는 식으로 공부를 하면서 정리하는 것이다. 말로 소리를 내서 이야기를 해 보아도 좋고 머릿속으로 생각만 하면서 정리를 해도 좋다. 선생님 역할을 할 때와 학생 역할을 할 때 표정이나 자세 같은 것도 바꾸어 가면서 하면 더 재미있다.

　어떤 시기에 하면 좋을까? 내 경험으로는 공부를 다 하고 마지막으로 책을 덮고 요약할 때, 많은 범위를 다 혼자서 확인하기 지겨울 때, 하다가 머리가 뻑뻑해지고 졸음이 올 때, 그럴 때 하면 잠도 달아나고, 재미도 있고, 신도 난다. 또 이렇게 하면 생각을 달리해 봄으로써 이해가 쉬워지는 장점도 있다. 그러나 모든 정리를 다 이런 식으로 하려면 시간이 너무 많이 걸리므로 그냥 정리하기 지겹거나 어려울 때에만 잠깐씩 하는 것이 좋을 것이다.

선생님 역할: 자, 윤주. 지금부터 문치주의와 황제권 강화에 대해서 설명
　　　하겠다. 잘 듣도록! (근엄한 표정으로. 어깨와 목에 힘을 주면서)

학생 역할: 예, 선생님. (공손한 표정으로. 예의 바르게)

선생님 역할: 5대10국의 혼란기를 정리하고 송을 세운 태조는 절도사의
　　　세력을 줄이기 위해 문치주의 정책을 실시했어. 이게 목적이 되는
　　　거야, 알겠지? 문치주의 정책을 실시한 목적은 지방의 절도사 세력
　　　을 누르고 황제권을 강화하기 위해서야. 이렇게 하다 보니까…….
　　　에에. (선생님인 내가 그 다음 내용이 기억이 안 난다.) 에에, 그 결과
　　　어떻게 되었지, 윤주? 대답해 봐! (선생님인 윤주가 모르는데 학생

인 윤주가 알 턱이 있나!)

학생 역할: ······모르겠는데요, 선생님? (기죽은 목소리로)

선생님 역할: 그것도 몰라? (큰 소리를 치면서 재빨리 책을 펼쳐서 잊어
버린 내용을 확인해 본다. 다시 책을 덮는다.) 자, 내가 다시 설명을
해 주지! 잘 들어라. 이번이 마지막 설명이다! 문치주의 정책을 실시
한 결과 과거제도가 강화되어 과거를 통해 출세하는 사대부 세력이
성장해서 송나라 사회의 중심 세력이 된 거야. 알겠나?

학생 역할: 예, 선생님!

선생님 역할: 좋아, 그럼 내가 설명한 내용을 다시 한번 설명해 봐!

학생 역할: 예, 선생님! 송 태조는요, 5대10국의 혼란기를 정리하고 ······.
(끝까지 한 번 더 내용을 정리한다.)

선생님 역할: 으음. 잘했어! 그럼 다음으로, 왕안석의 개혁정치로 넘어가
자. 왕안석은······.

이런 식으로 하는 것이다. 다른 사람들이 있을 때는 속으로만 해야지, 소
리 내서 하면 이상한 사람으로 오해받을 수 있으니 조심하고, 공부방에서
혼자할 때는 정말 실감나게 소리를 내서 할 수 있겠다.

셋째, 다른 과목이나 실생활에 응용하기다.

응용을 많이 해 보면 배운 내용을 이해하고 소화하기가 쉬워진다는 장점
과 큰 시험에 대비가 된다는 장점이 있다. 응용 방법으로는 하나의 과목에
서 나온 내용을 다른 과목에서 나온 내용과 신문이나 뉴스 등 일상생활에
서 보고 들은 내용과 연결시켜서 생각해 보는 것이 있겠다. 과학시간에 수
증기의 증발이 잘되는 조건들에 대해서 공부를 한다고 하자. 선생님이 앞
에서 설명을 열심히 해 주고 있다. "에에, 수증기는 기온이 높을수록, 주변
이 건조할수록, 바람이 많이 불수록 증발이 많이 된다. 여기 실험을 한 그
림을 보자." 선생님이 이런 설명을 할 때 졸지 말고 일상생활에서 그런 원

리를 이용한 것이나 다른 과목에서 수증기 증발과 관련된 내용을 배운 적이 있는지, 다른 곳에서 이와 비슷한 내용의 이야기를 들은 적이 없는지 곰곰이 생각해 보는 것이다.

대입 시험에서 우수한 성적으로 합격한 선배들은 항상 많은 인터뷰에 응하게 되는데, 그때마다 빠지지 않는 레퍼토리가 "고득점의 비결이 무엇이었다고 생각합니까?" "공부하는 방법을 이야기해 주세요." 등의 질문이다. 또 그 대답 중에서 빠지지 않고 들어가는 것이 하나 있는데 그것이 무엇인가 하면 '수업을 충실히 들었다는 것'이다. 그런데 우리는 수업을 충실히 듣기가 몹시 어렵다. 사람은 원래 오랜 시간 집중하기 힘들기 때문에 어쩔 수가 없다. 그러나 어쩔 수가 없어도 집중해서 열심히 수업을 듣는 사람이 있고 그렇지 않은 사람도 있다. 고득점을 위해서 꼭 필요한 이 수업 충실을 위해서도 이 방법은 필요한 것이다.

이렇게 열심히 생각을 하다 보면 졸음이 달아나고 선생님이 설명하는 내용에 더 많은 호기심이 생긴다. 실제로 내가 이 방법을 생각해 내어 쓰게 된 것이 바로 나의 엄청나게 쏟아지는 졸음과 잡념 때문이었다. 나는 중·고등학교 6년 동안 한 번도 빠짐없이 반장 아니면 부반장을 했다. 반장, 부반장이 하는 일 중에서 중요하고도 폼이 나는 일이 수업시간 시작과 마칠 때 선생님께 인사하도록 구령을 하는 것인데 나는 조느라고 폼나게 해 보지 못할 정도였다. 생각해 보라. 반장이라는 놈이 수업 시작할 때는 폼나게 "차렷, 선생님께 경례!" 하고는 자기 자리에 앉아서 5분도 채 지나지 않아 졸기 시작해서 수업 끝나는 종 울리기 10분 전에야 정신을 차리면 어떻게 얼굴 똑바로 들고 선생님과 눈을 맞출 수가 있겠는가! 게다가 어떤 친구들은 선생님에게 안 들키고 아주 우아하게 조는 방법을 쓰기도 하고 졸아도 눈만 감고 움직임이 별로 없는데 나는 졸았다 하면 연신 고개가 끄덕거려지니 아무리 눈이 나쁜 선생님이라도 모를 수가 없게, 너무나도 조는 모습이 적나라했다. 그리고 공책도 엉망이었다. 펜을 쥐고 졸게 되면 공책에 이상한 추상화를 그린다. 무슨 말인지 알아보려고 해도 알아볼 수가 없다.

그래서 나는 어떻게 하면 좀 덜 졸 수 있을까 하고 갖가지 묘안을 짜 내기 시작했는데, 가장 성공적인 방법이 바로 이 '생각을 돌려 보기'였다. 수증기 증발에 대한 이야기가 나오면 생각을 해 본다.

마트에서 호박이나 양배추 같은 채소를 랩으로 싸 두는 것이 공기를 차단하기 위해서구나, 증발을 막으려고. 냉장고에 다른 냉장 칸에는 없는데 채소 칸에만 뚜껑이 있는 것도 그래서였구나. 아하, 우리가 머리를 말릴 때 쓰는 드라이기가 뜨거운 바람을 내는 것도 바로 그래서구나! 바람 부는 여름날에 빨래가 잘 마르는 것도 그래서구나!

과학시간에 '바람'에 대해서 배우게 되었다면, 하다못해 아침에 바람이 심하게 불어서 먼지가 날리고 나무가 흔들리는 모습을 보고 등교했던 것이라도 떠올려 본다면 안 하는 것보다는 낫다. 과학시간에 바람을 배웠는데 사회시간에 바람 이야기가 또 나오면 '과학시간에 바람에 대해서 배웠는데 사회시간에 또 나오네? 과학시간에는 이러저러한 내용을 배웠는데 이번에는 어떤 내용으로 등장할까?' 하고 생각해 보는 것이다.

뉴스에서 혹은 신문에서 FTA에 대한 기사가 나왔으면 사회시간에 배운 경제 부분과 연결해서 생각해 본다거나 농촌 생활에 대해서 배운 것을 연결해 함께 생각해 보면서 수입 개방이 우리 경제에 미치는 영향, 농촌 사회에 미치는 영향을 생각해 본다면 훨씬 생생하게 이해될 것이고, 한국인으로서 우리나라에 대한 애정도 더 강해진다.

이렇게 수업시간에 배우는 것과 다른 곳에서 듣고 본 내용을 연결해서 생각해 보면 수업에 집중이 좀 더 잘될 것이다. 그리고 여러분이 마음먹고 찾아보면 아주 많은 예들이 생각날 것이다. 하루 종일 수업시간마다 이런 것들이 생각이 나면 그날 하루는 졸지도 않고 잡념도 별로 없이 성공적으로 보낼 수 있고, 따라서 충실한 수업을 받았기 때문에 복습이나 시험공부를 할 때도 훨씬 쉽게, 단시간에 해결할 수 있다.

믿기지 않는 사람은 수업시간에 많은 예들이 생각나서 성공적으로 수업을 한 부분을 공책이나 책에 표시해 놓고 다음에 복습이나 시험공부를 할 때 공부하는 데 걸리는 시간 차이가 표시가 되어 있지 않은 부분과 얼마나 나는지 비교해 보라. 그리고 얼마나 많은 내용들이 머릿속에 미리 들어가 있는지 비교해 보라. 확실한 차이를 확인할 수 있을 것이다.

두 번째 응용방법은 직접 만들어 보기다. 학교에서 수업시간에 배운 것을 집에서 직접 만들어 보는 것이다. 가정/가사시간에 배운 것들, 중학교에서 실습해 보지 못한 것들을 집에서 만들어 볼 수 있고, 기술이나 공업시간에 배운 것들을 집에서 실습해 볼 수 있을 것이다. 책에 나오는 것을 모두 다 만들어 보라는 것은 아니고 그중에서 이해가 안 되는 것들을 골라서 만들어 보라는 것이다.

나는 책에 나온 요리들을 여러 가지 만들어 보았다. 한번은 교과서에 나와 있는 카레라이스에 필(feel)이 꽂혀 집에 가서 어머니에게 이렇게 선언했다. "엄마, 오늘 저녁은 내가 책임질게요. 카레라이스로 대접하지요!!" 그리고는 어머니에게 돈을 받아서 혹은 어머니와 함께 시장에 가서 재료를 산다. 책을 펼쳐 놓고 책에 적힌 대로 만드는데 부엌을 엉망으로 만들고 옷도 다 버리고서야 완성하여 온 식구를 불러 모은다. "아빠, 오세요! 오빠, 식사야, 식사! 엄마, 빨리 오세요! 주연아, 언니 작품 완성이다! 늦게 오면 안 줘!!" 한 그릇씩 담아서 드리고는 급하게 묻는다. "맛있지? 맛있죠?"

맛이 있었는지 없었는지 몰라도 가족들은 언제나 맛있다고 했고 나는 신이 나서 다음에는 무엇(교과서에 나오는 어떤 음식)을 만들겠다고 선포하곤 했다.

원래 이 만들어 보기는 책만 보고서는 잘 이해가 되지 않는 내용을 직접 만들어 봄으로써 시험에 그 내용에 관한 문제가 나오면 틀리지 않으려는 목적으로 하게 된 것인데 그 목적을 아주 잘 달성함은 물론이고 내가 생각지 못했던 보너스 효과까지 있었다. 그것은 공부와는 관계없는 것이지만 공부만큼이나 중요한 것이라고 생각한다. 내가 "아빠 오세요, 엄마 오세요!" 하고는 음식을 만들어서 부모님께 드리면 부모님은 이런 생각을 하셨다고 한다. "우리 딸, 이제 다 키웠구나. 이렇게 부모에게 음식을 만들어서 대접할 줄 아는 것을 보니." 아주 흐뭇하셨다는 것이다. 집에서 책만으로는 이해가 잘 안 되는, 아니면 만들어 보고 싶은 요리를 만들어 보라. 그리고 부모님께 대접해 보라. 부모님께서 어떤 표정을 지으시는지.

아버지와 함께 책꽂이 같은 것도 만들어 보자. "아빠, 우리 이번 일요일에 책꽂이 하나 같이 안 만들어 보실래요?" 이렇게 말하면 십중팔구 이런 반응이 돌아올 것 같다. "뭐? 책꽂이? 지금 책꽂이 있잖아! 그리고 필요하면 하나 사라, 사! 그걸 언제 만들어?" 이렇게 일이 꼬이면 그만이다. 그러니까 말을 잘해야 한다. 말 한 마디로 천 냥 빚을 갚는다는 말도 있지 않은가. "아버지, 교과서에 책꽂이 만드는 부분이 있는데 잘 이해가 안 돼요. 한번 만들어 보면 시험에서 안 틀릴 것 같아요. 이번 일요일에 같이 좀 만들어 주세요." 우리나라 부모님들은 가엾게도 시험, 성적 이야기만 나오면 약해지신다. (뭐가? 태도가! 표정이! 마음이!) 그래서 아까와는 다른 반응이 돌아올 것이다. "그래? 그럼. 한번 만들어 볼까?" 이렇게 해서 일요일 아침 아버지와 함께 목공소에 가서 나무를 잘라 가지고 와서는 함께 땀을 흘리며 뚱땅뚱땅 만들었다. 망치질을 잘 못해서 손가락을 망치로 칠 수도 있겠고 잘 맞추지 못해서 끝이 좀 삐뚤어져도 관계없다. 일단 한번 만들어 보았기 때문에 시험에 그 문제가 나오면 여러분은 십중팔구 맞출 수 있을 것이다. 그리고 그 외의 덤은?

요즘 보통의 가정에서는 부모님, 특히 아버지와는 대화를 할 틈이 별로 없다. 늦게 들어오시기도 하지만 어쩌다 일찍 들어오셔도 별로 할 말이 없다. 무엇 때문에? 바로 세대차이 때문에. 그런데 일요일, 별로 말은 나누지 않더라도 함께 땀을 흘리며 무엇인가를 같이 만들었다. 이것은 매우 의미 있는 큰일이다. 세대차이가 줄어들지도 모른다. 그만큼 아버지와 가까워질 수 있다. 완성된 책꽂이는 책을 꽂기 어려울 정도로 부실할 수 있지만 이 덤은 책꽂이 자체보다 훨씬 귀중하고 소중한 것이다. 어떤 나라는 아버지와 아들이 어릴 때부터 자동차를 함께 수리하고, 세차하고, 함께 농구와 야구를 한다고 한다. 함께 무엇인가를 하면서 땀을 흘린다면 그만큼 서로 더 이해하고 친해질 수 있을 것이다. 부모님들도 노력해야 하겠지만 여러분도 노력하자. 더 이해하고 친해지기 위해서.

응용의 세 번째 방법은 일주일에 하나씩이라도 신문 기사를 스크랩하고 간단한 논평을 하는 습관을 기르는 것이다. 이것 역시 수능 같은 큰 시험에 도움을 준다. 더 나아가 대학에서의 공부, 성숙한 어른의 삶에 분명히 도움이 된다. 학교에서 치르는 시험이나 모의고사에는 잘 나오지 않지만 그보다 큰 대입수능과 같은 입학시험에는 시사 문제가 반드시 나오게 되어 있다. 그럴 때 일주일에 하나씩이라도 중요한 기사를 읽고 자신의 입장에서 다시 생각해 본 사람과 '난 공부만 할 거야. 뉴스는 무슨 뉴스, 안 봐! 신문도 볼 시간 없어!' 하고는 공부만 한 사람은 전혀 수준이 다를 것이다. 객관식으로 나와도 문제이지만 논술 문제로 나오게 되면 수준 차이는 더욱 크게 난다.

여러분은 신문을 볼 줄 알아야 한다. 신문을 보고서 신문에 실린 기사와 사설을 자신의 입장과 눈을 가지고 보고 해석하고 판단할 수 있어야 한다는 말이다. 세상은 계속 변해 가는데 여러분은 별로 변하지 않는다면 문제다. 세상의 변화를 발맞추어 따라갈 수 있는 방법은 많겠지만 가장 손쉬운 방법이 신문이나 뉴스를 통해서다. 그런데 지금 여러분은 어떤가? 솔직히 대답해 보라. 신문을 받으면 어느 면을 보는가? 만화, 그림판이나 텔레비전 프로그램 순서 정도만 본다는 친구도 있고 좀 나은 친구들은 기사의 큰 머리 제목 (헤드라인)만 본다는 친구들도 있다. 하지만 정치면, 사회면, 경제면을 포함하여 신문을 대부분 다 본다는 친구들은 거의 없다. 이래서는 어른이 된 다음에 몇몇 친구들이 볼 수 있는 신문은 스포츠 신문이나 연예정보 신문밖에 없게 될 것이다. 그렇게 된다면 여러분은 세상 흐름을 읽지 못하는 어른이 될 것이고 생각도 없고, 몰상식하며 무시받는 남편과 아내 그리고 부모가 될 것이다. 멋진 어른, 잘 나가는 어른이 되기 위해서 그리고 이 사회를 이끌고 만들어 가는 주역이 되기 위해서는 신문을 생각하며 읽을 줄 알아야 한다.

신문 기사를 스크랩하는 방법은 알고 있을 것이다. 적어도 한두 번은 해 보았을 테니까 말이다. 잘 모르는 사람들을 위해서 다시 한번 설명하기로 하자.

우선 자원 절약을 위해서 종이는 다 쓴 연습장을 사용하자. 다 쓴 공책은 어떠냐고? 공책은 3학년이 끝날 때까지는 다 썼다고 할 수 없다. 계속 참고로 해야 하니까. 연습장은 한 번 쓰면 다 쓴 거니까 연습장을 사용하기로 하자.

연습장 왼쪽 위에는 기사를 오려서 붙인다. 중요 부분에 줄을 쳐 가면서 읽거나 육하원칙에 해당하는 핵심 단어에 줄을 쳐 가면서 읽는 것이 그냥 읽는 것보다 실력 향상에 도움이 될 것이다. 그리고 포스트잇이나 다른 종이에 그 기사 내용에 관한 자신의 생각, 의견, 주장, 즉 논평을 적어서 연습장 오른쪽 약간 아래에 붙인다. 논평은 처음부터 길고 멋있을 수는 없다. 원래 초보란 서툴고 허둥거리기 때문에 초보 아닌가! 한 문장이라도 좋다. 어떤 표현이라도 좋다. 자꾸 하다 보면 실력이 붙는 것이다.

내가 사회 선생님이었을 때 중학교 2학년 학생들에게 신문 스크랩을 시켜 본 적이 있었는데, 학기 초에는 정말 한심했다. 기사를 스크랩하랬는데 광고문을 기사로 알고 붙여 온 학생이 없나, 그렇게 말렸는데도 스포츠 신문에 난 운동선수의 이야기를 오려 붙여 온 사람도 있었다. 그리고 대부분의 논평은 정말이지 논평이 아니었다. '무슨 말인지 도저히 모르겠다.'라고만 써 온 학생도 있었으니까. 그러나 여름 방학이 지나고 나서 방학 숙제를 검토하고 발표를 시켜 보았더니 엄청나게 수준이 향상되어 있었다. 여러분도 일주일에 하나씩 꾸준히 하다 보면 어느새 실력이 쌓여 갈 것이다. 혼자서는 재미가 없다면 친구와 함께해서 한 달에 한 번 정도 서로 바꾸어 보면서 평가도 해 주고 서로 격려해 가면서 하면 훨씬 재미있을 것이다. 또 이렇게 연습하면 논술 실력이 쌓이는데, 이것은 대학에 들어가서 각종 리포트를 쓸 때 그 효과를 발휘한다. 연애편지를 쓸 때에도 쌓인 작문 실력으로 상대의 마음을 얻을 수 있다. 꼭 해 보기 바란다.

자, 잔소리가 길었는데 이렇게 논평을 붙인 다음에는 연습장 맨 위쪽이나 아래쪽에는 그 기사가 실린 신문의 제목, 기사가 실린 일자를 기록한다. 기사는 여러분이 스크랩하기 적어도 3~4일 안쪽의 최근 기사, 즉 '따끈따끈'한 것이어야 한다. 다 알겠지만 인터넷을 활용하면 더욱 간편하게 기사를 검색하고 스크랩할 수 있다. 인터넷에서는 각종 중앙 일간지의 기사를 모두 제공하므로 같은 이슈를 가지고 각 신문사가 얼마나 다르게 기사 내용을 싣고 있는지, 사설에서는 그것을 어떻게 다른 논조로 이야기하고 있는지 전부 모아서 검토하고 분석해 볼 수 있다. 이렇게 하면 신문을 보는 눈이 생기고 세상을 보는 눈이 생길 수 있다.

응용의 네 번째 방법은 '주제 일기'를 쓰는 것이다. 국어도 이제는 작문 실력이나 분석력이 중요하게 되었다. 평소에 어휘를 다양하게 사용한다거나 일기를 쓰더라도 신변잡기를 체계 없이 쓰는 것보다는 하루 동안 있었던 일 중에서 주제를 잡아서 쓰는 것이 공부에 도움이 된다. 논평도 작문 실력 향상에 도움을 주지만 작문 실력 향상을 위해 평소에 할 수 있는 노력 중에는 일기만한 것이 없다.

일기도 그냥 쓰면 매일 써도 별로 실력이 늘지 않는다. 체계를 잡아서 쓰고 주제를 가지고 써야 작문 실력 향상에 도움이 된다. 여러분은 다음의 두 가지 형식 중 어떤 쪽에 가까운 일기를 쓰고 있는지 생각해 보기 바란다.

어떤가? 똑같은 내용이지만 두 번째 것이 좀 더 품위가 있어 보이지 않은가? '일기 2'는 제목도 있고 서론, 본론, 결론의 구성도 가지고 있다. 이렇

일기 1.

20○○년 ○월 ○일

아침에 늦잠을 잤다. 엄마한테 꾸중 듣고 기분 잡쳐서 학교로 갔는데 지각을 해서 담임한테 엉덩이를 맞았다. 기분 더러웠다. 아침부터 재수 없다고 생각하며 식식거리고 앉아 있다가 1교시 국어시간에 지적받아서 대답을 잘 못하고 또 꿀밤을 맞았다. 기분 나쁜 김에 친구 ○○랑 아무것도 아닌 일로 시비 붙어서 싸웠다.

오늘은 아주 재수 없는 날이다. 일찍 발 닦고 자는 것이 좋겠다.

일기 2.

20○○년 ○월 ○일 〈늦잠〉

시작을 여유 있게.

하루의 시작인 아침은 매우 중요하다. 시작이 반이라더니 아침을 안 좋게 시작하면 하루 종일 재수가 없는 것 같다.

아침에 늦잠을 자서 엄마한테 야단을 맞고 지각을 해서 담임선생님께 맞았다. 국어시간에는 기분이 나빠서 딴 생각을 하고 앉아 있다가 지적받아서 또 꿀밤을 맞았다. 친구랑도 사소한 일로 시비가 붙고…… 하루 종일 기분이 좋지 않았다.

몸도 기분도 좋지 않다. 오늘은 일찍 자야겠다. 일찍 자고 내일부터는 일찍 일어나서 하루를 좀 더 기분 좋고 여유 있게 시작하면 하루가 즐거울 수 있겠지? 윤주, 파이팅!!!

게 제목을 붙이고 그 제목에 관한 내용을 서론, 본론, 결론으로 구조를 잡아서 쓰는 것을 '주제 일기'라고 이름 붙였다. 제목을 붙이고 서론, 본론, 결론의 구조에 맞추어 쓰겠다고 마음만 먹어도 글의 수준이 높아진다.

이렇게 해 나가다 보면 일주일에 두 번 정도만 일기를 써도 1년이면 104번이다. 처음에는 내용이 빈약하고 엉망일지 모르지만, 조금씩 좋아져서 몇 년 후에는 아주 멋진 일기를 쓰게 될 것이다. 스크랩보다 주제 일기가 훨씬 더 작문 실력을 잘 향상시킬 수 있다. 작문 실력이 좋으면 앞으로 살아가는 데 큰 도움이 된다. 우선 대학에 들어가면 리포트를 쓰는 데 크게 도움이 된다. 리포트는 곧 학점 아닌가! 사랑하는 연인에게 편지를 쓸 때도 아주 요긴하게 쓰인다.[8] 부모님께 편지를 쓸 때도 도움이 되겠지?[9] 취직을 할 때도 도움이 된다. 이력서와 더불어 요즈음은 '자기소개서'를 써 오라고 요구하는 회사가 많다. '자기소개서'란 현재의 자기를 형성한 과거와 현재 자신의 특징적인 점들을 적어서 내는 것인데, 이것 역시 작문 실력을 요하는 것이다. 나중에 어른이 되어서 결혼을 하고 아이가 생기면 아이에게도 편지를 쓸 일이 생기겠지? 그리고 작문 실력은 여러분의 사고능력을 키워 주기 때문에 사고 수준도 향상되고, 그러다 보면 말도 더 잘하게 된다.

작문 실력의 향상을 위한 그 밖의 방법들을 간단하게 간추려서 말하겠다. 많은 종류의 글을 써 보는 것이 도움이 된다. 그리고 읽어 보는 것이 도움이 된다. 보다 많이 읽고 써 보기 위해서 다음의 점검표에 표시를 해 보라.

첫 번째와 두 번째 칸에는 동그라미나 ∨표시를 하고, 세 번째 칸에는 읽을 계획이면 R을, 써 볼 계획이면 W를, 둘 다이면 R/W라고 쓴다.

---

8) 어떤 말보다도 편지가 사랑을 잘 표현할 수 있다. 말이 아닌 편지로 마음을 표현해야만 될 상황도 분명히 있다. 그런데 편지를 쓰기만 하면 거의 코미디 일보 직전이 되어 버린다면 여러분은 원하는 사랑을 못 얻을 수도 있다.

9) 혹시 아는가? 용돈이라도 더 받게 될지?

종 류	읽어 보았음	써 보았음	읽을(쓸) 계획
일기			
편지			
독후감			
가벼운 수필			
주제가 있는 무게 있는 수필			
신문사설			
연설문			
논설문			
보고서(여러 영역의 논문)			
장편소설			
단편소설			
콩트			
희곡			
정형시			
자유시			
시조			
동시			
서정시			
서경시			
서사시			

이 중에서 일기, 편지, 독후감, 가벼운 수필, 자유시, 정형시 등은 한 번씩은 써 보았을 것이다. 나는 초등학교 다닐 때 동시는 당연히 써 보았고, 아주 유치한 수준이지만 희곡을 써 본 적도 있고, 중학교 다닐 때 연설문, 장/단편소설, 동시, 서경시 등을 써 보았다. 어떤 표현을 골라서 써야 할 것인지를 고민하고 소설의 경우에는 어떻게 구성할 것인지까지 고민하면서 작문을 포함한 국어 실력이 많이 더 좋아졌고, 글을 짓는 과정이 무척 재미있었다. 여러분도 공부하다가 지겨울 때 문학 작품을 만들어 보면 어떤가? 누가 아는가? 이렇게 노력하다 보면 여러분 중에서 노벨 문학상에 빛나는 대 문필가가 탄생할지?

3. 시험 대비(심화학습)

1) 무 엇

'시험 대비(심화학습)'는 지금까지 공부한 기억을 되살려 가면서 전체적인 흐름을 다시 한번 되새겨 보는 시험 전 마무리 단계다. 즉, 1단계에서 4단계(익숙해지기에서 외우기까지)까지 공부한 것을 기억을 되살려 가면서 전체적인 흐름을 다시 한번 되새겨 보고 부족한 것을 마지막이라는 기분으로 보충하는, 마무리 방법 중에서도 기본 정석이라고 할 수 있는 단계다.

2) 어떻게 하는 것인가

지금까지 공부한 전체 내용을 한 번에 다시 훑어보고, 다시 읽고, 잘 안 외워진 혹은 잘못 외운 부분을 다시 암기해 둔다. 다시 훑어보고 다시 읽고 다시 외우면서 실수를 발견하고 실수한 원인을 파악하여 다음에는 똑같은 오류를 범하지 않을 수 있게 한다.

처음부터 펴서 한 장 한 장 넘기면서 제목을 보고 그 다음 본문을 읽되 중요 부분 표시된 것, 여러분이 덧붙여 적어 놓은 것 등을 더욱 눈여겨본다. 그리고 지도나 도표 등도 이번이 마지막이라는 생각으로 꼼꼼히 본다. 중요한 것인데도 표시가 안 되어 있는 것이 발견되면 밑줄을 긋거나 괄호를 하는 등의 표시를 해 두고 다시 외운다. 보면서 낯선 것은 잘 이해가 안 되었거나 제대로 안 외워졌거나 둘 중 하나이므로 열심히 보고 표시를 해 둔다. 한 단원이 끝나면 학습 정리 등의 단원 요약을 잘 읽고 나서 문제집을 펼쳐서 이미 문제를 풀었으면 한 번 틀렸거나 추측으로 맞춘 문제를 다시 한번 검토하고, 풀지 않았으면 문제를 풀고 앞에서 설명한 '배운 내용 나의 것 만들기'에 나와 있는 방법대로 틀린 문제를 정리하고 다시 한번 더 풀어 본다.

문제를 푼 다음에 자신의 공부방법을 스스로 평가하는 마음으로 틀린 문제를 분석해 보면 자신의 약점을 발견하고 보강, 수정할 수 있다. 왜 문제 풀고 정리하는 게 계속해서 나오느냐고? '배운 내용 나의 것 만들기'에서도 나왔고 '나도 선생님'에서도 나왔는데 여기서 또 나오느냐고? 헷갈린다고? 여기서 나오는 문제 분석은 이전의 것과 같지 않다. 규모와 수준이 다르다. 좀 더 큰 것이라고 할 수 있다. 자신의 강점과 약점을 보다 체계적이고 구조적으로 분석하고 보강하는 것이다. 말이 거창하지만 어떤 것인지는 설명을 보아야 알 수 있을 테니 지금부터 설명으로 들어가자.

지금까지 몇 번 치뤄 본 시험지에서 틀린 문제를 모아 보거나 문제집에서 틀린 문제를 단원별로 모아서 잘 살펴보면 공통적인 부분이 있다. 국어를 예로 들어 보면 시험 문제는 몇 가지 유형이 있다. 저자와 관련된 문제가 한두 문제 (없을 때도 있겠지만.), 또 글의 특징, 즉 논설문이라든가, 설명문이라든가 하는 것의 특징에 대해 묻는 문제가 좀 나온다. 비슷한 말, 반대말, 어휘의 뜻 등 어휘와 관련된 문제가 몇 문제 나온다. 그리고 문법을 묻는 문제가 좀 나온다. 수사법, 활용법 등등. 그리고 주제 문장을 묻거나 글의 구성을 묻는 문제 그리고 가끔 문단 순서를 바로잡도록 요구하는 문제도 나온다. 이런 문제들을 유형별로 놓고서 어떤 부분에서 잘 틀리는지 살펴보면 나의 특성이 나오게 된다. 알아보기 쉽게 결과를 모아 보자. 실제로는 각각의 유형별로 총 문항 수가 다르겠지만 계산하기 쉽게 통일하기로 하겠다. 틀린 문항 수를 분자로 두고 총 문항 수를 분모로 하여 나눈 다음에 곱하기 100을 하면 %로 숫자가 계산된다. %가 높으면 내가 많이 약한 문제 유형이 된다.

유 형	틀린 문제 수	총 문제 수	약점 정도(%)
저자와 관련된 문제	5	20	25
글의 특징에 대해 문제	4	20	20
어휘와 관련된 문제	5	20	25
문법/수사법을 묻는 문제	10	20	50
주제 문장을 묻는 문제	8	20	40
글의 구성을 묻는 문제	2	20	10
문단 순서 바로잡는 문제	15	20	75
문맥 이해 등 독해 문제	18	20	90

'나는 저자와 관계된 문제, 글의 특징에 대한 문제, 어휘 문제, 글의 구성을 묻는 문제에는 강한데, 주제 문장을 묻는 문제와 문법/수사법이 좀 약하구나. 문단 순서 바로잡는 문제와 문맥 이해 등의 독해 문제는 아주 약하구나!' 이렇게 %를 보고 자신의 강약점을 분석해 내고 나면 '앞으로 공부할 때는 어떤 부분은 좀 편안한 마음으로 공부하고 어떤 부분은 좀 더 주의 깊게 공부해야겠구나.' 하는 결론이 나온다.

이것은 영어나 사회, 한문 등 대부분의 과목에 해당되는 것이다. 지금까지 푼 문제들을 놓고 당장 분석해 보라. 나는 국어를 좀 잘하는 편이어서 그런지 고등학교 3학년 초에 국어 과목에서 이 방법을 생각해 내게 되었고, 대입 시험에서 아주 좋은 점수를 받았다. 좀 더 일찍 1학년이나 2학년 때 이 방법을 알았더라면 좀 더 국어 시험을 잘 볼 수 있었을 텐데 안타깝다. 또 다른 과목도 이렇게 분석해 볼 생각을 했었다면 훨씬 더 좋은 성적으로 대학에 들어가지 않았을까 하는 아쉬움이 있다.

하지만 여러분은 이 방법을 일찍 알게 되었으니 얼마나 행운인가! 정말 복받은 인생들이다! 그러나 해 보지 않으면 소용없다. 여러분이 직접 꼭 분석해 보기 바란다. 다음에 빈 표를 제시해 두었으니 이 과목만은 꼭 극복하고 싶다, 정복하고 싶다, 정말 향상되고 싶다는 과목의 경우 기록하고 분석해 보기 바란다.

유 형	틀린 문제 수	총 문제 수	약점 정도(%)

3) 어떤 효과가 있길래

'시험 대비(심화학습)'는 공부를 효과적으로 잘했는지에 대해 스스로 점검하여 실수를 분석해 볼 수 있다는 장점이 있다. 또 자신의 공부방법을 확인하는 마음 자세로 해 나가면 공부 방식이나 기억 과정에서 생긴 오류의 원인을 찾고 앞으로의 오류를 예방할 수 있다. 그래서 발견한 오류를 예방할 수 있도록 공부방법을 수정하고 개선할 수 있다.

예를 들면, 다시 훑어보고 다시 읽고 다시 외우면서 '사대부'를 '시대부'로 잘못 외웠다고 하면 '사대부, 사대부. 다시는 틀리지 말아야지. 사대부야, 사대부!' 하고 잘못 외운 것을 다시 확인할 수 있다. '아, 나는 지도를 참 잘 못 보는구나. 지도는 다시 봐도 이해가 잘 안 되고 잘 안 외워졌구나!'라든가 '아직도 시대순서가 명확하게 정리가 안 되네. 저번에도 그렇더니만. 나는 시대순 정리에 약하구나. 이걸 정리하는 방법을 한번 개발해 봐야겠다.' 등의 발견을 통하여 실수를 발견하고 원인을 파악하여 다음에는 똑같은 오류를 범하지 않을 수 있게 되는 것이다.

그리고 과목별 문제 유형 분석을 통해서 나의 강점과 약점을 발견하여 수정, 보완해 나갈 수 있다. 여러분이 지금까지 강점과 약점을 몰랐을 때는 각 항목당 똑같이 10이라는 시간과 노력을 들여서 공부했다면 이제는 강한 부분에는 5만 투자하고 약한 부분에는 15를 투자하여 공부해 나가면 된다. 그러다 강점이 약점 되면 어쩌냐고? 그런 걱정은 하지 않아도 된다. 여러분의 강점은 초등학교 시절부터 지금까지 수년간에 걸쳐서 강점이 된 것이다. 그만큼 쌓인 실력이 있다는 뜻이다. 그러므로 전혀 안 하는 것도 아니고 조금 덜 집중한다고 해서 그렇게 쉽게 약점이 되어 버리지는 않는다. 그러나 약점은 시간과 노력을 투자해서 공부를 해 나가다 보면 몇 달 후에는 강점이 되어 있을 것이다. 강점은 그대로 유지하고 약점을 강점으로 바꾸어 나간다면 그 과목의 성적은 오를 수밖에 없지 않겠는가!

앞에서 빨리 읽는 방법을 설명할 때 성격이 너무 꼼꼼하고 세심한 친구들은 빨리 못 넘어가서 피를 본다고 하였는데, 반면에 나처럼 성격이 덜렁거리고 꼼꼼하지 못한 사람은 마무리를 깔끔하게 못해서 노력한 만큼의 좋은 성과를 못 거두는 경우가 많다. 차라리 아예 몰라서 틀리면 마음이나 후회 없이 개운하지, '뭐더라. 뭐더라. 어휴우. 공부했는데 분명히.' 하고 머리를 쥐어뜯다가 안타깝게 틀리면 얼마나 안타까운지, 다들 경험해 봤을 것이다.

4) 언제 하면 좋은가

이렇게 중요한 활동을 언제 하면 좋을까?

첫째, 공부를 끝낸 직후에 하면 좋다. 익숙해지기에서 외우기까지 혹은 나의 것 만들기까지의 모든 공부를 마친 다음에 즉시 하면 반복학습의 효과가 가장 크다. 그런데 공부할 종류와 분량이 많은 학생들이 언제나 이렇게 해 나가기는 어려울 것이다. 그렇다면 즉시는 못하더라도 다음의 시기에는 반드시 해야 할 것이다.

둘째, 시험 보기 직전이다. 제목이 시험 대비 아닌가! 교내 정기고사, 즉 중간고사, 기말고사를 볼 때에는 2주일 정도, 모의고사 등 외부 고사의 경우에는 5~7일 정도 시험준비 기간을 갖는 것이 좋다.[10] 이 시험준비 기간의 앞 단계인 제1주 동안에 공부가 덜 된 부분을 다 하고 나서 뒷단계인 제2주 동안에 이것을 하는 것이 좋을 것이다.

자, 이렇게 해서 모든 단계의 효과적인 공부 방법의 설명을 마쳤다. 이제 여러분은 한정된 시간을 최대한 효율적으로 사용하여 효과적으로 공부할

---

10) 학습 계획표 작성 방법은 부록에서 배우게 된다. 개봉박두~~~~.

수 있는 방법을 배웠다. 그러나 이것을 하나씩 하나씩 연습하고 실천하여 자기의 것으로 만들지 않으면 소용이 없다. 반드시 연습하자. 효과적으로 연습하기 위해서 효과적인 공부 방법을 요약하여 책상 앞에 붙여 놓고 늘 그 방법대로 공부하면 더 편할 것이다. 이 책 곳곳에 들어 있는 공부방법 요약표를 복사하여 활용하기 바란다. 여러분의 실천과 행운을 빈다!

제3부

삶의 주인이 되는
마음·시간 관리

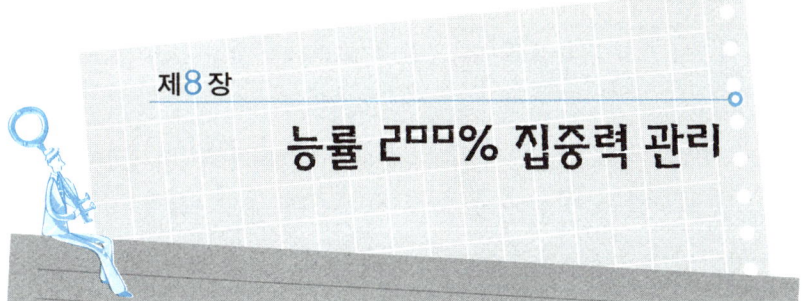

제8장
능률 200% 집중력 관리

1. 주의집중을 위한 원칙

이제 집중력을 가다듬어 보기로 하자. 이 책을 읽는 여러분 중 대부분이 선생님이나 부모님으로부터 '집중력 부족'이라는 한탄이나 야단을 들어보았을 것이다. 어떤가? 그런데 나는 생각이 좀 다르다. 대부분의 사람은 주의집중력이 부족한 것이 아니라 한 대상에 대한 주의집중의 지속 시간이 짧은 것이다. 나는 초등학교부터 박사과정을 마치기까지 오래 그리고 길게 공부해 왔다. 대학교수라는 직업의 특성상 지금도 공부하고 있다. 그런데다가 공부방법이나 학습에 대한 상담이나 강의도 오래해 왔다. 그런 나는 주의집중을 얼마나 오래 할 수 있을까? 나도 궁금해서 초시계를 옆에 두고 얼마나 오래 집중하는지 시간을 재어 본 적이 있다. 머릿속에 잡념이 들어와서 초시계를 멈춘 다음 시간을 보고 깜짝 놀랐다. 솔직히 한 10분은 집중했을 줄 알았다. 그런데 5분밖에 시간이 지나지 않은 것이었다. 정신을 차리라고 주먹을 움켜쥐고 머리 한 대 쥐어박아준 다음에 다시 시도해 보았다. 다시 초시계를 멈추고 들여다보았다. 그러나 나오는 것은 한숨이다. 겨우 6분!

내가 이렇다면 피 끓는 청춘인 여러분은 어떨까? 정상적인 청소년이라면 집중을 오래 지속할 수 없는 것이 당연한 일이다. 부모님께서 "공부한다는 놈이 책상 앞에 30분을 못 앉아 있어?!"라고 하시면 앞에 적은 나의 경험을 말씀드리기 바란다. 서울대학교에서 학부부터 박사까지 하고 공부방법을 가르치는 사람도 5, 6분 밖에 집중하지 못한다고 말이다.

그런데 집중시간이 5, 6분밖에 안 된다고 공부를 안 할 수는 없지 않은가. 5, 6분마다 책을 덮을 수는 없지 않은가 말이다. 그래서 말인데, 집중이 흩어지면 다시 집중하도록 뭔가 자신에게 스스로 장치를 걸어야 한다. 집중해서 하면 10분 동안 할 일을 3~5분 만에도 할 수 있다. 여러분도 알고 있다. 같은 분량의 학습지를 필(feel) 받은 날은 10분이면 끝내지만 정말 하기 싫은 날에는 2시간도 더 걸릴 때도 있었지 않은가?

그래! 이 장에서는 집중력이 부족하다는 비난과 박해를 받아 온 여러분의 집중력을 높여 주고, 흩어진 집중력을 바로 모을 방법에 대해 이야기해 보겠다. 집중력이 향상되면 여러분은 큰 구원을 얻게 될 것이기 때문이다.

1) 무엇을 위해 공부하는지를 분명히 하라

여러분은 왜 공부하는가? 왜 공부해야 한다고 생각하는가? 친구들에게 물어보면 공부해서 얻는 것의 답으로는 '부모님의 칭찬, 용돈, 마음의 평화, 뭔가 해냈다는 성취감, 자신감, 장래의 좋은 직업' 등이 나오고 잃는 것의 답으로는 '놀 시간, 텔레비전 볼 시간, 친구와 보낼 시간, 자는 시간, 건강' 등이 나온다. 그런데 다음에서 내가 하는 것처럼 생각을 정리하게 되면 일단 주의집중해서 공부할 토대가 든든해진 것이다. 어떤 생각? 바로 이

런 생각! '공부를 하면 잃는 것보다는 얻는 것이 더 많다.'

나처럼 기억력이 약해서 잘 잊어버리는 사람은 자주 들여다보는 공책이나 필통, 컴퓨터 배경 화면, 화면 보호기 등에 공부해야 하는 목표를 한 문장 정도로 정리하여 붙이거나, 적거나, 띄워 두면 도움이 된다. 그리고 매번 공부를 시작할 때 기도하며 그 목표를 다시 한번 되새기거나 5~10초 정도의 짧은 명상 중에 그 목표를 강하게 되새겨 보면 좋을 것이다.

무엇을 위해 공부하는지 그 목표를 분명히 하고 공부에 대한 뜻과 의욕을 세우기 위한 가장 근본적인 대책은 어떤 진로를 목표로 하는지를 분명하게 세우고 그 목표와 지금의 공부를 연결짓는 것이다. 그것을 위해서는 자신의 인생에 대한 비전이 무엇인지, 미래에 어떤 삶을 살고 싶은지 잘 생각하고 상상해 보는 것이 도움이 된다. 그 상상과 소망은 간절할수록, 생생할수록, 구체적일수록, 자신과 다른 사람에게 유익한 것일수록 이루어지기 쉽다. 자주 상상하고 소망하면서 점점 더 구체적인 꿈이 되도록 하기 바란다. 그렇게 하고 나서는 그 꿈과 비전을 이루기 위해 공부해야 할 것이 무엇인지 생각해서 적어 보자.

나와 공부

1. 살고 싶은 삶(Vision)

2. 장래 희망

3. 필요한 공부

2) 공부의 지도책을 활용하라

공부의 지도가 분명히 있는 것은 주의집중에 큰 도움이 된다. 사회과부도 혹은 교통 안내 지도책을 상상해 보라. 대한민국 전도가 나오고 다음으로 도별, 광역시별 지도가 있고 시 지도는 다시 구별로 나뉘어 상세지도가 제시되어 있다. 대한민국 전도에 해당되는 공부의 지도란 '내가 인생의 목표를 향해 가는 길에 공부가 있고 그 목표를 이루기 위해서는 어떤 것들에 대해 어떤 교재들을 가지고 어느 정도 수준까지 공부해야 하는지가 대략적으로 나와 있는 계획'이다. 광역시 지도는 '이 영역의 공부를 위해서 어떤 과목, 주제들을 공부해야 하며 그 공부를 위해 각각 필요한 교재는 무엇인지, 그 교재들을 어떤 순서로, 어떤 방법으로, 어떤 진도로 공부할 것인지의 계획을 의미한다. 구별 세부지도는 그래서 이번 달, 이번 주, 내일 하루 동안 무엇을 어떤 순서와 방법으로 어디까지 공부할 것인지가 나와 있는 가장 상세한 계획이 된다.

운전해서 목표지점을 찾아갈 때 큰 지도는 내가 어디로 가야 할지 알려 주고 전체적으로 어디를 거쳐서 갈 것인지, 시간이 얼마나 걸릴 것인지 예상하게 해 준다. 일단 출발한 다음에는 중간 중간에 내가 어디까지 왔는지 다음에는 어느 길로 갈 것인지를 상세한 지도를 보고 가늠할 수 있다. 지금 제대로 잘 가고 있는지 가끔은 큰 지도로 돌아와서 나의 위치를 확인하기도 한다. 공부에서도 이러한 지도들이 만들어져 있다면 교통 안내도처럼 활용할 수 있을 것이다.

공부의 지도책 만들기는 인생 설계, 효율적인 학습계획 만들기와 밀접하게 관련된다. 인생 설계는 내가 어떻게 살고 싶은지, 그렇게 살기 위해서는 일생을 통해 무엇을 이루고 어떤 것을 갖추어야 하는지, 인생 목표를 이루기 위해서 20년 후, 10년 후, 5년 후 나는 어디쯤 도달해 있어야 하는지 또한 그런 목표를 향해 나아가기 위해 지금 당장 내가 무엇을 해야 하는지를 생각해 보고 정리해 보는 것이다. 혼자서 해 보거나, 필요하다면 전문상담자나 학교선생님, 부모님 혹은 선배 등의 도움을 받아 좀 더 효율적으로 설계할 수 있을 것이다. 필요할 때마다 이런 도움을 줄 수 있는 사람이 있다면 그 사람은 여러분의 공부과정의 내비게이션인 셈이 되겠다.

3) 집중하여 공부에 돌입하는 나만의 의식과 절차를 세워라

너무 부럽고 놀라운 마음이 들어서 또 이야기하지만, 언제 어디서든 공부하겠다는 마음만 먹으면 곧바로 공부에 빠져들 수 있는 사람은 정말로 크나큰 축복을 받았다. 그러나 축복받지 못한 대부분의 사람들은 공부에 푹 빠져들 수 있도록 특별한 의식을 개발하고 이러한 의식과 절차를 통해 공부에 주의가 모아지도록 노력해야 한다. 처음 이러한 절차를 만들고 이 의식에 익숙해지는 일은 부담스럽지만 일단 익숙해지고 나면 이 의식은 놀라운 효험을 발휘하여 우리가 이 의식을 행하기만 하면 공부로의 주의 집중이 일어나는 기적을 체험할 수 있다. 이 방법은 '공부 준비' 단계의 방법과 매우 비슷하다. 따라서 거기서 개발한 방법을 여기에서 그대로 사용해도 된다.

어떠한 의식이든 관계가 없으나 꼭 명심해야 할 몇 가지 원칙은 있다. 첫째, 이 의식 절차는 일단 소요 시간이 너무 길면 곤란하다. 둘째, 자신의 성격, 가치관, 공부 환경 등에 맞아야 한다. 셋째, 자신과 주변 사람들에게 피해가 가면 안 될 것이다. 도서관이나 독서실에서 공부하는 사람이 큰 소리로 애국가를 부르는 것을 의식으로 삼아서야 되겠는가?

2. 주의집중 노하우

1) 공부 중에 자꾸 파고드는 잡념에 대처하기

다시 집중할 수 있는 장치들을 자신의 레퍼토리로 가지고 있으면 졸립거나 딴 생각이 침투하는 등 공부로부터 주의가 흩어질 때 그 장치를 사용해서 다시 집중할 수 있다. 집중 활동 목록은 자꾸 사용하다 보면 내게 맞는 내용들이 정리될 것이고, 그렇게 되면 워드로 입력해서 저장해 두었다가 출력해서 필통이나 다이어리, 연습장 등에 붙여 두면 편리하게 사용할 수 있다.

〈표 8-1a〉는 집중 활동 목록을 예시한 것이다. 확인 칸에는 실제로 사용한 순서를 기록한다. 중간 정도에 있는 6번 음료 한 잔과 마지막 12번 문자 보내기는 흩어지는 주의를 다잡아서 공부하려고 노력해 온 자신에게 주

〈표 8-1a〉 집중 활동 목록 예시

	할 것	확 인
1	필통 정리	3
2	휴지통 비우기	5
3	세수하기	1
4	책가방 챙기기	2
5	일기 쓰기	–
6	음료 한 잔	6
7	내일 계획 점검	–
8	책상 위 정돈	4
9	손톱깎기	7
10	머리감기	–
11	과일 한 쪽	–
12	문자 보내기	12

〈표 8-1b〉 나의 집중 활동 목록

	할 것	확 인
1		
2		
3		
4		
5		
6		
7		
8		
9		
10		
11		
12		

는 작은 보상들이다. 따라서 이 두 가지 활동은 다른 활동과 달리 순서를 바꾸지 말고 원래 정해진 순서에 사용해야만 한다. 이제 〈표 8-1b〉에 자신만의 집중활동 목록을 만들어 보자. 6번과 12번에 자신에게 주는 보상도 꼭 만들어 넣기로 하자. 이것이 실천되고 습관이 된다면 여러분은 정말로 놀라운 변화를 경험하게 될 것이다.

2) 집중이 잘되는 환경 갖추기

공부하는 장소를 주의집중이 잘되는 환경으로 만드는 것은 중요하다. 하지만 집은 물론 학교나 도서관, 독서실 같은 곳도 아주 조용하지는 않다. 게다가 놀 때는 안 들리던 소음도 공부할 때는 귀에 거슬리는 법이다. 내가 공부하는 데 방해가 되지 않을 정도, 다시 말해 내게 용납될 만큼의 소음 정도를 유지하는 일도 쉬운 일이 아니다. 이런 경우에는 주의집중을 돕는 역할을 하면서 여러 가지 소음을 차단해 주는 음악을 배경음악으로 삼아 공부하는 것도 한 방법이 된다. 거의 아무 음악이나 좋다. 하지만 테크노나 락처럼 빠르거나 격렬한 음악들, 힙합과 같이 가사가 자꾸 들리는 음악은 곤란하다. 바하 같은 바로크 음악이 공부할 때 배경음악으로 좋다는 것은 널리 알려진 사실이고, 모차르트 음악도 주의집중을 돕는다고 한다. 개인적으로 나는 여러 가지 클래식 및 세미클래식, 재즈, 월드뮤직, 크로서오버 그리고 태교음악, 아기 두뇌개발 음반들도 공부할 때 즐겨 들었다. 태아나 아기에게 좋은 것은 거의 누구에게나 좋다. 최근 들어서는 명상음악으로 분류되어 나오는 음악들을 즐겨 듣는다. 내가 감동적으로 본 영화 음악 중 차분한 것들도 좋아한다. 여러분 같은 청춘세대들은 잘 모르겠지만 내가 즐겨 듣는 영화음악으로는 〈가위손〉, 〈인생은 아름다워〉, 〈서편제〉, 〈그 여자 작사 그 남자 작곡〉 등이 있다.

잊지 말자. 공부하면서 음악을 듣는 이유는 다른 소음을 차단하고 공부에 집중하기 위해서라는 것! 그리고 환경이 허락할 때는 이어폰을 쓰지 않고 스피커로 듣는 것이 좋다는 것도! 이어폰을 장시간 사용하는 청소년들 중에 청력에 이상이 생긴 사람들이 많다.

3) 집중이 잘되는 시간 찾기

사람마다 집중이 비교적 쉽게 유지되는 시간대와 상대적으로 집중하기가 몹시 어려운 시간대가 있다. 이처럼 자신에게 맞는 집중의 황금 시간대와 능률 제로 시간대를 찾아내는 것이 필요하다. 황금 시간대에 중요한 공부와 집중을 많이 해야 하는 공부를 배치하고, 상대적으로 집중이 잘 안 되는 시간에는 집중력을 그다지 필요로 하지 않는 종류의 공부를 배치하는 것이 좋다. 집중이 거의 심지어 전혀 안 되는 시간대에는 잠을 자는 것이 오히려 효율적일 것이다.

〈표 8-2〉에서 집중이 잘되는 자신만의 황금 시간대를 찾는 연습을 해 보자. 그리고 집중도를 순위로 매겨 보자. 시간대를 1시간 단위로 나누어서 생각해 보면 더욱 정확하게 분석하고 배치할 수 있을 것이다. 일단 연습

〈표 8-2〉 황금 시간대 찾기

시간대	집중도
새벽	
8~11시	
11~1시	
1~3시	
3~5시	
5~7시	
7~9시	
9~11시	
심야	

이니까 연습하기 쉽게 2시간 단위로 분석해 보기로 하자. 집중도 상위 3위까지를 황금 시간대로, 하위 3위까지를 능률 제로 시간대로 정해서 선택에 'G1' 'G2' 'G3' 'Z1' 'Z2' 'Z3'으로 기록해 두자.

다음으로 〈표 8-3〉에서 공부해야 할 과목과 공부방법의 종류들을 나열해 보고 그중에서 어렵고 중요한 공부를 골라 보자. 난이도와 중요도를 높은 순서대로 순위를 매겨 보고 난이도와 중요도에서 공통적으로 가장 높은 것을 골라서 한두 가지 선택해 보자. 예를 들어, 수학문제집의 유제풀이와 종합문제 풀기가 가장 어렵고 중요하다면 이것이 1순위로 가장 높은 곳에 올라갈 것이다. 또 국어 교과서에 수업시간에 연필로 적어 놓은 내용들을 볼펜으로 색깔별로 정리하는 것이 가장 집중도 없이 할 수 있는 일이라면 그것을 맨 아래 칸에 적으면 된다.

그 다음에는 〈표 8-3〉에서 중요한 공부로 선정된 것을 〈표 8-2〉에서 황금 시간대로 선택한 시간대에 배치하면 된다. 또한 집중이 아주 안 되는 제로 시간대에는 무슨 일을 할 것인지 생각해 보고 그 일을 배치해 보자. 이것을 정리하여 〈표 8-4〉에서 정리해 보라.

〈표 8-3〉 중요한 공부 찾기

공부 종류	난이도	중요도	선 택

※시간대 중 대체로 잠들어 있는 시간대는 기록하지 말고 비워 둔다. 자는 시간에는 집중도가 없다. 0도 100도 아니다.

〈표 8-4〉 황금 시간대에 황금 놓기

시간대	집중도	선 택	배 치
새벽			
8~11시			
11~1시			
1~3시			
3~5시			
5~7시			
7~9시			
9~11시			
심야			

　집중이 잘되는, 머리가 맑은 시간을 찾을 때 고려해야 할 것이 있다. 연구에 따르면, 보통 사람은 잠에서 깨어 3~4시간 후에 가장 머리가 맑다. 7시에 일어난다면 10~11시에 가장 머리가 맑은 것이다. 이 조건만으로 외울 시간을 결정한다면 여러분은 오전 10~11시에 가까운 시간 사이에 외우기를 하는 것이 가장 좋을 것이다. 집중이 떨어지기 시작하면 단순한 공부를 하고, 집중이 아주 많이 떨어졌을 때는 쉬거나 낮잠을 잠깐 자는 것이 좋을 것이다. 낮잠을 잠깐 자면 하루 중 머리가 가장 맑은 시간이 한 번 더 생기는 셈이 되니 방학이나 휴일 공부를 할 때라면 권하고 싶다. 특히 더운 여름날 잠시 낮잠을 자면 그 이상 좋은 청량제가 없다. 하지만 오래 자면 오히려 머리가 멍멍하니 30분 이상 낮잠을 자는 것은 좋지 않다. '나는 잤다 하면 두세 시간'이라면 아무리 낮잠을 자고 싶더라도, 아무리 피곤하더라도 자지 말기 바란다. 인간의 뇌는 1시간 30분 정도의 시간 단위로 쉬어주고 새로이 시작하는 것을 좋아한다는 것도 기억하자. 아무것도 하지 않고 잠시 쉬는 동안 여러분의 뇌는 여러분의 기억을 정리하는 일을 한다.

4) 방해 요인 극복하기

공부를 방해하는 요인들은 각자의 상황과 스타일에 맞추어 해결해야 할 것이다. 자신의 공부를 방해하는 요인이 무엇인지 생각해 보자. 자신의 상황에 대해서는 자신이 가장 잘 알기 때문에 극복 방안, 해결책도 가장 좋은 것으로 만들 수 있다.

컴퓨터 게임, 집안의 걱정거리, 부모님의 다투는 소리, 부모님이 다른 형제와 차별하실 때 공부가 잘 안 된다. 학교에서 친구 문제로 고민이 있거나, 지나친 과외 활동, 즉 교회 일이나 동아리 활동에 관련되어 잡념이 자꾸 생기는 경우가 많고, 이성 친구가 있어서 그 아이와 관련해서 이런저런 잡념이 자꾸 생긴다거나, 친구가 많아서 전화가 자주 걸려 온다거나 하는 것이 공부하려는 마음을 흩어놓을 수 있다. 어떤 것이 가장 막강한 방해 요인인가?

이를 파악한 다음에는 자신에게 물어볼 것이 있다. '공부에 더 집중하기 위해 그 활동을 줄이고 싶어 하는가?' 자꾸 전화가 와서 친구와 통화하느라 공부가 여러 번 끊어지고 주의가 흩어진다고 하자. 그럼 스스로에게 이렇게 이야기해 보아야 할 것이다. '오늘은 전화가 좀 여러 통이 온 것 같네. 전화가 오면 어떻지? 공부에 방해가 되지는 않니?' 여러분의 마음이 진심으로 아니라고 하면 '흠, 다행이군. 역시 나는 의지가 강하다니까!' 하고 스스로를 칭찬해 주고 그냥 계속 공부하면 된다. 그런데 이런 일이 여러 번 생기면 자신에게 다시 물어보기 바란다. '정말로 방해 안 돼? 솔직히? 방해 되는 것 같은데…… 2시간 공부하는 동안 전화가 세 번이나 왔잖아?'

다행히 결국은 그런 활동에 드는 시간을 좀 줄여 봐야겠다고 스스로가 말하거든 어떤 방법으로 이 요인을 해결할 수 있을지 생각해 보면 된다. 어떤 의견이든 머릿속에서 미리 잘라내지 말고 떠오른 모든 해결 방법을 연습장에 적어 보고 그중 가장 할 만하고 효과가 있을 것 같은 방법을 한두 가지 골라서 실천한다.

만약 친구들의 반응이 두렵다면? 친구들과 잘 놀고 함께 시간을 보내 오다가 이제 내 삶을 위해 마음을 잡고 공부를 열심히 하기로 하고 나면 친구들에게서 여러 가지 형태의 압력이 들어올 것이 분명하다. "너, 변했구나." "그래, 얼마나 잘되나 두고 보자." "너 왜 티내고 그래?" "너는 공부나 해. 우리랑은 손 끊자고." 등의 비난과 따돌림을 겪게 될 수도 있다. 사람은 사회적 동물이다. 어른도 그렇지만 특히나 청소년들에게는 그 어떤 압력보다 친구들의 따돌림이 위협적이고 겁나는 일이다. 이런 압력이 얼마나 무서운 것인지 어른들은 잘 모른다. 나는 예전에 이런 반응들을 모두 겪었다. 중학교 2학년 때까지는 내가 좀 어리석어서 잘 대처하지 못했다. 중학교 3학년이 되면서 조금씩 대처할 줄 알게 되었는데 그렇지 않았더라면 친구 좋아하고 놀기 좋아하는 내가 서울대학교에 들어 가는 일은 결코 일어나지 않았을 것이다.

초등학생이라면 다음과 같은 방법들이 좋겠다.

- 친구와의 이야깃거리를 완전히 없애지는 않는다고 생각해야 한다. 학교에서 친구들과 대화가 통하지 않으면 생활하기 어렵다. 친구들이 하는 TV 프로그램 이야기나 연예인 이야기, 만화 이야기, 유행하는 게임이나 놀이 이야기 등에 대해 전혀 아는 게 없으면 아주 곤란해진다. 그러니까 완전히 끊어 버리지는 말고 줄이는 방법을 쓰는 것이 좋다.
- 공부하는 시간 외에 일주일에 하루 정도는 친구들과 보낼 시간을 알차게 마련해 둔다. 공부시간에는 확실히 공부하지만, 친한 친구들과 같이 놀 수 있는 시간을 일주일에 두 번 반나절 정도를 마련하라. 부모님과 잘 이야기하고 평소에 열심히 공부하는 모습을 보여 드린다면 주말에 친구들이 집으로 몰려와서 시끄럽게 놀아도 괜찮고, 아마도 부모님은 맛있는 간식까지 준비해 주실 것이다.

중·고등학생이라면 다음과 같은 방법이 더 좋을 것이다.

- 친구들에게 의논하고 부탁하는 편지를 쓴다. '내가 성적이 이러저러한데 내가 이러저러한 결심을 하였고 그러기 위해서는 어느 만큼 공부를 해야 한다. 나는 여전히 너를 좋아하고 친하게 지내고 싶다. 이런 내 마음을 이해해 달라. 너라면 나를 이해해 줄 것이라고 믿는다.' 그 밖에 그동안 친구들에게 소홀했던 부분은 하루 공부가 계획대로 잘 끝난 다음에 문자를 보낸다거나 시험이 끝난 날 친구랑 실컷 논다거나 하는 방법으로 좋은 관계를 유지할 수 있다. "그 정도로 안 된다. 예전만큼 같이 놀자." "나도 안 하니 너도……(말이 좋지, 결국 같이 망하자는 것이다)."라고 한다면 말이 어째 좀 과격하긴 하지만, 솔직히 말해서 그런 사람을 친구라고 계속 곁에 두고 있을 필요는 없겠지.

- 유머로 분위기를 부드럽게 한다. 이것은 유머가 되는 성격이라야 가능한 방법인데 내가 고등학생일 때 자주 쓰던 방법이기도 하다. 친구들이 안 하던 공부를 하는 내 모습을 보고 갖가지 표현으로 태클을 걸어 오면 이렇게 응수했다. "신경 쓰지 마. 괜히 폼 잡아 보는 거야. 며칠이나 가겠어? 내 성격에!" "난 머리가 나쁘잖아. 네가 한 시간 동안 하는 분량을 하려면 난 네 시간은 해야 해!" "얘들아, 나 열심히 공부해서 나중에 돈 많이 벌면 팍팍 쏠게. 조금만 기다려."

- 스스로 다짐하는 말을 만들어 두자. 이것은 각자의 인생철학이 세워져야 가능한 일이다. 인생철학이 별거 아니다. 자신의 삶에 대해 태도나 방향을 갖게 되는 것이다. 고등학생이 되어서 내 인생을 생각하고 전망해 보았더니 집은 가난했고, 나는 공부 외에 다른 특별한 재주가 없었기 때문에 공부를 잘해서 원하는 대학과 학과에 진학하고 거기에서 나의 진로를 여는 것 외에는 다른 방법이 없었다. 과외는 꿈도 못 꿀 형편이었고 집은 거의 언제나 시끄러웠다. 공부는 어쨌든 스스로 해야

했다. 그러다 보니 독립적인 성격이 되었다. 그래서 친구들을 바라보며 이런 생각을 하곤 했다. '내 인생, 너희가 책임져 주지는 못하잖아. 부모님도 못 해 주시는데……. 내 인생은 내가 책임져야 해. 그러니 이해해 주렴.'

- 숙제는 학교에서 한다. 친구들은 내가 열심히 공부하는 걸 싫어했다. 같이 즐겁게 놀던 친구들은 그 애들대로, 더구나 나하고 성적이 비슷한 친구들은 신경을 곤두세우고 조금만 공부할라치면 옆에 와서 "너 왜 그렇게 열심히 공부하는데."라고 했다. 나는 그 말을 들으면 이상하게 신경이 쓰여서 공부가 잘 안 되었다. 그래서 학교에서 애들이 볼 때는 주로 숙제를 했다. 그렇게 하면 최소한 나의 경쟁자들은 조용해진다. 숙제하는 것 갖고 뭐라 하지는 않으니까. 숙제 중에서도 아무데서나 해도 되는 가벼운 종류, 예를 들면 영어 새 단어·숙어 뜻 찾기, 본문 몇 번 쓰기, 국어 문단 나누기, 모르는 낱말 찾기, 지도 그리기, 한자 10번 쓰기 등등을 했다.

앞의 방법들 외에 혼자 브레인스토밍을 해도 좋은 대응방안이 생각나지 않을 경우 나와 같은 상담 선생님을 만나서 함께 생각해 볼 수 있고, 도움을 줄 만한 선배나 어른의 자문을 받을 수도 있다. 무엇보다 잊지 말아야 할 것은 '내 인생은 나의 것이고 세상의 어떤 사람도 책임져 줄 수 없다.'는 점이다. 친구와의 의리를 생각해서 내 인생에 대한 준비를 소홀히 하여 내가 바라는 미래를 만나지 못할 경우 그 엄청난 비극을 누가 책임져 줄 것인가?

5) 자투리 시간용 공부거리의 다양화

우리의 하루 생활 중에는 자투리 시간이 무척 많이 숨어 있다. 식사시간, 화장실에 앉아서 깊은 시름을 하는 시간(소변 말고), 등하교를 위해 걷는 시간과 차 안에 있는 시간, 좋아하는 프로그램을 보려고 텔레비전을 켰지만 광고 중일 때, 학교에서의 쉬는 시간과 점심시간, 수업 시작하는 벨이 울리고 선생님이 교실에 들어오기 전까지의 2~3분 등.

아침에 식사하는 시간이 20분이라면 그 중 최소한 3~5분은 공부에 집중할 수 있다. 숟가락으로 밥을 푸거나, 국을 뜨거나, 반찬을 집는 시간에는 공부를 할 수 없지만 씹는 시간에는 턱이랑 혀, 이는 작업 중이지만 눈과 머리는 쉬고 있다. 이럴 때 영어 단어나 한자를 외울 수 있다. 화장실에서 큰 볼일을 볼 때 역시 조명만 받쳐 준다면 무리 없이 공부할 수 있다. 깊은 시름을 하는 화장실은 영어 단어나 한자를 외우기에는 그만이다. 수업 시작하는 종이 울리고 선생님이 2분 후에 들어온다면 2분이라는 자투리 시간은 예습이나 복습을 하기에 아주 적당한 시간이다. 등하교길도 영어나 한자 공부에 아주 요긴하다. 집중시간이 짧고 암기를 안 좋아하는 사람은 1시간씩 몰아서 해 봤자 능률이 안 오른다. 수학을 어려워하고 별로 안 좋아하는 나와 같은 사람이라면 수학 문제를 몰아서 많이 푸는 것을 별로 좋아하지 않는다. 이런 사람이라면 쉬는 시간은 수학 한 문제 정도 풀기에 적당한 시간이다. 쉬는 시간마다 화장실 가는 것이 아니니까 화장실 가지 않는 쉬는 시간과 자습시간 약간을 이용해서 수학 문제를 풀면 하루 10문제는 거뜬하다. 화장실 다녀온 다음에도 쉬운 문제는 1문제 정도 풀 수 있을 것이다. 이렇게 짬짬이 푸는 것이 날 잡아서 두어 시간 계속 수학 문제만 푸는 것보다 덜 고통스러울 것이다.

친구를 만나러 가거나 이동할 때 단어장, 숙어장은 필수! 아니면 공부거리 녹음 파일도 좋다. 친구를 기다리는 시간 등 얼마나 생길지 모르는 시간들에 대한 대비도 필요하다. 공부거리가 없다면 그 시간은 의미 없는 시간이다. 자투리 시간을 죽이지 말고 잘 활용하고 그 공부 시간만큼 자유로워진 다른 시간들을 요긴하게 즐길 수 있다. 어디를 가든 1시간 정도의 공부는 할 수 있는 공부거리를 꼭 갖고 다니는 습관을 갖기 바란다.

3. 마음 챙기기

공부할 때 마음을 얼마나 잘 챙겨 두고 공부하느냐에 따라서 같은 시간 동안 공부해도 능률과 성과는 다르다. 수학 다섯 문제를 가지고 한 시간 동안 풀 수도 있고 5분 만에 풀 수도 있다. 여기에서는 다양한 명상방법 중 책상 앞에 앉아서 손쉽게 할 수 있는 호흡명상법과 공부하다 힘들 때 작은 공간을 가볍게 걸으며 할 수 있는 보행명상 두 가지를 소개하겠다. 되든 안 되든 무조건 10번만 연습해 보라. 반드시 좋은 성과를 체험하게 될 것이다.

마지막으로 쉽게 다시 집중할 수 있는 고무밴드 사용 방법도 알려 주겠다. 고무밴드가 생기면 버리지 말고 모아 두자. 아주 요긴하게 쓸 수 있다.

1) 호흡명상

의자에 앉은 채로 자세를 가장 편안하게 하되 허리와 목, 즉 척추를 반듯하게 잘 세운 다음에 최대한 천천히 숨을 들이쉬면서 속으로 말한다. '들숨. 지금 나는 숨을 들이쉬고 있다.' 들이쉴 때 보다 조금 더 천천히 그러나 깊이 숨을 내쉬면서 '날숨, 지금 나는 숨을 내쉬고 있다.'라고 속으로 말하며 날숨을 관찰한다. 앞의 문장이 너무 길어서 암기하기 어렵다면 들이쉴 때 '들숨' 혹은 '들이쉼', 내쉴 때 '날숨' 혹은 '내쉼'이라고만 해도 괜찮다. 보통 들숨보다는 날숨이 더 천천히 이루어진다. 우리는 살아 있는 한 어쨌든 쉼 없이 호흡을 하기 때문에 언제 어디서든 할 수 있는 명상방법이다.

호흡명상은 호흡하면서 자신의 마음을 알아차리게 하는 것이 목적이다. 호흡명상법을 연습하여 익숙해지면 호흡이 평화롭고 부드러워지며, 이렇게 되면 몸과 마음도 평화롭고 부드러워질 것이다. 익숙해지면 3~5분 정도로 명상의 효과를 경험하게 된다.

호흡에 집중하는 것이 익숙해지면 호흡명상법을 한 단계 더 업그레이드 해 보자. 숨을 들이쉬고 내쉬는 것에 맞추어 자신이 정한 명상문구를 속으로 암송하는 것이다. 예를 들면, 이런 문구를 암송할 수 있다. '들숨, 내 몸이 편안해진다. 날숨, 내 마음이 평화로워진다. 이 순간 나의 집중력은 최고조다.' 반복적으로 문구를 암송하면 실제로 이와 같은 상태로 되는 것을 경험하게 된다. 이는 호흡명상을 수행하는 많은 사람들이 보고하는 것이므로 믿어도 좋다. '이 순간 나의 집중력은 최고조다.' 대신에 각자에게 필요한 다양한 문구를 넣을 수 있을 것이다. 이런 문구는 어떤가? '들숨, 할 수 있다. 날숨, 지금 나는 한다.' 또 이런 문구는 어떨까? '들숨, 하기 싫은 것을 먼저 하면 날숨, 하고 싶은 일을 할 수 있게 된다.' 호흡명상을 하다가 잡념이 들어왔다? 그러면 잠시 문구를 암송하는 것을 멈추고 마음속으로 '잡념이 들어왔구나.' 하고 그 잡념을 편안한 마음으로 바라보면 잡념은 기운을 잃고 스르르 물러가게 된다.

2) 보행명상

보행명상은 공부하느라 자칫 부족해지기 쉬운 운동을 보충해 주는 데도 효과가 있다. 명상법이기 때문에 10분 정도만 해도 30분 이상 운동한 효과가 있다. 방법은 아주 간단하다.

천천히 숨을 들이쉬고 내쉬면서 영화에서 보는 슬로우모션처럼 아주 천천히 걸음을 걷는다. 발의 움직임과 발이 땅바닥에 닿는 것을 느낀다. 일직선으로 왔다갔다하면서 걸으면 되는데, 만약 방이 좁으면 방안을 원을 그리는 기분으로 걸어도 된다. 눈은 몇 발자국 앞의 바닥을 바라본다. 걸음을 옮길 때마다 발이 바닥에 닿는 느낌을 잘 관찰한다. 다른 잡념이 들어오면 걸음을 멈추고 그 잡념이 무엇에 대한 것인지 잘 관찰한다. 그런 다음 다시 걸음걸이에 주의를 기울인다.

연습하는 동안에는 걸음을 몇 개의 단계로 나누어 호흡명상을 할 때 암송하듯이 마음속으로 읊조리는 것도 도움이 된다. 예를 들어, '들어 올림-발 옮김-내림-몸 옮김'과 같은 문구를 천천히 생각하는 것이다. 5~10분 정도 혹은 30분 정도 지속할 수도 있다.

3) 고무밴드의 힘

흔하디 흔한 고무밴드가 공부할 때 여러분을 잡념에서 집중으로 되돌려 놓는 큰 공헌을 할 수 있다. 공부할 때 왼쪽 손목에 고무밴드를 한 개 찬다. 잡념이 생겼구나 알아차리게 되면 오른손으로 이 고무밴드를 잡아당겨 탕 하고 손목에 튕긴다. 살짝 따가울 수 있으니 너무 세게 잡아당기지는 말도록. 아프게 해서 정신 차리게 하는 것이 목적이 아니므로 살짝만 튕기면 된다. 고무밴드의 튕김을 신호로 다시 집중을 회복하는 것이 자동화되도록 반복하는 것이 중요하다. 이 방법을 하루 이상 사용해 보자.

제9장
인생의 성공을 가져오는 시간 관리

1. 효과적인 학습계획

학생의 입장에서 시간관리를 통해 황금알을 낳기 위해서는 학습계획을 효율적으로 세우는 것이 가장 중요하다. 하지만 시간관리는 학습계획만을 위한 것이 아니다. 시간을 관리한다는 것은 지금 이 순간을 내가 원하고 뜻하는 대로 사용하는 것이므로 결국 삶의 주인이 되어 순간 순간을 알뜰하게 관리하는 것이다. 여러분은 학생이고 학생의 본분이 공부이기 때문에 학습계획을 중심으로 시간을 관리하는 것이 가장 핵심이 되는 것이다.

지금 여러분의 한 시간을 그다지 값진 것이라고 생각하기는 어려울 것이다. 그런데 여러분이 나중에 연봉 1억 원을 받는 사람이 되었다고 해 보자. 한 달 30일 중에서 월요일에서 금요일까지 20일을 일한다고 하면 여러분은 1년에 240일을 일하게 되고, 하루에 식사시간과 자유로운 대화시간, 휴식시간 등의 기타 시간을 제외하면 8시간을 일하는 사람이라고 하자. 그런데 여러분이 일하는 사무실이 서울의 중심가에 위치하고 있어서 사무실 공간의 한 달 임대료가 200만 원이다. (실제로 내가 10여년 전 모 기업에서 일할 때 내가 혼자서 사용하는 상담실 공간이 당시 가격으로 한 달에 150만 원짜리였다고 한다.) 여러분이 사용하는 사무실 집기와 전산설비 등의 비용은 생략하기로 하자. 그렇다해도 여러분의 연봉은 최소한 1억 2천 4백만 원이다. 이렇게 되면 여러분의 한 시간의 가치는 1억 2천 4백만 원 나누기 240일, 다시 나누기 8시간해서 64,583원이 된다. 내 목표는 1억보다 많다고? 그럼 더 올려서 계산해 보면 된다. 여하튼 현재 여러분의 한 시간의 값은 하찮아 보이지만 열심히 공부해서 꿈을 실현한다면 시간의 가치는 점점 더 커지게 된다. 지금 열심히 하지 않아서 여러분의 몸값을 낮춘다면 1시간마다 몇 만원씩을 버리는 것이다. 지금부터 10년간 공부해서 30년의 연봉이 좌우된다고 하면 한 시간의 값의 차이는 더 커질 것이다. 이렇게 생각해 보면 지금 한 시간 한 시간은 아주 값진 것이다.

그런데 더 나아가 나는 여러분이 효율적으로 공부하는 것보다 더 값지고 큰 것을 여러분에게 바라고 기대한다. 여러분의 삶을 스스로 잘 관리하는 멋진 매니저가 되어서 성공하는 삶을 살아가기를 바라는 것이다. 지금의 시간 관리는 그런 성공적인 삶의 관리에 도달하는 중요한 연습이다. 이런 큰 의미를 담아서 학습계획을 세우는 방법을 알아보자.

1) 공부할 수 있는 시간 계산해 두기

〈표 9-1〉에 나의 주별 학습계획표에 반드시 해야만 하는 일들을 표시해 두자. 학교 수업, 동아리 모임, 병원 예약, 수면 및 식사시간, 학원 수강 및 이동 시간 등이 있을 것이다. 그런 일들에 드는 시간을 펜으로 박스를 쳐서 비워내고 나면 다음으로는 이제 개인적으로 공부하는 데 사용할 수 있는 시간대가 눈에 들어올 것이다. 마지막으로 이 사용 가능한 시간 중에

〈표 9-1〉 나의 주별 학습계획표

시 간	( )요일	( )요일	( )요일	( )요일	( )요일	( )요일	( )요일
오전 7:00 ~							
8:00 ~							
9:00 ~							
10:00 ~							
11:00 ~							
오후 12:00 ~							
01:00 ~							
02:00 ~							
03:00 ~							
04:00 ~							
05:00 ~							
06:00 ~							
07:00 ~							
08:00 ~							
09:00 ~							
10:00 ~							
11:00 ~							
12:00 ~							
새벽 1:00 ~							

서 공부에 사용하고 싶은, 사용하기로 결정한 시간대를 붉은색 펜으로 표시해 보자. 붉은 펜으로 둘러싸인 이 시간을 요일별로 모두 합하면 각 요일별로 혼자서 공부할 수 있는 시간이 계산된다. 우리의 삶이 일주일 단위로 돌아간다고 보면 이렇게 계산해 둔 시간은 이번 학기의 내 공부를 위해서는 아주 중요한 숫자가 된다.

2) 과목별 예상 소요 시간 재 두기

네이버 백과사전에 따르면, 게이지란 '기계제품의 치수 · 모양 등의 기준이 되는 것 또 그것을 검사하는 데 사용되는 것의 총칭'으로 '일반적으로 공장에서 공작물을 측정하거나 검사할 때 길이 · 각도 · 모양 등의 표준이 되는 것'을 말한다. 뜨개질을 할 때 치수에 맞게 뜨개질을 하려면 전체 몇 코나 떠야 하는지 알아보기 위해 아주 조그만 조각으로 미리 뜨개질해 보는 것을 '게이지' 낸다고 한다. 과목별 예상 소요시간을 재 두는 것은 공부에서 과목별 게이지를 내는 셈이다.

과목별로, 공부의 종류별로 가장 작은 단위만큼 공부하는 데 시간이 얼마나 걸리는지 미리 계산을 해 두어야 한다. 어떤 과목의 인터넷 강의 중심의 공부를 예로 들어 보자. 인터넷 강의 한 단위가 강의를 듣는 데만 30분이 걸리고, 강의 듣기 전에 강의 들을 만큼의 교재를 한 번 읽고 중요한 부분과 '잘 모르니까 인터넷 강의를 들을 때 열심히 들어야겠다.' 하는 부분을 표시해 두는 것에 10분, 인터넷 강의를 다 듣고 나서 교재 부분을 다시 한 번 보고 요약 · 정리해 두는 것에 10분이 걸리며, 해당 분량의 문제집을 풀어 보고 채점하고 틀린 문제를 교재 부분으로 다시 돌아가서 표시하고 공부해 두는 데 20분이 걸린다면 이 과목의 인터넷 강의 한 단위의 게이지는 70분이 된다.

이런 방식으로 내가 하고 싶은, 해야만 하는 공부의 종류별로 게이지, 즉 예상 소요 시간을 측정해 두어야 정확한 학습계획을 세울 수 있다. 이러한 측정을 위해서는 공부의 종류별로 필요한 교재와 기타 공부 재료, 각 재료의 공부 순서와 방법이 미리 정해져 있어야 한다.

여기에서 짚고 넘어가야 할 중요한 학습계획 수립 원칙 중 하나는 시간 중심이 아닌 분량 중심의 계획을 세워야만 성공할 수 있다는 점이다. 시간 중심의 계획은 그 시간만 채우면 되는 게으름과 배짱을 부릴 여지가 너무 크다. 분량 중심의 계획은 몰입하고 집중하여 그 분량을 최대한 빨리 해치우면 나머지 시간에 하고 싶은 일을 하거나 쉬면서 즐겁게 보낼 수 있다는 점에서 집중할 수 있는 의욕을 불어넣어 미래 지향적이고 발전적이다.

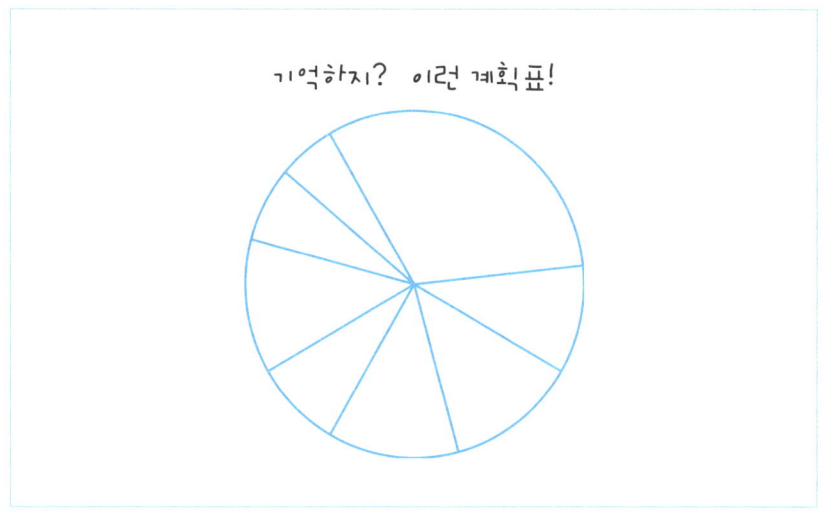

나눠도 나눠도 시간은 남는데, 계획대로 되는 것 같기도 한데, 한 달을 실천해도 남는 것은 별로 없는 신기한 계획표, 이것을 우리는 방학 때마다 만들어 왔다. 이것을 마음에서 싹 비우길 바란다.

3) 전체 계획과 일주일 계획 세우기

학생에게는 학습계획의 단위가 1년에 네 번 있다. 1학기, 여름방학, 2학기, 겨울방학이 그것이다. 전체 계획이란 한 학기 전체 혹은 방학 전체 계획을 의미하고 그 단위 안에서 주별 계획을 수립한다는 의미가 된다. 학기 중을 예로 들면 한 학기 동안 하기로 한 공부 종류별로 어떤 교재와 재료를 어떤 순서와 방법에 의해 얼마만큼 공부할 것인지를 대략 정한다. 그리고 미리 재어 둔 일주일별 공부 가능한 시간의 양과 예상 소요시간을 근거로 하여 공부 분량을 일주일 단위로 나누어서 한 주가 시작되는 날 혹은 그 전날 밤에 일주일의 계획을 자세하게 세운다. 혹은 나처럼 자투리 시간에 주별 계획을 틈틈이 세우는 것도 좋다. 공부하다가 잡념이 들 때 계획대로 잘 진행되고 있는지 하루치씩 점검하는 것도 좋은 방법이다.

일주일 계획 중 가장 중요한 것은 일주일간 계획한 분량의 공부를 훌륭히 해 냈을 경우 적어도 반나절에서 하루 정도는 자신이 하고 싶은 일을 하면서 신나게 보낼 수 있도록 스스로를 위한 상을 마련해 주어야 한다는 것이다. 지치고 힘겨운 공부에 대해 그 정도의 보상도 없다면 장기간 지속적으로 열심히 공부를 계속하기란 힘들지 않겠는가.

4) 20% 여유 있게

학습계획은 내가 할 수 있다고 생각하는 분량의 80% 정도만 하는 것으로 세운다. 벅차게 짜서 매일 '에이, 오늘도 다 못 했네.' 하고 실패감을 맛보는 것은 실제로 일어나는 큰 실패보다도 더 큰 손실이다. 반복되는 실패감은 심리학적인 개념으로 말하자면, '학습된 무기력감'을 낳고, 학습된 무기력감은 성취할 만한 일인데도 시도하지 않고 미리 포기해 버리게 하는 패배주의를 가져오고, 이것이 극복되지 않으면 인생의 실패를 가져오게 된다. 따라서 조금 헐렁하게 세워서 성공하는 즐거움과 나도 할 수 있다는 자신감을 맛보고 혹 불가피한 일이 생겨서 계획대로 못한 경우 보충할 수 있는 여유 시간으로 쓸 수 있도록 하는 것이 바람직하다. 학습된 무기력감이 이미 왔다고 생각되는 사람은 60% 정도로 계획을 세우도록 한다. 한 시간 동안 10쪽 분량을 공부하는 것으로 계획을 세워서 겨우 할 수 있다고 생각되면 6쪽 분량만 하도록 계획하라는 말이다.

5) 자체 상벌 부과

나처럼 오랫동안 공부를 해 왔고 지금도 직업이 공부하는 일이고 나이가 40이 넘은 사람도 공부하는 노력에 대한 상에 영향을 받는다. 하기 싫고 부담스러운 공부일수록 상과 벌이 필요하다. 어린아이들과 좀 더 나이가 든 여러분의 차이는 우리의 상과 벌은 우리 스스로 부과하는 것이라는 점과 먹을 것보다는 좀 더 형이상학적인 즐거움을 주는 것을 상으로 받고 싶어 하게 된다는 점 뿐이다. 싫고 부담스러운 일일수록 더 작은 진도마다 작은 상을 더 자주 주는 것이 좋다. 유치하다고 생각하는 건 괜한 자존심이다. 상을 좋아하는 것은 인간이라면 누구나 갖는 마음이므로 그런 마음이 없는 것을 걱정해야 한다. 1시간의 공부계획이 달성되었다면 '친구와 카톡하기 2통'을 상으로 준다거나 2시간의 공부가 잘 끝났다면 음료수 한 잔이나 좋아하는 과일 한 개 정도를 자신에게 상으로 주는 것이 좋을 것이다. 하루의 공부가 잘 끝났다면 1시간 놀기를 상으로 주는 것은 어떤가? 그 1시간 동안 게임을 하거나, 좋아하는 드라마를 보거나, 영화를 반 정도 보는 상을 스스로 받으면서 재충전해 보자.

자체 상벌이 집행되기 좀 어렵다고 생각되면 의기투합한 친구나 부모님에게 상벌의 내용을 이야기하고 관리해 주거나 서로에게 상벌을 주도록 계약을 맺으면 된다. 혹은 친한 선생님에게 상벌 부과의 역할을 맡아 달라고 부탁하는 것도 좋은 방법이다. 그런데 무엇이건 상으로 사용하려면 평소에는 그것에 좀 목마르고 배고파야 한다. 즉, 인터넷 사용이 상이 되려면 목표 달성한 상으로 하는 것 외에는 하지 않아야 한다.

2. 학습계획의 예

1) 주별 계획 수립의 예

나의 요즘 생활을 예로 들어서 주별 계획 수립을 구체적으로 알아보자. 다음의 〈표 9-2〉는 매주 정기적으로 반드시 해야 하는 수업과 종교활동만 기재되어 있는 시간표다. '○월 ○일~○월 ○일'을 적게 되어 있는 상단에는 그 주에 특별히 꼭 해야만 하는 일이나 하고 싶은 일 등 주별 목표를 적어 넣을 수 있다. 대부분 15분 단위로 되어 있는데 15분 단위는 나에게 적절한 것이어서 그러한 단위로 구분되어 있는 것이며, 각자 자신에게 적합한 형태로 시간 단위를 자를 수 있을 것이다.

〈표 9-3〉은 〈표 9-2〉의 기록들에 내가 매주 정기적으로 하기로 결정한 활동들이 덧붙여진 것이다. 수업 준비와 보직을 맡고 있는 기관에서의 정기적인 업무와 연구 관련된 일이 기록되었다. 이렇게 기록하고 나면 이제 개인적으로 공부에 사용할 수 있는 시간대가 눈에 들어온다. 월요일, 수요일, 금요일에는 개인적으로 공부할 시간이 없고, 화요일에 5시간, 목요일에 4시간 정도가 있다. 주말을 제외하면 나에게는 일주일에 9시간 정도 개인적인 공부를 할 수 있는 시간이 있다. 아마 여러분은 나보다 훨씬 더 많은 시간이 계산될 수 있지 않을까 예상된다.

〈표 9-4〉는 구체적인 한주간의 계획이 완료된 계획표다. 그 주 안에 꼭 해야 할 일들은 그 한 주 안에 모두 성취되도록 계획표가 다소 수정되었다.

〈표 9-2〉 기본 시간표

	월 일 ~ 월 일( )					
시 간	월요일	화요일	수요일	목요일	금요일	토요일
10 00	수업					
15	(학생**)					
30	사116					
45						
11 00				대학원		대학원
15				(집단**)		(상담**)
30				사116		사116
45						
12 PM						
15						
30						
45						
1 00						
15						
30						
45						
2 00						
15						
30						
45						
3 00						
15						
30	수업		수업	수업		
45	(교육**)		(학생**)	(가르침**)		
4 00	사116		사116	사116		
15						
30						
45						
5		회의				
6			논문지도모임			
7			상담공부모임			
8						

〈표 9-3〉 상세 정규 시간표

월   일 ~ 월   일(   )

시 간		월요일	화요일	수요일	목요일	금요일	토요일
9	00	메일 체크/ 연락/일처리	수업 준비 (상담**)	수업 준비 (집단**)		연구하는날: 다른 약속 안 만들기	
	15						
	30						
	45						
10	00	수업 (학생**) 사116					
	15						
	30						
	45						
11	00	회의			대학원 (집단**) 사116		대학원 (상담**) 사116
	15						
	30						
	45						
12	PM	회식		미사			
	15						
	30						
	45			식사			
1	00	슈퍼비전					
	15						
	30			운동	수업 준비 (가르침**)		
	45						
2	00	수업 준비 (교육**)		수업 준비 (학생**)			
	15						
	30						
	45						
3	00	수업 (교육**) 사116		수업 (학생**) 사116	수업 (가르침**) 사116		
	15						
	30						
	45						
4	00						
	15						
	30						
	45						
5		상담	회의	논문지도모임			
6		귀가					
7		식사/처리	수업 준비 (교육**)	상담공부모임			
8		수업 준비 (학생**)					

〈표 9-4〉 **구체 계획표**

9월 26일 ~ 10월 1일(책 원고 수정 1/2, 중독 연구 척도 완성, 설문지 실시 학교 섭외, 특강 강사 섭외, 메타분석 코딩 데이터 수거, 5주차 강의노트 완성, 교육모형연구 수정)

시 간		월요일 9/26	화요일 27	수요일 28	목요일 29	금요일 30	토요일 10/1
9	00	메일 체크/ 연락/ 일처리	메일 체크/연락/일처리	중독척도	메일 체크 특강강사 섭외	혈액검사	메일 체크 일처리
	15						
	30						
	45						
10	00	수업(학생**) 사116	수업 준비 (상담**)	수업 준비 (집단**)		운전	대학원 (상담**) 사116
	15						
	30						
	45				대학원 (집단**) 사116		
11	00	회의					
	15						
	30						
	45						
12	PM	회식		미사			
	15						
	30			식사			
	45						
1	00	슈퍼비전				교육모형연구 -원고 수정	귀가
	15			운동			
	30						
	45				수업 준비 (가르침**)		
2	00	수업 준비 (교육**)	학습전략 강의록 만들고 강의 준비	수업 준비 (학생**)			
	15						
	30						
	45						
3	00	수업 (교육**) 사116		수업 (학생**) 사116	수업 (가르침**) 사116		
	15						
	30						
	45						
4	00					죽음 -연구회의: 데이터 코딩 완료	
	15						
	30						
	45						
5		상담	회의 책 원고 교정	논문지도모임	중독 -연구회의: 설문실시학교 섭외 5주차 -영화편집		
6		귀가					
7		식사/처리	중독 연구 -척도문항	상담공부모임		운전	
8		수업 준비 (학생**)					

그러나 그렇게 해도 성취되지 못하는 계획은 그다지 급한 것이 아니라면 다음 주로 넘겨지게 된다. 〈표 9-4〉에서 원고 수정은 그 주간에 목표치 달성이 불가능할 것이고, 따라서 그 다음 주로 넘겨지게 될 것이다. 또한 대학원 수업은 수시면접이라는 더 급하고 반드시 해야 할 학교 일이 생김에 따라 한 주 뒤로 밀려서 보강하게 될 것이다.

2) 일일 학습계획의 예

다음 〈표 9-5〉는 여러분의 상황에 맞추어 작성해 본 구체적인 일일 학습계획의 예다. 중·고등학생의 상황을 구체적으로 예상하지는 못해서 이틀간만 상상해 보았다. 날짜와 요일 옆의 괄호 속에 있는 분은 그날 사용 가능한 공부시간이다. 학습계획표 안에는 공부 소요 시간과 그 시간 동안의 공부방법과 절차가 적혀 있다. 내 경우에는 일일 학습계획을 다이어리에 적어 두고 실행하고 점검하고 있다. 이렇게 세운 계획이 달성되면 계획 옆에 동그라미를 하거나 색연필로 그어 두고 달성하지 못한 계획은 다른 날 다른 시간대로 옮겨 적어 둔다.

다음의 [그림 9-1]과 〈표 9-6〉은 하고 싶은 일과 하기 싫지만 해야 할 일을 교대로 넣어서 여러 가지 일이 균형을 이루게 하거나 하기 싫은 일을

〈표 9-5〉 중·고등학생의 일일 학습계획

26(월) (240분)		27(화) (100분)	
05:00~06:00	인터넷 6강(60분) 교재 1독, 밑줄, 2독	05:00~08:30	친구와의 만남
07:00~09:00	문법(120)−관사/독해, (100~129) 문제 3회	09:00~10:00	인터넷 7강(60) 교재 1독, 밑줄, 2독
09:00~10:00	사회, 과학 예습(60) 중요한 부분 밑줄, 의문 나 는 부분 표시	10:00~10:40	문법(40분)−대명사, (130~141) 문제 제외

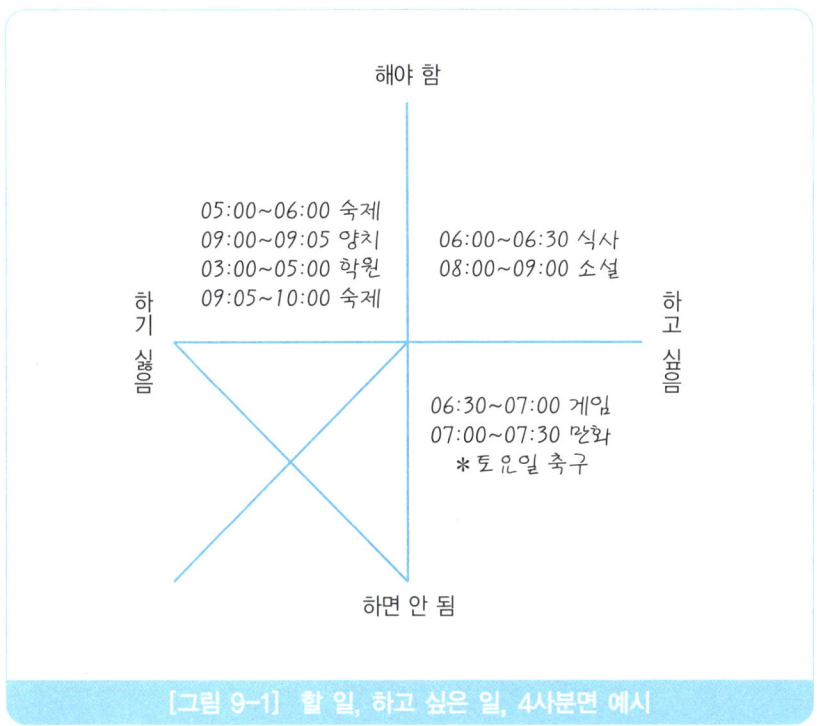

[그림 9-1] 할 일, 하고 싶은 일, 4사분면 예시

되도록 해 내도록 스스로에게 규칙을 만들어서 공부를 더 잘할 수 있도록 하는 방법의 예다. 자신의 것을 [그림 9-2]에 적어 넣어 보자.

　이것을 매일의 일정표에 교대로 적어 넣되, '해야 하지만 하기 싫은 일'을 하고 나면 상으로 '하고 싶지만 하면 안 되는 일'이나 '하고 싶기도 하고 해야 하기도 하는 일'을 할 수 있도록 시간계획을 짜서 적어 넣어 보자. 〈표 9-6〉의 예시를 잘 보고 예시와 같은 방식으로 〈표 9-7〉에 적어 넣어 보자.

〈표 9-6〉 보상이 있는 계획의 예

(/월) 할 수 있다, 지금 한다			
8	영문법 5장	○	문자
9	(쉬) 수학 A 15	○	
10	(쉬) 〃	○	
11	(쉬) 〃	○	
12	(점) 국어2과 정리	○	매점
1	(쉬) 수학 A 16	○	
2			
3	(쉬) 〃	○	
4	영어학원 숙제		
5	〃	○	간식
6	:30 영어학원	○	
7	〃		
8	영어단어 35~36	○	
9	휴식/가방 챙기기/메일 체크	○	
10	영문법 55~63		
11		○	음악
12	음악 다운	○	
	완료 90% → 음악 다운		
	수학에 좀 더 박차를~~~		
T	13.5 R 0 M 15 F O		

- 날짜와 요일 옆에는 자신을 격려하는 문구를 적거나 그날 꼭 기억해야 할 일 등을 적는 데 사용한다.

- 이 시간대에는 수업이 있다. 따라서 여기에 적어 둔 것은 자투리시간에 할 일을 적어 둔 것이다. (쉬)는 쉬는 시간, (점)은 점심시간을 말한다.

- 시간대별로 할 일을 적고 빈칸에 달성 여부를 표시하고 오른쪽 칸에는 완수할 경우 받을 보상이나 실패할 경우 받을 벌을 정해서 적어 둔다. 상과 벌은 스스로 세운 목표와 계획을 달성하도록 도움을 줄 수 있으므로 반드시 지키도록 노력하는 것이 필요하다.

- 이 칸은 간단한 일지나 소감 등을 기록한다.
- T, R 등은 각자 목표를 설정하고 그것을 약자로 적은 다음 목표 달성을 점검한 것이다.
T: 반짝이는 시간(시간) / R: 후회되는 시간(시간)
M: 수학공부(푼 문제의 수) / F: 즐거운 보상(유, 무)

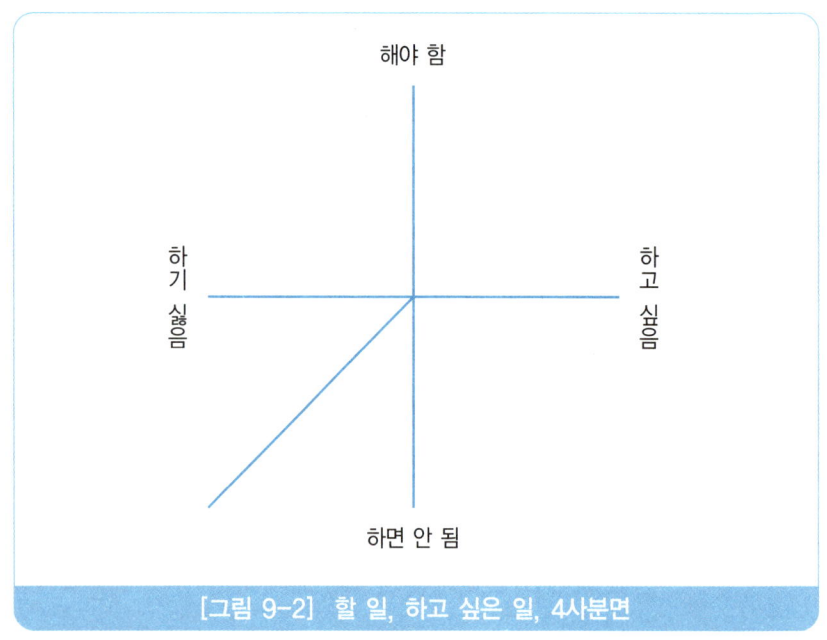

[그림 9-2] 할 일, 하고 싶은 일, 4사분면

〈표 9-7〉 보상이 있는 계획 작성해 보기

(/)				(/)			
9 10				9 10			
11 12				11 12			
1 2				1 2			
3 4				3 4			
5 6				5 6			
7 8				7 8			
9 10				9 10			
11 12				11 12			
T	R	M	F	T	R	M	F

3. 학습계획의 팁

1) 기본 단위별 계획과 생활

나는 보통 30분을, 경우에 따라서는 15분을 생활의 기본 단위로 하고 있다. 각자 자신에게 적합한 기본 단위를 정해서 계획표 작성과 생활을 이 단위에 맞추는 것이 편리하다. 초보자라면 30분보다 더 작은 단위로 계획해야 생활하는 것에 무리가 안 될 것이다. 앞의 〈표 9-1〉에 제시한 빈 생활계획표를 참조하면 30분 단위로 구획한 것을 볼 수 있다.

2) 집중 · 열공 시간, 먹고 자고 씻는 시간, 그래도 필요한 시간, 후회되는 시간 분석

계획을 세우고 계획표를 작성하고 계획에 따라 생활하고 공부하면서 그 결과를 평가하고 다음 주 계획을 다시 세우고 하는 반복적인 과정을 분석해 보자. 그러면 어느 순간 내 생활에서 알차게 집중해서 열심히 공부한 생산적인 시간은 얼마나 되고, 먹고 자고 씻는 등 재생산을 위해 사용하는 시간은 얼마나 되며, 공부를 한 건 아니지만 그래도 나에게 꼭 필요한 시간, 그리고 필요하지도 않은데 낭비하듯이 보내서 후회가 되는 비생산적인 시간은 얼마나 되는지 알 수 있다. 이 정도의 경지에 이르면 저절로 자신의 시간을 다시 조절해서 보다 생산적이고 효율적으로 사용할 수 있게 된다.

집중 · 열공 시간을 늘이기 위해 가장 먼저 줄여 볼 시간은 후회되는 시간이다. 후회되는 시간이 없는 데도 공부할 시간이 부족하다면 다음으로는 먹고 자고 씻는 시간을 더 효율적으로 써서 줄여 보도록 노력하자. 그래도 혼자서 공부할 시간이 부족하면 마지막으로는 아깝지만 그래도 필요한 시간을 포기해야 할 것이다. 그러나 걱정말기를! 집중해서 열공하면 생각보다 시간이 그렇게 부족하지는 않을 것이다.

3) 항상 휴대하기

계획표 혹은 일정표는 항상 휴대하는 것이 좋다. 특히 나처럼 정신이 없고 체계적이지 못한 사람은 계획표가 없으면 그날 무엇을 해야 하는지 기억해 내지 못하고, 따라서 계획이 없이는 무엇을 해야 할지 모르게 되고, 그런 시간에는 유혹이 쉽게 침투하여 결과적으로 하루를 허송세월하기가 쉽다. 그렇지 않은 사람들도 여러 가지 일을 동시에 해야 하는 현대인인 만큼 계획표가 없이는 자칫 실수와 착오가 생기기 쉬우므로 또한 예상하지

못한 자투리 시간이 생길 때 계획을 수정하고 점검하기 위해서 꼭 가지고
다녀야 할 것이다.

4) 의지력을 보완해 줄 협조와 구속 추구하기

대학생들은 상담을 할 때 열심히 공부하고 싶은 마음은 굴뚝 같지만 항
상 현실은 자신을 배신하거나 자신의 의지를 받쳐 주지 않는다는 호소를
많이 한다. 즉, 친구들과의 의리, 잠과 유흥으로 대표되는 각종 유혹 때문
에 계획을 제대로 실행하지 못한다는 것이다. 대학생들도 이런 형편인데
중·고등학생들은 오죽하겠는가! 나는 이런 학생들 중 자신을 개선해 보
겠다는 적극적 합의에 도달하는 학생 혹은 의지력이 약한 학생에게 주별
계획표를 작성해 오게 하고 다음 주 계획을 가져올 때 지난주 계획의 성취
율을 보고하게 한다. 여전히 제자리인 학생도 있지만 초반 10%에서 현재
40% 정도의 성취율로 끌어올려진 친구도 있다. 주변의 도움을 구할 줄 아
는 지혜로움의 승리라고 평가하고 싶다.

인간은 누구나 약하다. 의지력이 고래힘줄처럼 강한 사람은 별로 없다.
그래서 실패해야 하겠는가 아니면 어떠한 도움을 받고 궁리를 하더라도 약
한 의지력을 보완해 줄 무엇인가를 찾아내서 보완해야 하겠는가? 답은 여
러분의 결심과 실행 속에 있다.

제10장
나에게 맞는 공부 스타일 성형

1. 내게 맞는 맞춤 학습 스타일을 찾고 개발하는 일이 중요한 이유

실망스럽겠지만 분명하게 이야기하자면 사실 공부에 왕도는 없다. 공부를 잘하기 위해서는 절대 시간을 투자해야만 한다. 성적, 즉 학업성취를 결정짓는 가장 중요한 것은 그 이전에 얼마나 많이 공부해 두었는가 하는 선행학습이라는 점에서도 공부에는 왕도가 없다는 것이 진실이다. 그러나 왕도는 없지만 약간의 지름길은 있다. 최적의 지름길이라고 하면 내게 가장 효율적인 공부방법, 선배들의 경험과 연구들로 그 효율성이 검증된 공부방법들 그리고 가장 중요한 부분으로 내 성격, 흥미, 생활습관, 미래설계에 맞는 맞춤형 공부방법이 있을 수 있다. 하지만 아무리 효율적인 공부방법으로 밝혀진 것이라 하더라도 나에게 맞지 않으면 소용없다. 따라서 내게 맞는 학습 스타일을 찾아낸다면 그것은 보물을 찾아낸 것이나 다름없다.

이제 보물찾기를 해 보자. 나는 어떤 스타일인지 알아 보고 그 스타일에 맞는 학습방법을 알아보자.

2. 내 성격에 맞는 학습 스타일

지금부터는 자신의 성격 유형을 알아보고 이에 맞는 학습방법과 학습 환경을 찾아보자. 자신이 어떤 유형의 성격인지 잘 읽어 보고서 찾아보도록 하자.

1) 선호 지표별 학습 스타일

〈표 10-1〉 융의 성격 유형에 따른 선호 지표

지 표	선호 경향	주요 활동
외향(E)-내향(I)	에너지의 방향이 어느 쪽인가?	주의초점
감각(S)-직관(N)	무엇을 인식하는가?	인식 기능
사고(T)-감정(F)	어떻게 결정하는가?	판단 기능
판단(J)-인식(P)	채택하는 생활양식은 무엇인가?	생활양식

사람의 성격 유형을 알아보는 방법은 여러 가지가 있지만 그 중 많이 알려진 것이 칼 융이라는 학자의 이론에 근거하여 만들어진 MBTI라는 성격 유형 검사다. MBTI에서는 네 가지 선호 지표별로 사람의 특성을 나누고 이러한 선호 지표의 조합에 따라 열여섯 가지의 유형으로 사람의 성격을 유형화한다. 각 선호 지표에 따른 특성을 읽어 보면서 내가 어디에 속하는지 짐작해 보기 바란다. 그리고 내 선호 지표에 해당하는 영어 알파벳을 기억해 두자. 각 지표별로 둘 중 어디에 해당하는 지를 선택해 두기 바란다.

〈표 10-2〉 MBTI 선호 지표 1: 외향 vs 내향

외향(E)	내향(I)
• 폭넓은 대인관계, 사교적	• 좁지만 깊이 있는 대인관계
• 한 번에 여러 가지 일을 진행	• 혼자만의 시간 필요
• 자기 외부에 주의집중	• 자기 내부에 주의집중
• 외부 활동과 적극성	• 내부 활동과 집중력
• 정열적, 활동적	• 조용, 신중
• 말로 표현	• 글로 표현
• 경험(행동)한 다음에 이해	• 이해한 다음에 경험(행동)
• 쉽게 알려짐	• 서서히 알려짐

그럼 각 지표의 특징을 살펴보자.

외향(E)과 내향(I)은 에너지의 방향이 자기 밖으로 향하는지 안으로 향하는지, 즉 주의의 초점이 어디를 향해 있는지에 따른 구분이다. 외향형은 폭넓은 대인관계, 사교적, 정열적, 활동적 특징을 보이며, 한 번에 여러 가지 일을 진행하는 특징이 있다. 자기 외부에 주의를 집중하므로 외부 활동과 적극성, 정열, 활동성, 다변(말을 많이 함), 일단 겪은 다음에 이해하는 등의 성격 특성을 보인다. 외향형의 학생은 여럿이 공부하는 방법이 효과적이며, 혼자서 공부하더라도 몸을 움직이거나 소리를 내어 역동적으로 공부하는 방법이 잘 맞는다. 또 자신이 요약한 것을 스스로 MP3에 녹음하여 다시 들어보는 방식이 효과적일 수 있다. 그리고 이들은 한두 시간 동안이라도 여러 과목을 돌려 가며 공부하는 스타일이다. 목표로 한 공부의 양을 다 소화하면 친구들과 만나서 어울려 노는 것을 보상으로 제공하면 좋다.

내향형은 좁지만 깊이 있는 대인관계를 추구하며 조용하고 신중하다. 자기 내부에 주의를 집중하므로 내부 활동이 많고 집중력이 좋다. 말보다는 글로 표현하는 데 더 익숙하다. 이해한 다음에 경험(행동)하므로 남들에게 천천히 알려진다. 내향형의 학생은 조용히 혼자 공부하는 것이 효율적이므로 공부하는 장소는 방해받지 않고 조용한 곳이 좋다. 또 이들은 한 과목을

집중해서 원하는 수준만큼 이해하도록 공부하는 것을 좋아한다. 하지만 이러다 보면 여러 과목을 골고루 균형 있게 공부하지 못해서 성적이 들쑥날쑥할 가능성이 크므로 모든 과목에 골고루 사랑을 주도록 항상 계획과 실천에서 신경을 쓸 필요가 있다. 계획이 달성되면 혼자만의 취미생활이나 동호인들과의 취미생활을 보상으로 주면 좋다.

〈표 10-3〉 MBTI 선호 지표 2: 감각 vs 직관

감각(S)	직관(N)
• 시각 · 청각 등 오감에 의존	• 육감 내지 영감에 의존, 미래 지향적
• 지금, 현재에 초점	• 가능성과 의미를 추구
• 실제의 경험을 중요시	• 미래 가능성에 초점
• 정확 · 철저한 일처리	• 신속 · 비약적인 아이디어와 일처리
• 사실적 사건 묘사	• 비유적, 암시적 묘사
• 나무를 보려는 경향	• 숲을 보려는 경향
• 가꾸고 추수함	• 씨 뿌림

감각(S)과 직관(N)은 무엇을 주로 인식하게 되는가 하는 인식의 통로에 따른 구분이다. 감각형은 보고 듣고 냄새 맡는 등 오감에 의존하고 실제의 경험을 중시하며 지금, 현재에 초점을 맞춘다. 이들은 무슨 일을 할 때 정확하고 철저하게 처리하고 싶어 한다. 사건을 묘사할 때 상세하고 사실적으로 묘사하며, 숲보다는 나무를 보는 경향이 있고, 가꾸고 씨를 뿌리기보다는 추수하는 경향이다. 감각형 학생에게는 뚜렷하고 구체적인 학습목표가 있는 것이 공부의 효율성을 더 높인다. 또한 오감을 활용하는 학습자료, 세부적이고 반복적인 학습자료에 익숙하므로 대부분의 학습자료가 모두 효과적이다. 단, 세부적인 사항에 너무 집중하여 진도를 잘 나가지 못하는 점을 주의해야 한다. 정해진 시간에 정한 분량을 반드시 마칠 수 있도록 원칙을 세우고 지켜 나가는 것이 바람직하다. 자신이 학습한 것이 세상에서

실제로 활용됨을 확인하는 것은 성취감을 높이고, 따라서 다음 학습의 동기를 높인다. 목표 달성의 보상은 음식이나 장난감, 그 밖에 감각적인 즐거움을 주는 물건이나 활동 모두 효과적이다.

직관형은 인식할 때 육감 내지 영감에 의존하므로 미래지향적이고 가능성과 의미를 추구하며 신속하고 비약적으로 일을 처리하는 경향이 있다. 이들은 아이디어가 많으며, 표현은 비유적, 암시적이고, 나무보다는 숲을 보려는 경향이 있고, 추수보다는 씨 뿌리는 자체에 관심이 있다. 직관형 학생의 경우 전체적인 흐름을 먼저 제시하고 지금부터의 공부가 그 전체 흐름 중 어디에 위치하는 것인지 감을 잡고 시작하는 것이 그들의 학습목표가 된다. 또한 오감을 활용한 학습자료에 별로 반응하지 않으므로 상상이나 연상이 가능한 학습자료가 효과적이다. 예를 들면, 소설이나 수필을 많이 읽는 것이 국어 공부에 도움이 되고, 역사 과목이라면 역사소설이나 만화를 읽어서 교과서에 적힌 역사적 사실에 대해 상상하고 추측할 수 있도록 하는 것이 효과적이다. 반복적인 문제풀이를 힘들어하므로 수학 문제라면 오늘은 홀수 문제만 풀고 며칠 지나 반복에 대한 지루함이 가셨을 즈음에 짝수 문제를 푸는 식이 더 효과적이다. 직관형에게는 물질적 보상이 그다지 효과적이지 않다. 영화를 좋아한다면 영화 한 편, 좋아하는 텔레비전 프로그램이 있다면 그것을 상으로 주는 것이 좋으며, 목표 달성이 자신이 가치 있다고 생각하는 미래의 가능성으로 한걸음 더 나아갔다는 상상을 하고 그렇게 스스로에게 이야기해 주는 것이 좋다.

〈표 10-4〉 MBTI 선호 지표 3: 사고 vs 감정

사고(T)	감정(F)
• 진실, 사실에 관심	• 사람, 관계에 관심
• 원리와 원칙 중시	• 의미와 영향 중시
• 논리적, 분석적	• 상황적, 정상 참작
• 맞다, 틀리다가 중요	• 좋다, 나쁘다가 중요
• 규범, 기준 중시	• 나에게 주는 의미 중시
• 지적 논평	• 우호적 협조

사고(T)와 감정(F)은 어떻게 결정하는가 하는 판단 기능에 따른 구분이다. 사고형은 진실과 사실에 관심을 갖고 논리적이고 분석적이며 객관적으로 판단한다. 생각할 때 '맞다, 틀리다' 식으로 잘 판단하고 규범이나 기준을 중시하며 지적 논평에 익숙하다. 사고형의 학생들은 논리적으로 구성된 주제와 자료에 대해 논리적으로 반응하고 이것을 분석하고 비평하고 문제점을 찾아내고 해결하는 식의 공부를 좋아한다. 사고형 학생에게는 정서적으로 방해받지 않는 학습 환경이 중요하다. 따라서 잘 구성된 좋은 학습자료를 제공해 주고, 공부하는 동안 화가 나거나 짜증나는 일로 방해받지 않도록 주변 환경을 잘 정비해 두는 것이 필요하다. 이들은 문제를 푼 다음에 정답을 확인하고 자신의 문제점을 스스로 확인하고 분석할 수 있는 공부 순서를 좋아한다.

감정형은 사람과 관계에 주관심을 갖고 상황적이며 정상을 참작한 판단과 이해를 한다. 생각하고 판단할 때 주된 관심은 그 일의 의미와 영향으로, 정상을 참작한 상황적인 판단을 지니고 싶어 한다. 감정형 학생에게는 객관적 진실보다는 나에게 주는 의미가 중요하다. 감정형의 학생은 사람들에게 도움이 되고 사람들의 삶에 관련된 주제와 학습자료를 좋아한다. 따라서 과학을 공부하기 전에 과학자의 삶을 이해한다거나 수학을 공부하기 전에 수학자들에 대해 상세한 정보가 있으면 공부에 더 몰입하고 집중하기

에 좋다. 따뜻하고 우호적인 학습환경을 좋아한다. 또한 공부의 목적이 인간관계에 도움이 되는 것임을 인식할 때 더 집중해서 공부할 수 있다. 감정형 학생은 자신이 중요하고 가치롭다는 점을 늘 기억하며 공부하는 것이 도움이 되므로 스스로에게 자주 '나는 소중하고 값진 사람이다. 나는 스스로를 믿을 수 있다.'라고 주문을 외워 주면 효과적이다.

〈표 10-5〉 MBTI 선호 지표 4: 판단 vs 인식

판단(J)	인식(P)
• 행동에 분명한 목적과 방향이 있는 것을 편안해 함. 기한을 엄수하고 철저히 사전계획하고 체계적	• 목적과 방향은 변화 가능한 것이 더 편안함. 상황에 따라 일정이 달라지며 자율적이고 융통성이 있음
• 정리 정돈과 계획	• 상황에 맞추는 개방성
• 의지적 추진	• 이해로 수용
• 신속한 결론	• 유유자적한 과정
• 통제와 조정	• 융통과 적응
• 분명한 목적의식과 방향감각	• 목적과 방향은 변화할 수 있다는 개방성
• 뚜렷한 기준과 자기의사	• 재량에 따라 처리될 수 있는 포용성

판단(J)과 인식(P)은 어떤 생활방식을 선호하는가와 관련된 구분이다. 판단형은 분명한 목적과 방향이 있으며 기한을 엄수하고 철저히 사전계획하고 체계적이어야 마음이 편한 성격이다. 이들은 정리 정돈과 계획을 편안해하며 무엇이든 통제하고 조정할 수 있기를 바란다. 무슨 일을 하든 분명한 목적의식과 방향감각을 찾으며 뚜렷한 기준과 자기의사를 갖고 있다. 판단형 학생은 무엇이 일어나고 언제 어떻게 될 것이지를 분명히 알기를 바라므로 분명한 공부 범위·절차·방법이 있고, 언제부터 언제까지 공부하고 언제부터 언제까지 휴식한다든지 하는 계획을 세우고 그 계획대로 일을 진행하기를 좋아한다. 계획이 어긋나면 수정해 넣을 여유를 계획안에 마련해 두는 것이 필요하므로 계획을 너무 빡빡하게 짜지 않도록 유의한다.

인식형은 목적과 방향이 변화 가능하고 상황에 따라 일정이 달라지며 자율적이고 융통성이 있다. 따라서 상황에 맞추는 개방성이 있고 좋게 말하면 유유자적하고, 나쁘게 보면 너무 태평하여 부모님은 답답하고 울화가 치밀 수도 있다. 그러나 이들은 융통성과 적응력이 대단하며 재량에 따라 처리될 수 있는 포용성도 가지고 있다. 인식형 학생은 호기심에 따라 유연하게 움직이고 공부를 탐험처럼 탐색하는 것을 좋아한다. 따라서 사전의 계획에 너무 얽매이지 않도록 스스로를 허용해 주어야 하며 자신의 이런 특성을 이해하고 좀 더 길게 보도록 하는 것이 도움이 될 것이다. 인식형 학생은 공부의 목표를 스스로 정하고, 자신만의 방식으로 해결하고 새로운 자료로 공부할 때 더 잘한다. 하던 공부를 계획한 분량만큼 끝내지 않고 새로운 공부나 휴식을 취하더라도 일주일을 기준으로 다 하기만 하면 되는 식으로, 꼼꼼히 짜여진 계획에 구속되지 않도록 계획을 좀 더 크게, 길게 세우는 것이 좋다. 이 유형의 학생들이 일을 미루어 두었다가 폭풍이 몰아치듯이 큰 파도처럼 해치우는 방식은 부모님이 못 견뎌하는 부작용은 있지만 큰 강점이 있기도 하다. 미뤄 두었다가 몰아서 해치울 때 이들의 에너지는 굉장하며 이러한 집중도가 미래의 일, 직업에서도 그 진가를 발휘할 수 있도록 잘 훈련해 두기 바란다.

2) 기질별 학습 스타일

네 가지 선호 지표별로 자신이 어디에 해당되는지 표시해 두었다면 다음 기질 중 어디에 해당되는지 찾아서 읽어 보자. 자신의 성격유형을 가리키는 네 개의 영어 알파벳에서 찾을 수 있다.

〈표 10-6〉 MBTI 기질별 학습방법과 환경

	감각-판단형(SJ)	감각-인식형(SP)	직관-감정형(NF)	직관-사고형(NT)
특징	• 모범생 • 학급의 보배	• 익살꾼 • 학급의 양념	• 공상가 • 학급의 햇살	• 학자 • 학급의 지성

좋아
하는
수업
방식
	• 잘 설계된 수업
	• 교사 중심 강의
	• 체계적 수업
	• 교재를 잘 활용하는
	  학습
		• 다양한 교구와 자료
		• 짧은 집중을 요하는
		  학습방법
		• 자유롭고 허용적인
		  수업 분위기
			• 사람 혹은 자신과
			  관계짓는 학습
			• 통찰력, 기발함이
			  표현되는 학습
			• 개인적 격려와 칭찬
				• 한 가지 주제를 깊이
				  관찰, 탐구하는 학습
				• 스스로 탐구하거나
				  교사와 동등한 협력
				  자로 공동 탐구하는
				  학습

바람
직한
학습
전략
	• 체계적 · 단계적
	• 복습 중심
	• 도표, 도식화
	• 정해진 학습량
	• 창의성, 융통성 필요
	• 비교와 대조 암기법
	• 표로 만들어 암기
	• 오답노트
		• 물질적 보상
		• 즉흥성과 자유가 허
		  용되는 계획
		• 다양한 시청각 자료
		• 마주보는 테이블
		• 암기송
		• 동영상 암기
		• 나도 선생님
		  +MP3 녹음
			• 자유로운 표현 지향
			• 정서교류 가능
			• 내면을 자극하는 과정
			• 소집단 공부
			• 이야기를 만들어
			  암기
			• 예상 문제
				• 주제에 대한 개별 탐구
				• 지적 호기심을 자극
				  하는 도전적 과제
				• 심화학습이 가능한
				  전문 참고 자료
				• 마인드맵 암기
				• 나만의 노트 필기

선호 지표에서 어디에 속하는가에 따라 성격 유형과 기질이 결정된다. 타고난 성격 특성과 경향이라고 할 수 있는 기질로는 4개의 대표적인 기질이 있으며 하나의 기질마다 네 가지의 성격 유형이 포함된다. 열여섯 가지 성격 유형별 학습 스타일과 성격 유형별 바람직한 학습전략에 대해서는 가까운 상담실에 방문하여 검사와 자문을 받을 수 있다.

3. 학습 스타일 성형

요즘은 성형이 보편화되어서 많은 사람들이 성형수술을 통해 자신의 삶을 업그레이드하고 싶어 한다. 그런데 학습 스타일의 성형은 신체의 성형 수술보다 훨씬 더 근본적으로 내 삶을 끌어올리고 자신에 대한 느낌을 업그레이드할 수 있는 방법이다. 잘 읽고 자신만의 학습 스타일을 가다듬고 수정 · 보완할 분야와 내용 목록을 검토해서 자신에게 꼭 맞는 학습 스타일로 멋지게 성형하기 바란다.

1) 혼자서 vs 더불어

내향형의 학생이라면 혼자서 공부하는 것이 효과적이다. 방해받지 않는 조용한 자신만의 공부방이나 독서실에서 공부하는 것이 좋다. 또한 혼자만의 학습목표와 계획 수립도 필수적이다. 인터넷 강의도 이들에게는 아주 효과적이다. 학원보다는 일대일 과외가 더 바람직하다.

외향형의 학생이라면 다른 사람들과 더불어 공부하는 것이 효과적이다. 따라서 학생들이 많이 있는 도서관 열람실이나 교실에서 공부하는 것이 좋다. 혼자만의 계획 수립과 실행보다는 누군가와 약속하며 함께 추구하는 목표와 계획이 더 지켜지기 쉽고 힘도 난다. 정 혼자서 공부해야 한다면 앞에서 본 '나도 선생님' 방법을 연습해서 공부하거나 내 강의의 녹음을 내가 다시 듣는 방식이 효과적이다.

2) 나만의 목표 달성 vs 피드백

내향형의 학생이라면 혼자서 목표를 세우고 달성하는 것을 선호할 것이다. 그러니 구체적인 목표 학습량과 수준을 설정하기 바란다. 그리고 목표에 도달했을 때 자신에게 줄 상도 혼자서 계획하고 받기로 한다. 혼자만이라도 상은 꼭 받기 바란다. 상은 상징적인 의미가 있다.

외향형 학생은 계획이 달성되었을 때 다른 사람이 주는 피드백이 도움이 된다. 목표한 학습에 도달했을 때 칭찬해 줄 증인을 세워 두기 바란다. 부모님, 형제, 친구, 교사 등 누구라도 좋다. 그 사람에게서 칭찬을 들었을 때 기분이 좋을 사람이라면 좋다. 그리고 목표를 달성하면 스스로에게 주는 상이라 하더라도 좋아하는 친구들과 함께 뭔가 즐기는 활동을 상으로 정하기 바란다.

3) 싫은 공부 vs 좋은 공부

자신이 어린아이인데 종합과자 선물세트를 받았다고 상상해 보자. 좋아하는 과자부터 먹는가, 덜 좋아하는 것부터 먹고 좋아하는 과자는 아껴두는가? 과자는 좋아하는 것을 아껴두었다가 먹는 사람이라 하더라도 공부는 좋아하는 과목을 먼저 하는 사람이 대다수일 것이다. 그런데 이렇게 해서는 좋은 성과를 내기 어렵다. 잘하는 과목, 좋아하는 과목은 이미 나름대로 열심히 하기 때문에 성적을 더 올릴 여지가 별로 많이 남지 않았다. 같은 논리로 못하는 과목, 싫어하는 과목은 성적을 올릴 수 있는 여지가 많이 남아 있다. 같은 시간 공부해서 국어 95점을 98점으로 3점 올리는 것과 수학 70점을 85점으로 15점 올리는 것 중 어느 것이 더 바람직한가? 물론 사람마다 다르겠지만 대부분의 경우 이 두 가지에는 비슷한 시간이 걸린다. 머리로는 모두 안다. 15점 올리는 것이 더 좋다는 것을. 그런데 가슴은 자꾸 좋아하는 과목, 마음 편한 과목을 먼저 하고 싶어 한다. 이 가슴의 욕구를 누르고, 싫은 공부와 좋은 공부를 공부하는 시간과 분량에서 균형을 맞춰 주어야 한다. 또 싫은 공부와 좋은 공부의 순서를 날실과 씨실로 엮어 주는 것이 좋다. 단, 싫은 공부는 분량을 목표로 세워서 싫은 만큼 집중해서 얼른 해치우도록 하고, 좋은 공부는 '몇 시까지만 하기'로 시간제한을 두고 너무 많이 하지 않도록 하는 것이 좋다.

또 하루에 한 과목씩 집중적으로 해 오던 학생이라면 하루에 두 과목 정도로 과목 수를 늘리도록 권하고 싶고, 과목을 수시로 바꾸던 친구라면 세 과목 정도를 교대로 여러 번 반복해서 여러 번에 걸쳐 다 보는 방식을 권한다. 머리는 싫증을 잘낸다. 10분 이상 집중하기 어렵고 아무리 길게 가도 90~100분이 지나면 꼭 쉬어 줘야 한다. 그래서 돌려가며 하는 것이 좋은데, 그렇다고 너무 많이 바꾸면 머릿속이 뒤죽박죽이 되어서 뇌라는 녀석이 혼란스러워 하기 때문에 능률이 떨어진다.

4) 과업 중심 vs 관계 추구형

내향적인 성격이거나 과업 중심형 학생들은 학습목표를 다 달성하지 못하면 부담스러운 모임에 나가는 것을 벌로 정하라. 공부가 다 안 되면 대인관계 폭이라도 넓어질 것이다. 아니면 공부를 목표한 대로 다 하게 될 것이다. 이래도 저래도 윈-윈이 하는 멋진 전략이다.

외향적이거나 대인관계를 좋아하는 관계추구형 학생이라면 학습목표를 다 달성해야 좋아하는 모임에 나갈 수 있다고 상을 정하라. 놀러 나가고 싶은 마음이 클수록 학습목표가 다 달성되거나 지나친 정도의 '사람 만나 놀기' 습관이 조금은 고쳐질 수 있을 것이다. 이 역시 이래도 저래도 내게 유익한 윈-윈 전략이다.

5) 사랑 vs 공부

이성친구가 있는가? 이성친구와도 잘 지내고 싶고 공부도 소홀히 하고 싶지 않다면 이렇게 해 보기 바란다. 만남의 장소를 도서관으로 정해라. 대신 공부하는 자리는 약간 떨어져 있는 것이 좋다. 서로 얼굴을 마주볼 수 있게 좌석을 정하는 것이 좋을 것이다. 이성친구가 보고 있으니 멋진 모습으로 열심히 공부하기 바란다. 서로 공부계획을 잘 맞춰서 한 시간이나 두 시간 분량의 작은 학습계획과 목표가 달성된 후에 함께 30분 정도 '간식을 먹으며 이야기 나누기'나 '산책하기'를 상으로 정하라. 이성친구와 얼른 만나고 싶어서 열심히 공부하게 될 것이다. 학습목표를 달성한 후 뿌듯하고 개운한 기분으로 데이트하는 그 맛은 경험해 본 사람만이 알 것이다.

서로 일주일간의 학습목표를 세우고 둘 다 목표를 잘 달성하면 주말에 반나절 정도 같이 영화를 보러 가거나 함께 쇼핑하는 등의 만남을 상으로 계획해 두는 것도 좋다. 같은 지방에 있지 않은 견우직녀 상황이라면? 서로 학습목표를 세우고 둘 다 한두 시간 분량의 작은 목표를 달성하면 문자 나누기, 통화하기를 상으로 정해 두면 어떨까? 이런 식으로 공부한다면 사랑과 공부를 한 손에 다 얻게 될 것이고, 부모님 역시 이성교제를 따가운 눈초리로 보거나 반대하시지 않을 것이다.

6) 그 밖의 보물찾기

집중이 안 될 때는 이런 생각을 해 보라. '왜 내가 여기에 있지?' '조금만 더 집중해 보자.' '다른 것을 공부하자.' 이렇게 공부하는 내 머릿속을 점검하고 지시하는 생각의 부분을 어려운 말로 '메타인지'라고 부른다. 즉, 나의 생각이 내 공부의 감독관이 되는 것이다. 좀 더 어려운 표현으로 하면 메타인지는 나의 인지과정에 대한 자각과 조절을 의미한다. 메타인지를 사용해서 공부하는 것이 효과적이라는 것은 수많은 연구를 통해 밝혀진 결과다. 즉, '무작정 공부하지 말고 생각하면서 공부'하는 것, '내가 지금 무엇을 하고 있지? 어떻게 하는 것이 더 나을까?'에 대해 계속 생각하며 공부하는 것이다.

다음으로 기억이 잘되는 조건을 알아 두어 외우기 어려운 것이나 꼭 외워 두어야 할 것을 배치하면 같은 시간을 투자해도 효과적이다. 기억이 잘되는 상황은 앞에서 얘기한 적이 있다. 이 외에도 각자 독특한 어떤 조건이 있을 수 있다. 이것을 잘 활용해야 할 것이다. 다음에 제시하는 기억이 잘 되는 조건을 꼭 지키면서 공부하면 '나는 외우는 건 안 돼.'라고 했던 친구라도 조만간 '내가 언제 그런 말을?' 할 정도로 바뀌게 될 것이다.

- 잠에서 깬 지 3~4시간 경과 후 집중학습
- 잠들기 직전과 잠에서 깬 직후의 약간 몽롱한 상태에 암기
- 집중을 깨는 감각자극이 없는 환경의 집중학습
- 공부하고 24시간 안에 복습
- 내 삶의 경험과 연결되는 자료로 학습
- 조직화가 잘 되어 있는 자료로 학습
- 여러 가지 감각기관을 복합적으로 사용하는 암기
- 60~80분 정도 집중 공부 후 5분간 생활명상

자, 이제 여러분이 삶에서 성공하고 더 행복한 삶을 살 수 있도록 안내하는 공부 이야기를 마칠 때가 됐다. 생각하고 실천한다면 실천의 가짓수만큼 성과를 얻을 것이다. 마지막으로 여러분에게 당부하고 싶다. '내가 하는 이 공부가 내 인생의 보물을 찾는 쪽지임을 뼛 속 깊이 인식한다면 그 어떤 제한도 공부의 장애가 되지 못할 것이다.'

'이 책을 읽고 나는 달라졌고, 지금 나는 반짝이는 삶을 살아가고 있습니다.'라고 알려 주는 독자의 메일을 읽으며 함께 행복해하는 아름다운 상상을 해 본다.

부 록

부록 1. 예습 · 복습 방법 요약

〈예습〉

1. 익숙해지기
   - 목차 보기
   - 공부할 내용 대강 훑어보기
   - 학습목표(포스트잇에 적어서 그 단원 앞에 붙임)
2. 알맹이 찾기
   - 모르는 것 표시
   - 주요 개념 파악/표시하기
   - 학습목표에 주의하기
   - 삽화, 지도, 표, 그래프 보기
   - 참고서 보기(모르는 것만)

〈수업〉

1. 설명 듣기, 적기
   - 예습 부분과 맞춰 보면서
   - 모르는 부분 표시
2. 생각하기
   - 효과적 암기방법 생각해 보기
   - 나도 선생님
   - 핵심 개념(학습목표)

〈복습〉

  1. 수업 직후

    – 수업 내용 다시 훑어보기(책, 공책)

    – 수업 내용 요약해 보기(핵심 개념 중심)

  2. 교과서 학습

    – 핵심 내용 선정

    – 참고서를 보고 보충 · 기록

    – 생각하고 외우기

    – 학습목표 달성 확인

  3. 문제 풀기

    – 단원을 최소 단위로 잘라서 풀기

    – 틀린 원인 분석

    – 틀린 문제 책에 표시하고 다시 공부하기

〈시험공부〉

  1. 교과서에 줄 친 것과 적은 것 보기

  2. 학습목표 달성 확인

  3. 틀린 문제 다시 풀고 정리(3회 반복)

    – 한 번 틀린 문제 다시 풀기

    – 단원 종합 문제 풀기(반복하기)

부록 2. 예습, 수업, 복습, 시험공부 방법 요약표

	익숙해 지기	알맹이 찾기	능동적 읽기	효과적으로 외우기	나의 것 만들기	나도 선생님	시험대비/ 심화학습
예습	* * *	* *	*			*	
수업		* * *	* * *	*			
복습		* * *	* * *	* *	* * *	* *	
시험 공부	*	*	*	* *	* * *	* * *	* * *

*이 많을수록 더 강하게 관련됨.

부록 3. 과목별 공부방법 요약표

	예습	수업	복습	시험공부
국어	1과 읽기/밑줄 파악/조사 관용구 정리	설명 듣기 필기	수업 내용 보기 색깔별 필기 정리 나도 선생님 문제 풀기(반복 1)	전체 나누어 읽기 문제 풀기 (2~3회 반복)
영어	1과 읽기/밑줄 파악/조사/암기 관용구 정리	설명 듣기 필기	수업 내용 보기 관련 문법 정리 나도 선생님 문제 풀기(반복 1)	전체 나누어 읽기 문제 풀기 (2~3회 반복)
수학	공식, 목표 숙지 기본 문제 해설	설명 듣기 필기	수업 내용 보기 기본, 유제 풀기 (반복 1) 나도 선생님	문제 풀기 (2~3회 반복)
기타	읽기/밑줄 파악/조사 학습목표 숙지	설명 듣기 필기	수업내용 보기 목표 달성 확인 나도 선생님 문제 풀기(반복 1)	전체 나누어 읽기 문제 풀기 (2~3회 반복) 목표 달성 확인

부록 4. 자주 묻는 휴대 전화 문자상담 사례 모음

1. 영어랑 친해지는 법

Q. 영어는 정말 골칫덩어리. 영어는 바닥, 어떻게 끌어올리죠?

A. 일단 어휘랑 문법이랑 친해져야 해요. 어휘랑 문법은 기초부터 다져야 해요. 모르는 채로 흘러간 지난 것들을 다시 주워 모아야 해요. 그게 되면 남은 건 융통성! 어휘, 문법, 융통성 3박자면 나는야 영어 도사라네!

2. 영어 단어 · 숙어랑 친해지는 법

Q. 어휘가 부족해서 독해도 안 돼요. 단어 · 숙어를 많이 익히려면 어떻게 하죠?

A. 작년까지 배우던 단어 · 숙어를 하루에 5~20개 정도씩 꾸준히 외워요. 다 외워졌으면 매일 혼자 시험 보세요. 일주일에 한 번씩 틀린 단어 · 숙어만 다시 모아 시험 보세요. 하루 5개라도 한 달이면 150개, 3달이면 450개! 우와~~

3. 영어 문법이랑 친해지는 법

Q. 문법도 중요하다는데 문법은 빨래집게 놓고 A자도 몰라요.

A. 아주 기본적인 내용만 담고 있는 문법책을 골라 최소한 세 번을 반복하여 공부하세요. 문법 위주로 하되 독해는 문법책에 있는 것 중 마음에 드는 것으로 골라서 한두 개씩 해 보세요. 쉬운 책은 일주일에 한 챕터씩 뚝딱. 1년이면? 문법 아주 우습다네~~~

4. 독해를 꽉 잡는 법

Q. 독해가 비중이 아주 크잖아요. 근데 독해가 넘 어려워요.

A. 되도록이면 사전 찾지 말고 감으로 읽으세요. 학기 중엔 하루에 30분, 방학 중엔 하루 1시간 정도 분량이 되도록 독해 공부를 하세요. 독해를 꽉 잡으려면 문법과 단어 · 숙어 공부도 병행해야 가능해요. 아시죠?

5. 수학 기초가 부족한 고딩!

Q. 수학은 정말 기초부터 없는 고딩이에요. 수학은 특히 기초 다지기가 정말 어려워요.

A. 중학교 3학년 참고서를 펴서 단원종합문제를 다시 풀어 보고 점수가 특히 안 나오는 단원만 차근차근 공부하세요. 수학 기초가 약한 분은 이 방법이 직빵.

6. 기초는 있지만 수학과 더 친하고픈 고딩!

Q. 중학교 때는 그럭저럭 했거든요. 근데 고교수학은……. 수학을 더 잘하려면?

A. 정석 같은 수학 참고서로 하루 한두 시간 공부! 설명보기→기본 문제→유제 문제 공부. 유제는 절대로 답 보지 말고 풀기! 막히면 문제를 덮고 풀이만 보고 이해되면 풀이 덮고 문제만 보고. 막히면 다시 되풀이하기.

7. 상위권 방학 활용법!

Q. 성적 상위권, 나름 방학을 잘 보내서 더 올라가려면?

A. 중요 과목 3개월치 예습하기. 하루에 얼마나, 어떤 방법으로 공부할지 결정. 한 시간 동안 얼마나 공부할 수 있는지 미리 해 보고 정확한 계획을 세우세요. 계획은 넘 빡빡하지 않게 80% 정도만…….

8. 중하위권 방학 활용법!

Q. 중하위권이지만 이번 겨울방학 잘 보내서 날개를 달고파요. 방학을 어떻게?

A. 지난 학기 총 복습하기. 약한 과목 2~3과목에 집중하세요. 과목별로 하루 평균 몇 시간을 써서 공부할지, 균형잡힌 계획을 세우세요. 그리고 실천하세요. 하루 목표를 달성하면 스스로에게 상을 주세요. 목표달성을 못했을 때는 스스로 벌칙도 주고요. 파이팅!

9. 주의집중 높이는 첫 단계

Q. 집중을 잘 못해요. 그러니 오래 공부해도 효과가 안 좋아요.

A. 주로 언제 주의집중이 안 되나? 주의집중이 안 될 때 나는 주로 어떤 방법을 써 왔나? 그중에서 효과를 본 방법은 무엇이고 영 아니었던 방법은 무엇이었나? 먼저 기록해 보세요. 그러고 나서 상담선생님을 찾아보세요.

10. 시험에서 실수 줄이려면?

Q. 시험 보면 1/3은 실수로 틀려요. 어떻게 하죠?

A. 시험 보는 시간의 1/3을 점검 시간으로 남겨 두세요. 임시로 답을 시험지에 표시해 두고 남은 시간 동안 한 문제 한 문제 다시 읽어 보면서 답안지에 빨간색 펜으로 표기해요. 그리고 헷갈리는 문제만 따로 다시 보면서 컴퓨터용 펜으로 마지막 마킹. 시간 남으면 시험지와 답지를 대조해 보고요.

11. 특별히 안 되는 과목 요리법

Q. 특별히 잘 안 되는 과목은 어떻게 하면 좋은가요?

A1. 그 과목에 대해 좋아하는 마음과 노력하면 잘할 수 있다는 자신감을 가져요.

A2. 다른 과목보다 더 많은 충분한 시간을 투자하세요.

A3. 다른 과목보다 예습·복습을 좀 더 여러 번 하세요.

12. 공부계획의 핵심은?

Q. 계획을 짜긴 많이 짜도 실천이 안 되는 등 도움이 안 돼요. 계획을 잘 짜는 핵심이 뭔가요?

A. 좋은 계획을 짜고 싶어 하는 모습이 참 멋져 보여요. 파이팅! 공부계획 짜는데 가장 중요한 것은? ① 실천 가능한 목표, ② 할 일 중 제일 중요하고 우선적인 일을 찾는 것이랍니다. 그리고 Just do it!

13. 효과적인 단어 암기법

Q. 하루 종일 단어를 외워도 흑흑. 정말 하루 종일 외워도 잘 안 돼요. 이러다보니 지치기만하고…….

A. 하루 종일 매달려 있으면 정말 지루하고 재미없고, 그러니까 잘 안 되는 게 당연해요. ① 시간을 정해서 하세요. 화장실 갈 때, 등하교 시에 등등. ② 다양한 문장에 적용해서 외우는 게 더 재미있고 효과적이에요. 그 단어가 들어 있는 여러 문장을 읽어 보세요. 휴대가 가능하면서도 알찬 사전이 필요하겠죠?

14. 국어의 실력자가 되고파

Q. 중학교 2학년 학생이랍니다. 처음으로 국어를 100점 맞았죠. 정말 잘하고 싶어요. 실력자가 되려면 어떻게 하죠?

A. 우선 축하! 100점 받기 쉬운 과목 아닌데……. 고등학교, 대학입시까지도 두고두고 효과를 볼 수 있는 방법을 소개하면 ① 많은 책을 선별해서 읽는다!! ② 시험에서 요구하는 국어 능력이 뭔지 연구한다. ③ 문제 푼 것을 검토해서 나의 강약점을 분석, 보완한다.

15. 떨어진 성적을 다시 올리고 싶어

Q. 중학교 3학년이에요. 중학교 1학년 때는 전교 2~3등을 할 만큼 잘했는데 지금은 너무 떨어졌어요. 내 꿈은 PD인데 가능할까요?

A. 구체적인 장래희망이 있고 잘했던 경험이 있는 님은 반드시 성적을 만회할 수 있어요. 1학년 때 어떻게 공부했는지, 얼마나 공부했는지? 그때 기억을 되살려 그때처럼 해 나간다면 문제없어요. 6개월 목표로 조금씩 옛 공부습관을 회복해 보세요.

16. 통역가가 되고 싶은데, 과학 공부가 하기 싫어요.

Q. 통역가가 꿈인 중학교 3학년 학생이에요. 통역가가 꿈인데 영어나 다른 과목은 되는데 과학이 너무 안 돼요. 과학 성적을 올리려면 어떻게 해야 하나요?

A. 과학은 자연현상과 우리 주변의 규칙들을 찾아가는 학문. 과학의 재미를 먼저 찾게 되면 공부도 잘하게 될 듯. 과학자들이 흥미 있는 과학세계를 소개한 책들을 찾아서 한두 권 읽어 보길. 이래서 과학자들이 과학을 공부하는구나 하고 이해만 되면 성적은 쑥쑥~~

17. 언어 영역 공부방법

Q. 주로 문제지만 풀고 시험을 보는 편이에요. 이런 막연한 방법 말고 근본적인 방법을 알고 싶어요.

A. 수업시간엔 선생님 말씀을 연필로 책 여백에 정리. 쉬는 시간에는 삼색 볼펜으로 다시 정리. 시험기간에는 교과서를 읽고 나서 문제집 풀고 틀린 문제는 관련 교과서 부분을 읽고 표시. 문제는 연필로 풀어서 틀린 문제는 여러 번 다시 풀 수 있게 하기. 시험 때는 여러 번 틀린 문제만 다시 보기

부록 5. 워크숍 활동지 모음

우리의 약속

나의 약속

　나는 공부 200% 업그레이드 워크숍을 통하여 다음을 얻고(이루고) 싶습니다.

_____

_____

_____

　나의 목표와 친구들의 목표를 함께 이루기 위해 다음의 행동을 할 것을 굳게 약속합니다.

_____

_____

_____

년　　월　　일

이름　　　　　인

증인　　　　　인

항상 뭔가를 듣고 뭔가를 생각하며 무언가를 배웁시다.

나의 공부를 소개합니다

이 름

내 공부의 장점

내 공부의 모습

당신의 어제가 오늘을 만들었듯이 당신의 오늘이 내일을 만듭니다.

＊59~62페이지에서 각 문제에 적은 점수를 하얀 빈칸에 옮겨 적으세요.

No	계획	집중	읽기	암기	다짐	보조	시험	No	계획	집중	읽기	암기	다짐	보조	시험
1								30							
2								31							
3								32							
4								33							
5								34							
6								35							
7								36							
8								37							
9								38							
10								39							
11								40							
12								41							
13								42							
14								43							
15								44							
16								45							
17								46							
18								47							
19								48							
20								49							
21								50							
22								51							
23								52							
24								53							
25								54							
26								55							
27								56							
28								합계	계획	집중	읽기	암기	다짐	보조	시험
29															

계획을 세우지 않는 것은 실패하려고 계획하는 것입니다.

＊앞의 각 항목의 합계 점수를 꺾은선 그래프로 그려 보세요.

	학습계획 작성과 실천	주의집중 능력	능동적 읽기	효과적 암기	배운 내용 나의 것 만들기	보조전략 (예습, 복습 등)	시험 관리
40							
39							
38							
37							
36							
35							
34							
33							
32							
31							
30							
29							
28							
27							
26							
25							
24							
23							
22							
21							
20							
19							
18							
17							
16							
15							
14							
13							
12							
11							
10							
9							
8							

인생에서 자신을 찾으려는 노력도 중요하지만 더 중요한 것은 자신을 창조하는 것입니다.

서로 격려해요

인생에서 한두 번의 실패와 영원한 실패를 혼동하지 마세요.

좋은 학습계획의 기준(특징)

천재는 노력하는 사람을 이길 수 없고 노력하는 사람은 즐기는 사람을 이길 수 없습니다.

학습계획 수립 연습

시 간	(　)요일	(　)요일	(　)요일	(　)요일	
오전 7:00 ~					먹고 자고 씻는 시간
8:00 ~					(　　)분
9:00 ~					그래도 필요한 시간
10:00 ~					(　　)분
11:00 ~					후회되는 시간
오후 12:00 ~					(　　)분
1:00 ~					집중·열공 시간
2:00 ~					(　　)분
3:00 ~					
4:00 ~					
5:00 ~					
6:00 ~					상:
7:00 ~					
8:00 ~					
9:00 ~					
10:00 ~					벌:
11:00 ~					
12:00 ~					
새벽 1:00 ~					

실패했다는 사실보다 최선을 다하지 못했음을 깨닫는 것이 훨씬 더 고통스럽습니다.

나의 공부 준비

다시 세우는 공부 준비 활동

자신의 삶이 소중하다면 시간을 소중히 사용하세요. 시간이 모여 당신의 인생이 됩니다.

공부할 내용에 익숙해지기

무엇을 할 것인가?

내일부터 당장 하고 싶은 것은?

위대한 일은 힘이나 능력이 아닌 끈기에 의해 이루어진답니다.

능동적 읽기

능동적으로 읽기란?

나의 능동적 읽기

얼마나 바쁘냐가 아니라 왜 바쁘냐가 중요합니다.

효과적 암기

내가 쓰는 암기법

사용하고 싶은 암기법

성공의 열매는 달지만 실패의 열매는 씁니다.
실패에서 배울 때 그 열매는 성공의 열매보다 훨씬 더 달콤해집니다.

암기연습

확 인

사람에게는 누구나 한계점이 있습니다. 그러나 그 한계점을 정하는 것은 바로 자신입니다.

나의 암기

친구들의 암기법

-

-

-

앞으로 사용할 새 암기법

-

-

-

지혜로운 사람은 할 수 있는 만큼이 아니라 해야 할 만큼을 합니다.

배운 내용 나의 것 만들기

- _____ 을(를) 다시 읽고 요약, 기록한다.

- _____ 을(를) 찾아본다.

- _____ 을(를) 풀어 본다.

- _____ 을(를) 만들어 본다.

- 다른 사람에게 _____ 해 본다.

- _____ 연결시켜 생각해 본다.

- 배운 내용을 가지고 _____ 본다.

- 내용을 _____ 로 만들어 본다.

- _____

두려워말고 똑바로 보세요. 길이 보이면 앉아서 보지 말고 일어나 걸으세요.

효과적인 노트 필기 방법

수업목표 작성 칸
수업시작 전, 그날 배울 것에 대한 목표를 적는다.

핵심 단어 기록 칸

중요한 핵심어 혹은 핵심 질문을 적어 놓음.

복습을 할 때에는 이곳을 중심으로 살펴봄.

시험에 나올 만한 내용을 체크해 두는 것도 권장함.

노트 필기 칸

일반적인 수업 필기를 하는 난

중요한 내용은 다른 색깔(파란색, 붉은색)의 펜으로 표시

핵심 요약 칸

노트 필기의 내용을 요약

단순히 요약하지 말고 핵심 단어칸의 핵심어에 대한 부연설명 혹은 핵심 질문에 대한 해답 위주로 정리

자신의 길을 창조하세요. 당신은 당신 삶의 주인입니다.

노트 필기 영역(오른쪽)

수업시간 중에 수업 내용을 적는 곳으로, 판서 내용, 선생님이 설명해 주는 내용, 교재의 중요 부분 등을 중심으로 여러분이 필요로 할 사실들을 연상하게 할 수 있는 짧은 문장이나 일부 조각들을 기록합니다. 불필요한 단어들(조사, 부사, 수식어구 등)은 없애는 편이 좋습니다. 가급적 이미 알고 있는 순서대로 기록하는 것이 좋으며, 나중에 봤을 때 이해가 어렵거나 분간이 안 되어서는 곤란합니다. 또 자주 사용하는 단어들은 축약어 혹은 기호를 만들어 사용합니다. 예) → ex) , 중요 → ☆, 질문거리 → Q, 학습목표에 대한 답 부분 → A, 높다 → h, 낮다 → ℓ

또 갑자기 내용이 추가될 경우를 대비해 충분한 공간을 남겨 두도록 합니다. (노트 값이 학원비보다는 훨씬 더 저렴합니다.) 그래도 혹시 공간이 부족하게 되었을 경우에는 포스트 잇 등을 이용해서 공간을 추가하도록 합니다. 단원이 바뀌면 다음 장에 새로 시작하도록 합니다.

핵심 단어 기록 영역(왼쪽)

수업 이후에 필기한 내용을 복습하고 필기 영역에 있는 중요한 사실들을 연결하여 연상할 수 있게끔 해 주는 질문들이나 기억의 조각들을 단서 영역에 간단히 기록합니다. 이후 시험공부 기간에 보거나 추가로 복습을 할 때 이곳을 보면 중요한 사실들을 먼저 파악할 수 있습니다. 확인을 할 때는 오른쪽의 필기 부분을 다른 종이로 가린 다음 왼쪽의 단서들을 보면서 오른쪽의 필기 내용을 떠올려 보면 됩니다.

사용하는 노트가 별도의 학습목표를 적는 칸이 없는 공책이라면 혹은 학습목표를 자꾸만 잊어버리고 염두에 두지 않는 경향이 있다면, 이 칸에 학습목표를 요약하여 적어 둘 경우 좋은 예습 활동이 될 수도 있습니다.

핵심 요약 영역(아래)

　수업 후에 단서들을 만들면서 중요한 사실들이나 생각들을 한두 문장으로 요약을 합니다. 시간이 충분하지 않을 경우에 필기를 모두 보지 않고 이곳을 이용해서 요약된 정보를 확인합니다. 혹은 필기내용을 다른 방식으로 정리해 둘 수도 있습니다.

　노트 필기는 무엇보다 복습을 위한 강력한 도구입니다. 잊어버리지 않기 위해서는 주기적으로 당신의 노트를 다시 보고 복습해야 합니다. 간단한 복습계획을 마련하는 것은 시험 전에 단 며칠간의 계획을 마련하는 것보다 높은 성취를 가져올 것입니다.

연습 1

날 짜		학습목표	
제 목			

두려워말고 똑바로 보세요.

연습 2

날 짜		학습목표	
제 목			

<table>
<tr><td></td><td></td><td></td></tr>
<tr><td></td><td></td><td></td></tr>
<tr><td></td><td></td><td></td></tr>
<tr><td></td><td></td><td></td></tr>
<tr><td></td><td></td><td></td></tr>
<tr><td></td><td></td><td></td></tr>
<tr><td></td><td></td><td></td></tr>
<tr><td></td><td></td><td></td></tr>
<tr><td></td><td></td><td></td></tr>
<tr><td></td><td></td><td></td></tr>
</table>

길이 보이면 앉아서 보지 말고 일어나 걸으세요.

예습과 복습

예습 순서와 방법

복습 순서와 방법

지혜로운 사람은 할 수 있는 만큼이 아니라 해야 할 만큼을 합니다.

나의 예습, 복습 모형 만들기

게으름은 천천히 움직이므로 가난이 곧 따라잡는다. ―프랭클린

내게 맞는 참고서

- _____ 국어 _____

- _____ 영어 _____

- _____ 수학 _____

- _____ 사회 _____

- _____ 과학 _____

잔잔한 바다는 유능한 뱃사람을 만들지 못합니다.

시험 준비의 준비물

• _____ 시험과목 / 시험시간표

• _____ 과목별 시험범위

• _____ 문제의 형태(주관식, 객관식)

• _____ 필수 교재

• _____ 정리 노트

• _____ 예상 문제

• _____

• _____

• _____

• _____

희망은 산과 같아서 단단히 마음먹고 오르면 모두 정상에 도착할 수 있습니다.

시험 준비의 열쇠

- _____ 시험 준비 기간 설정: 10일~2주(+ 4, 5일)

- _____ 시험 범위, 단위, 수준별 시간 배분

- _____ 기본 복습

- _____ 문제 풀이로 약점 파악

- _____ 오답 정복으로 약점 극복

- _____ 예상 문제 만들기

- _____ 시험

- _____ 유형 분석 및 개선 노력

- _____

- _____

훌륭해지기를 원한다면 곧 될 수 있다. 지금 당장 훌륭한 행동을 시작하기만 한다면.

나만의 시험 준비 순서도

→	→	→
→	→	→
→	→	★

뛰세요! 태양까지 도달하지는 못하더라도 최소한 땅에서는 벗어나게 됩니다.

시 험 보기 방법

1. 우선 모든 문제를 훑어본다.

2. 쉬운 문제를 먼저 푼다.

3. 어려운 문제는 문항 번호 왼쪽에 ∨표시를 하고 뒤로 넘긴다.

4. 시간을 적절히 배분한다.

5. 검토할 수 있는 시간을 남겨 둔다.

6. 쉬는 시간에는 다음 과목 시험 준비를 한다. (정답 맞추기는 모든 과
   목 시험이 다 끝난 다음에…….)

가장 의미 있는 도전은 나 자신을 이기거나 어제의 나보다 더 잘하려는 도전입니다.

시험 스트레스 대처 실습

	나의 장점	미래 소망	대처하기
1.			
2.			
3.			
4.			
5.			
6.			
7.			
8.			
9.			
10.			

틀린 문제는 다시는 틀리지 않을 수 있는 좋은 기회 혹은 다음에 또 틀릴 수 있는 위험한 기회

마음 다스리기

호흡명상

나만의 문구

보행명상

그리고 또…….

가장 큰 실수는 실수가 두려워 그 일을 시도하지 않는 것이다.

나의 수칙

-

-

-

-

-

새로운 도전은 당신이 누구인지를 더 발견하도록 돕습니다.

배운 것, 실천할 것

'왔노라, 보았노라, 이겼노라.'
공부 200% 업그레이드하기와 함께 한 그대,
가서 승리하세요!!!

참고문헌

김창대(2002). 국내집단상의 연구동향과 과제, 2002년 집단상담 추계학술대회 자료
집, 1-8. 한국집단상담학회.

김창대, 이정윤, 이영선, 남상인(1994). 청소년 문제유형 분류체계. 서울: 청소년대화
의광장.

박성익(1988). 수업방법탐구: 수업모형, 수업전략, 수업평가. 서울: 교육과학사.

박인우(1996). 효율적 집단상담 프로그램 개발을 위한 체계적 모형. 상담지도, 20, 19-
40, 계명대학교.

변창진(1994). 프로그램 개발. 대구: 홍익출판사.

이윤주(2007). 현직교사가 설계하는 학교상담교육과정. 동대교육문제연구.

Capuzza, D., & Gross, D. R. (2001). *Introduction to the Counseling Profession.*
3rd ed. Boston: Allyn & Bacon.

Kadushin, A. (1990). *The Social Work Interview: A Guide for Human service*
Professionals. 3rd ed. New York: columbia University Press.

Rogers, C. R. (1980). *A Way of Being.* Boston: Houghton Mifflin.

Shilling, L. E. (1984). *Perspectives on Counseling Theories.* Englewood Cliffs, NJ: Prentice-Hall.

Shulman, L. (1992). *Skills of Helping Individuals and Groups,* 3rd ed. Itasca, IL: F. E. Peacock.

Sussman, P. (2001). *Handbook of Program Development for Health Behavior: Research and Practice.* New York: Sage.

Weinstein, C. E., Palmer, D. R., & Schulte, A. C. (1987). *Learning and study strategies inventory.* H & H Publishing: Clearwater, FL.

Weiner, C., & Mayer, R. (1986). The teaching of learning strategies. In Wittrock, M. (Eds.), *Handbook of Research on Teaching,* 315-327. New York: MacMillan.

Wolvin, A., & Coakley, C. (1996). *Listening,* 5th ed. Dubuque, IA: Brown & Benchmark.

찾아보기

인 명

내 용

저자 소개

이윤주

　서울대학교 교육학과에서 학부를 마치고, 동 대학교 대학원에서 교육상담 전공으로 석사와 박사학위를 취득하였다. 중학교에서 약 3년간 사회를 가르친 경험이 있으며, 사랑의 전화에서 '공부방법 배우기 프로그램'을 개발하여 수많은 학생과 학부모를 대상으로 교육하였다. 또 KBS, MBC, EBS와 다수 채널의 케이블 TV에 출연하여 효율적인 학습방법을 소개하였다.

　경기도 안산시 청소년상담실 상담부장, 삼성그룹 생활문화센터 상담실 선임상담원으로 근무하였으며, 대구가톨릭대학교 교육학과 교수로 6년간 재직한 후 현재는 영남대학교 교육학과 교수로 재직 중이다. 학부생과 대학원생에게 상담을 가르치는 틈틈이 초 · 중 · 고등학생의 학습상담과 학부모를 대상으로 교육을 계속해 오고 있다.

　이 외에도 한국학업트레이너협회 회장으로서, 다양한 학습과 관련된 포괄적 학업증진 프로그램을 개발하며 강사를 양성하고 있다. 또한 한국상담심리학회와 한국상담학회 정회원이며, 두 학회 인증 1급 상담전문가이기도 하다.

공부 200% 업그레이드하기

2012년 10월 30일 1판 1쇄 발행
2016년 9월 20일 1판 2쇄 발행

지은이 • 이윤주
펴낸이 • 김진환
펴낸곳 • (주) **학지사**
　　　　04031 서울특별시 마포구 양화로 15길 20 마인드월드빌딩
대표전화 • 02-330-5114　　팩스 • 02-324-2345
등록번호 • 제313-2006-000265호

홈페이지 • http://www.hakjisa.co.kr
페이스북 • https://www.facebook.com/hakjisa

ISBN 978-89-6330-405-2　03370

정가 14,000원

●·············· 교육문화출판미디어그룹 **학지사** ··············●

심리검사연구소 **인싸이트** www.inpsyt.co.kr
원격교육연수원 **카운피아** www.counpia.com
학술논문서비스 **뉴논문** www.newnonmun.com